Über dieses Buch Als einen Regisseur der literarischen Moderne, einen der wichtigsten deutschen im ersten Viertel des Jahrhunderts, hat man ihn oft beschrieben: Moritz Heimann, der von 1895 bis 1923, zwei Jahre vor seinem Tod, als Lektor – in seinem besonderen Fall sprich »Wegweiser«, »Pfortenöffner«, »Beruhiger, Befeuerer, Lehrer und Freund« – für den S. Fischer Verlag gewirkt hat. Heimann war eine der bedeutendsten intellektuellen Leitfiguren im Berlin nach 1900. Der Freund Gerhart Hauptmanns und Walther Rathenaus hatte ein weitgespanntes literarisch-politisches Spektrum, das er als Essayist und Kritiker mit nobler Moral und nachdenklicher Klugheit vertreten hat. Die hier vorliegende Sammlung von Essays und Prosatexten, ausgewählt von Gert Mattenklott, dokumentiert dies.
Das Portrait, das der Herausgeber in seinem Nachwort von Heimann entwirft, beschreibt dessen Tolerierungsvermögen und leidenschaftliche Nüchternheit und bezeugt die Modernität seiner intellektuellen Haltungen: »Daß Fremdheit und Spannung, Entzweiung und Widerstreit, nicht nur erlitten oder aus Harmoniesucht emphatisch übersprungen werden, daß sie vielmehr auch mit Nüchternheit als Daseinsbedingungen der Gegenwart angenommen werden, die nur um den Preis von Dummheit und Barbarei vereinfacht werden können, hat Heimann schon eingesehen, als das den meisten seiner Generation noch nicht einmal zum Problem geworden war.«

Der Autor Moritz Heimann wurde 1868 in Werder in der Mark Brandenburg geboren und starb 1925 in Berlin. Als langjähriger Lektor und Autor des S. Fischer Verlags und der *Neuen Deutschen Rundschau* nahm der »lector Germaniae« – wie Alfred Kerr Heimann genannt hat – entscheidenden Einfluß auf die literarischen Ereignisse Berlins nach 1900.

Der Herausgeber Gert Mattenklott (Jahrgang 1942) ist Professor der Germanistik in Marburg. Neben literaturhistorischen Büchern und Aufsätzen hat er Radio- und Zeitschriftenbeiträge über kulturphilosophische und -geschichtliche Themen veröffentlicht.

Moritz Heimann

Was ist das: ein Gedanke?

Essays

Herausgegeben und mit einem Nachwort
von Gert Mattenklott

Fischer Taschenbuch Verlag

Originalausgabe
Veröffentlicht im Fischer Taschenbuch Verlag GmbH,
Frankfurt am Main, Juni 1986

Für diese Ausgabe:

Umschlaggestaltung: Jan Buchholz / Reni Hinsch
Gesamtherstellung: Clausen & Bosse, Leck
Printed in Germany
1000-ISBN-3-596-25311-X

Inhalt

1 Kunst als Wächter der Träume

2 Der Verkehr und die Seele

3 Agrarisches

4 Politik für Unpolitische

5 Deutsche Judaica

6 Moralia

1 Kunst als Wächter der Träume

Das Haus

An Hermann Stehr

Es gab eine Zeit, wo ich mir in Berlin keinen lieberen Weg wußte als unter dem Säulengang um die Nationalgalerie herum. Er führt aus der Enge und Bedrängtheit des Tages und der Zeit hinaus und läßt den Wandelnden doch nicht vor dem Menschlichen fliehen, sondern triumphieren in ihm. Ja, es ist, als ob die ganze Macht des Menschengeistes und seine edle Gegensätzlichkeit zur Natur in der kürzesten Formel vor uns ausgesprochen, im einfachsten Bilde dargestellt würden, wenn wir Säulen sehen, die Gebälk tragen: Wir gehen unter den Säulen ohne Halt, mit ruhigem Schritt, der Blick wird klar und wartend, der Nacken aufrecht.

Zwar Leute, die das Wesen jedes Dinges in seiner Geschichte sehen, werden uns vom Klassizismus erzählen, und uns glauben machen, daß auf die Formen des Altertums zurückzugreifen genau ebenso berechtigt war in jenen paar Jahrzehnten, wie das Spiel mit Rokoko in andern. Aber wir wollen ihnen nicht glauben. Was, was ist es doch, was uns so adelt und heiter kräftigt, wenn wir den einfachen Urgedanken: zwei Pfosten und ein Querbalken drüber, verschönt aus seiner innerlichsten Gestalt heraus, sehen, und wenn wir fühlen, daß er uns schützt, uns sondert und zusammenfügt, uns vornehm macht!

Gehst du durch die Straßen der Stadt, so gehörst du nicht mehr dir. Die Bewegung des Lebens, das dich umkreist, ist an der Not, der schlimmsten Not, und an den Leidenschaften, den trübsten Leidenschaften, entzündet. Entweder wird es dich betäuben und verdumpfen und zerschlagen, oder es wird dich am Treibriemen des Mitleids in seinen Lärm hineinziehen zur gröblich vereinfachten Bewegung.

Draußen aber, weit draußen, wo die Bäume und die Felder und die fernen Wälder und der *weite* Himmel um dich sind, auch dort gehörst du nicht mehr dir: du wirst zur Pflanze; der Wind, der durch das Gezweige zieht und den Blättern Sprache gibt, hebt die Gedanken deines Herzens, weht sie, läßt sie sinken, wie er will; nur dich Pflanze läßt deiner Seele Beruhigung frisch werden und stark dort draußen. Denn *wenn* du aufmerkst und irgend die lebende, atmende Sichtbarkeit zu einem Bilde machst, so ordnest du Formen, ordnest Farben, nach einem Gesetz, das nicht in der Unendlichkeit um dich wahrnehmbar ist und nur in deiner Seele, Mensch, der du bist, als ein Urbild lebt: die Zahl nur kann es ausdrücken; die in der griechischen Sprache Rhythmos heißt; doch willst du es in einem Gleichnis sichtbar machen, so errichte zwei Pfosten und lege einen Balken darüber. Den Baugrund hat dir kein Gott geschenkt; du selber mußt ihn dem Meere oder dem Flugsand abzwingen, und sichern und schützen mußt du ihn neu an jedem Tag.
Ich hatte einmal eine lange Zeit, eine längere, als Seele und Sinne ohne Schaden aushalten, in der Stadt bleiben müssen. Ich glaube nicht, daß Blut und Leben eines Menschen, der Vergnügen empfindet an Nachdenklichkeit und Selbstbesinnung, im gleichen Rhythmus gehen kann mit dem der großen Stadt. Er muß, scheint mir, die Beziehung fortwährend gestört und sich selbst eigentümlich verwirrt fühlen; ähnlich wie die Wahrnehmungen im Auge und im Ohr auseinandergezogen werden, wenn wir uns weiter und weiter von einem mächtig niedersausenden Hammer entfernen: es trennen sich der Schlag und der Krach. Auf das höchste war in mir diese Verwirrung gestiegen; immer blasser, gespenstischer, quälender waren die Gedanken geworden. Darum machte ich mich, es war an einem Herbstabend, auf, die Heimat zu besuchen. Die Abfahrt von Berlin am Abend ist immer eine letzte, bittere Prüfung. Es ist, als ob auf den von Tag und Jahr Gedrückten die Dämonen alle, denen er entfliehen will, noch einmal losschlügen mit verdoppeltem Grimm und Hohn. Der Zug fährt in die dröhnenden Bahnhallen, und just unter uns kreischen die Bremsen in das gepeinigte Ohr. Die Türen werden mit solchem Knallen zuge-

schlagen, daß das Gehirn fast einen blutenden Schmiß fühlt wie von Peitschenspitzen. Die Dämmerung ist hereingebrochen, und oben auf dem Wagen knirscht dumpf der springende Schritt des Arbeiters, der die Lichter in den Abteilen anzündet, recht trübselige Flämmchen. Und in fernen Straßen brennen die Gaslaternen, öde, zwecklos, eine jede in ihrer eigenen dunstigen Lichthülle unsäglich einsam. Draußen im Freien wird es nicht besser. Man tritt an die Fenster, versucht von den dunkelnden Feldern Frieden zu erholen, aber es ist, als ob er draußen vor den Scheiben bliebe, sichtbar, doch unnahbar; streng und groß. Zu dumpf, zu fühllos ist das Herz. Und eingesperrt in unsre Haut, wie wir sind, fühlen wir eine bittere Ungeduld in uns aufkommen und wachsen; nicht die frohe, beschwingte Ungeduld, die das Ziel schneller heranreißen möchte, – sondern eine peinigende, hilflose, die an kein Ziel mehr glaubt. Und endlich hält der Zug, bei einem kleinen Bahnhöfchen, das, von seinem Dorfe fern, mitten im Felde liegt. Ich steige aus, und mit wenig mehr als hundert müdhastigen Schritten erreiche ich die Chaussee.

Siehe, da ist es, als ob mit einem Schlage das Leben sich änderte. Die Zeitrolle im Gehirn dreht sich langsamer. So kommt von allen Seiten eine tiefe, weiche Stille und eine tiefe, weiche Finsternis. Sie kriechen heran, schweben daher, sinken nieder, ich bin ganz eingehüllt von ihnen. In den Ohren ist noch ein wunderliches Bewegen wie von *unhörbarem* Rädergetriebe. Allmählich schwindet es, und ganz befreit und weich bedrückt gehe ich meinen Weg.

So ist es jedesmal; so war es auch an dem Herbstabend, von dem ich erzählen wollte. Anfänglich war es mir undurchdringlich dunkel erschienen; aber während ich ging, kam Teilung in die einige Finsternis. Matt schimmerte das Band der Chaussee vor mir her, und über ihren Rändern, hoch gegen den Himmel gehoben, dunkler im Dunkeln, kamen die Klumpen der Baumkronen einer nach dem andern aus der toten Schwärze hervor. Die Stille, die süße Melodie, gewann sich Harmonien. Ein Hund bellt in einem fernen Dorf; ein andrer, herrenloser, der über die Felder hergekommen sein mag, scheut entsetzt zurück, ich höre sein

Stutzen, die schnelle Wendung, das Davonbrechen im klappernden Lupinenfeld, und er hat einen Nachtschrecken mit mir ausgetauscht, einen sehr tiefen Schrecken, der keine Angst ist. Mächtig aber über uns allen, über Feld und Baumkronen, Mensch und Tier, braust ein kalter, breit rollender Herbstwind. Als ich ungefähr eine Viertelstunde gegangen war, sah ich, scheinbar noch weit von mir, etwas Dunkles sich bewegen, dem ich mit jedem Schritt und in der Täuschung der Nacht noch schneller näher kam, als wenn es stillgestanden hätte, während es sich doch vor mir her entfernte. Und fast plötzlich war ich an seiner Seite und erkannte die ungewissen, plumpen Umrisse eines Mannes. Als ich an dem Wandernden, die Zeit bietend, vorüber wollte, antwortete er und fügte dem Gruß meinen Namen hinzu. Ich blieb einen Schritt stehen, bis er wieder an mir war, und sah ihm ins Gesicht. Ich erkannte ihn; es war ein ehemaliger Schlächtermeister, der, wie mir erst im nächsten Augenblick einfiel, vor Jahresfrist aus einem Nachbardorf in das unsrige gezogen war. Kein irgendwie angenehmer oder ausgezeichneter Mensch; aber er hatte viel von der Wildheit, dem Wagemut und der unreinen Genußsucht seines Berufs. Er war von großer körperlicher Stärke; war aber beim Ringen um den Preis eines Achtels Bier von einem Schornsteinfegergesellen hingeworfen worden und hatte dabei einen Knöchel gebrochen. Er kaufte wohl mal ein verdächtiges Stück Vieh, betrieb aber dieses Geschäft nur hehlings und ohne die Planmäßigkeit, die ihm ein Vermögen hätte schaffen können. Er spielte viel und mit Leidenschaft, mit den Karten, mit den Würfeln, auf den Rennplätzen; alles aber mit geringem Verständnis und so gänzlich vom Glück gemieden, daß er in verhältnismäßig kurzer Zeit alles Geld verlor, sein Geschäft ruinierte und schließlich mit wenig mehr als ein paar dürftigen Pferden in unser Dorf zog, wo das Abfahren der für Kohlengruben geschlagenen Hölzer ihm einigen Verdienst eröffnete.

Immer war er lärmend und herrisch gewesen, und im Ungestüm des Fahrens hat ihn kaum einer übertroffen. Donnernd war er mit seinem großen Wagen ins Dorf gestürmt, mochten die Pferde nun, im Wechsel der immer lebendigen

Tauschlust, jung und glatt oder struppig und alt – in jedem Fall aber sicherlich mit allerlei Fehlern behaftet – sein. Mit einem Ruck hatte das Fuhrwerk vorm Wirtshaus stehen müssen, und sogleich hatte er mit seiner brüllenden Stimme aus den Häusern gelockt, wen er gebrauchte: den Hausdiener, der den Pferden ein Futter vorschüttete und zu trinken gab, den Schmied, der an dem wilden Tun seine bewundernde Freude hatte; und drei oder vier zweideutige Besitzer, die gern herumfaulenzten und eines Trunks, der nichts kostete, und eines Handels, bei dem sich's auskommen ließ, weil jeder den andern betrog, gewärtig waren. Knäuelte sich so vor der Rampe des Wirtshauses das lärmende Wesen, so fehlte nur noch, daß etwa gerade ein ächter Bauer vom Felde kam, in einem leichten Bretterwägelchen mit zwei sehr großen, glänzenden, jungen Pferden davor, die in einem halb nervösen, halb trägen Schritt daherzogen. Dann mußte der Bauer mit mißtrauischem und mißbilligendem Blick knapp genug grüßen, vorbeifahren, nach einer Weile aber von seinem Hofe her langsam und wie ziellos wiederkommen, beiläufig ins Wirtshaus treten und wie von ungefähr mit dem Schlächtermeister und seinen Kumpanen am gleichen Tisch niedersitzen, immer lauernd, auf seiner Hut und nicht ohne Verachtung.

Eigentlich hatte ich diesen Mann nie anders als in solchem Zusammenhang gesehen und von seinem Zusammenbruch nur durch Hörensagen erfahren. Wie er aber jetzt neben mir ging, war seine Erscheinung von Grund aus verändert. Er war noch dicker als früher; aber alles an ihm war kraftloser geworden. Er ging sehr langsam und knickte bei jedem Schritt ein. Er sprach ganz leise und mußte sich, kurzatmig werdend, oft unterbrechen. Ich fragte ihn, wo er herkäme. Er antwortete umständlich, mit einer gemachten Sorglosigkeit im Ton, die mich ergriff. Er war in ein paar Nachbardörfern gewesen, um sich nach Arbeit umzusehen. Er sagte ein paar allgemeine Bemerkungen über die schlechte Zeit, über die Bedenklichkeit des herannahenden Alters, über die Zweideutigkeit des Lebens überhaupt. So gingen wir nebeneinander. Der Finsternis war ich gewohnt worden und unterschied das Gelände und sah auch den Himmel nicht mehr als eine einzige schwarze Decke, sondern sah ungeheure, wuchtige Wolken sich schieben, die alle in derselben Richtung zogen, aus einer unerschöpflichen Heimat von gewaltigen Winden vertrieben und gescheucht. Der gramvolle Herbst war zu spüren, das Klagelied des besiegten Lichtes zu hören, die düstern Chöre der siegreichen Nacht.

Und neben mir schritt der gedrückte, gedemütigte Mann, der Arbeit suchte und nicht gefunden hatte, und sprach mit seiner eintönigen Stimme. Wir näherten uns einem Licht, das vor einem Gasthof schimmerte, in welchem, wie es jedem Verkehr der Umgegend bequem lag, kaum einer, der vorüberkam, versäumte einzukehren. Hier hatte mein Begleiter mehr als einmal wöchentlich aufgeregte, tobende Stunden seiner Geschäfte und seines Vergnügens verbracht; und ich hegte nicht den mindesten Zweifel, daß er jetzt, nach einem langen Marsche, dort Rast machen würde. Aber mit Erstaunen und wunderlich betroffen sah ich, daß er nicht von der Chaussee abbog und, ohne zu zaudern und ohne nach den hellen Fenstern hinzusehen, fürbaß schritt. Doch hörte er auf zu sprechen und ging nun den ganzen Rest des Weges schweigend neben mir.

Auch ich hätte nichts zu sagen vermocht. Zu deutlich spürte ich, daß mein Begleiter durch Leib und Seele die Zerrungen der großen Verwandlung gespürt hatte. Er hatte die Stimme gehört, die wer weiß vor welchen Richtersessel lädt, und wußte mit jedem Atemzug, daß er ihr würde folgen müssen. Der Tod war nicht mehr Etwas außerhalb seiner; an den alles Lebendige nur mit seinen Gedanken, nicht mit seinem Wesen glaubt und dem es zu entrinnen hofft; sondern er war in ihm drin, und jeder Atemzug führte nun nicht mehr weiter in den Garten des Lebens hinein, sondern aus ihm hinaus. Nun hätte er wohl nicht mehr atmen, nicht mehr leben mögen – um nicht sterben zu müssen. Aber er mußte atmen, mußte leben, dem schwarzen Ziele zu. Und das alles, ich fühlte es an meiner Haut, war nicht dunkel in ihm, sondern er wußte es mit jedem Schritt und jedem Wort. –

Und ich, ich wanderte durch die Nacht in einem Gefühl, das aus Ergebung und Verzweiflung gemischt war. Fernab von meiner Seele lag die Stadt, und der leichte Schimmer von ihr, den die Augen noch am Horizont ersahen, war ohne Leben. Das abgründige Gesetz der Not hatte aus einem lange verstummten Munde zu mir gesprochen, dem nicht wie dem Menschenmunde widersprochen werden konnte, – dem Munde der Kreatur. Ja, wenn der Tag und die Bewegung und das Licht und die Leidenschaften müde werden und ihr Truggespinst ins Nichts zerflattert und die Nacht sternenlos, kühl, von Winden stöhnend, heraufkommt – wie schweigt dann, was je geredet hat, und wird beredt, was sonst im Schweigen lag. Des Menschen Sohn regt sich in uns, der nicht hat, wohin er sein Haupt lege. Jeder Käfer hat sein Grübchen, jeder Vogel sein Nest. Doch mit innigerem Grauen denk' ich an ihre Ruhe als an eines listigen, lüsternen, zusammenschreckenden Tieres Streifen und Jagen. Wie qualvoll leer und überflüssig und spielerisch erschien mir da das historische Treiben des Menschenvolks. Das Kind, das mit der Fußspitze ein Steinchen vor sich her schnellt; es wieder einholt und weiter stößt; dem Bogen, den es am Widerstand der Erde macht, aufmerksam folgt; und wenn es weggesprungen ist und nicht mehr zu finden, an einem andern das Spiel fortsetzt. –
Wir waren in einen Sandweg eingebogen, der von der Chaussee weg uns heimführte. Eine kleine Kiefernschonung fing uns den Wind ab, und um auch des surrenden Geräusches an meinen Ohrmuscheln ledig zu werden, blieb ich stehen. Da wurde es, indem sich der tappende Schritt des Gefährten immer mehr verlor, ganz still, lebensstill. Vom kühlen Hauch des Daseins angeblasen, fröstelte plötzlich die Seele. Ich ging weiter, die Schonung hörte auf. Über das kahle Feld fegte der Wind; laut plapperten die Blätter einer Pappel am Wege. Ich kam am Kirchhof vorbei und stieg nieder ins Dorf, das lag im Schweigen da. Lichter schimmerten noch aus den Fenstern, hier war der Giebel eines Stalles hell, dort breit die ganze Front einer Scheune. Unter dem Dach der Bäume in den kleinen Vorgärten war schwärzeste Finsternis. Zuweilen schlug ein

Hund an, klirrte in einem Stall eine Kette, blies murrend eine Kuh.

Als ich nun an meinem Hause ankam, in der Bedrückung und der Freude stillgefaßt, und über Hof und Flur ins Zimmer strebte, war es mir, als zöge mich das Dunkel noch mit elastischen Banden zurück. Dann aber saß ich am Tisch, sah im Schimmer der Lampe das kleine vertraute Zimmer, die bescheidenen Bilderchen, das Wandbrett mit Büchern, den braunen Topf mit Astern. Es war warm zwischen den vier Wänden, der Kaffee duftete, und das Gespräch ging schnell übers Persönliche hinaus. Freudig gab ich mich dem behaglichen Zustand hin; wo waren die Nachtgeister, die Notgeister, die sich an mich gehängt hatten? Waren sie draußen geblieben, wehrt ihnen die Schwelle, die zu einem Herde führt, den Eintritt? Doch das Gefühl, das mich wärmte und kräftig beruhigte, glich nicht der Geborgenheit eines Flüchtlings. Nein, sie mochten wohl in mir, um mich sein – mochten sie nur! Ich hatte sie zur Ruhe verwiesen, und über ihre stummen Mahnungen hinweg flog der hoffende Blick. Das Schwankende, Ungewisse, Willkürliche der Kultur verwandelte sich in Triumph, das Spiel wurde zum Sieg. Es gab wieder Geschichte und Kunst und Verwaltung, Macht, Willkür, verstiegenes Grübeln, heitere Bettlerheiligkeit. Die Not ist ein Fressen, das man nicht lange zwischen den Zähnen haben darf.

Fragst du nun, was so schnell mich neu belehrt hat? – Und meinst doch, daß es die Wärme des Zimmers war, und die milde Helligkeit, und die Bilderchen an der Wand, die Bücher und der Topf mit Astern? Nein, das alles war es nicht; sondern daß das Zimmer rechteckig war wie eine Schachtel.

Da hast du was zum Lachen, ein Rechteck scheint mir ein großes Ding. Die Schwerkraft, die die empörte Welle zurückruft und den Sturz der Gebirge mächtig zersplittert, – zwinge sie zu ihrer einfachsten Sichtbarkeit: nimm eine Wasserwaage und ein Pendel – sie schenkt dem Menschengeist den rechten Winkel; mit ihm baut er sich seine Kammer, seine Arche Noah auf der großen Flut. Aus der strömenden Fülle der Erscheinungen reißt der Mensch mit schöpferischer Kraft ein paar Grundbeziehungen heraus, und unfähig, sich dem dumpfen, kreatürlichen Geschick zu entziehen, errichtet er mit ihrer Hilfe eine Gegenfestung. – Am letzten Ende aber: wie könnte er das, wenn er den rechten Winkel, der ihm geschenkt wird, nicht schon vorher besäße? – – –

[1901]

Hofmannsthals »Elektra«

(Tragödie in einem Aufzug, gespielt am Kleinen Theater.)
Berlin, Anfang November.*

Die Dienerinnen haben am Ziehbrunnen Wasser geschöpft.
»Wo bleibt Elektra?« fragt die erste; und eine zweite antwortet:
»Ist doch ihre Stunde,
Die Stunde, wo sie um den Vater heult,
Daß alle Wände schallen.«

Dies ist der bewunderungswürdige Anfang der »Elektra« von Hofmannsthal. Die drei betonten Silben des letzten, unvollständigen Verses haben einen kühn gedrängten Rhythmus, der sich von den Fliesen des Hofes aufschwingt und die mykenischen Mauern des Palastes baut, des alten, unterm Fluch stehenden Palastes, durch dessen Höhlungen und Gänge das Pelopidenschicksal, der Mord und die roten Fackellichter wie bluttrunkene Gespenster wandeln. Der Hof ist eng, und die Tochter des großen Königs Agamemnon sitzt im Dunkel, beraubt, bedroht, struppig und verzweifelt, am Boden kauernd und wieder ruhelos wandernd wie ein gefangenes Panthertier.

Bei Sophokles beginnt die Tragödie mit der Rückkehr Orests. Der Pädagog zeigt ihm die Plätze, die heiligen Stätten, Hain und Burg der Heimat. Und Orest, wenn er auch nicht – wie bei Äschylus – auf das Geheiß der Götter kommt, kommt doch mit dem Geleit eines Orakelspruches.

Bei Hofmannsthal ein Kerker, ein Kessel, darin das Unheil zu einem immer zäheren Gallert einkocht; bei Sophokles alles auseinandergestellt, umzirkt, mit Maß, in den Raum verteilt und, wenn wir seine »Elektra« als den Teil einer Trilogie ansehen, auch zeitlich kein Knoten und kein hastiger Verlauf.

Hofmannsthal hat vom Bau des alten Tragikers keinen Stein auf dem andern gelassen. Er hat den Chor abgeschafft und durch Dienerinnenschwärme ersetzt, die exponieren hel-

* 1903

fen, die das Bild bewegen und die an die Stelle von Tanz und Ethos einen dekorativen, farbigen, unheimlichen Rhythmus bringen. Er hat die Charaktere, die Motive, die Verse so neu und eigen geschaffen wie die Exposition, den Stil und das Lokale. Und da er ein Ästhet ist, und da er ein Philologe ist, so ist das eine staunenswerte Kraft, die das alte, durch die Ehrfurcht zweier Jahrtausende gesicherte Werk so umgeglüht und umgegossen hat, daß kaum mehr als ein halbes Dutzend Details von ihm übrig blieben.

Bewundernswert also und bedingungslos zu bewundern ist des Dichters Kraft; wir sehen einen Aufstieg zu nicht gemeinen Höhen sich vorbereiten. Und dennoch bleibt die Frage, was dieses gegenwärtige Werk Elektra uns wert sei; und die Frage ist voller Beunruhigung.

Was ist uns Hekuba, und was Elektra, daß wir um sie weinen sollten? Zugegeben, daß uns die sophokleische Elektra nicht mehr unmittelbar ans Herz rührt, tut es die Hofmannsthalsche? Ich habe in Rezensionen gelesen, sie sei Geist von unserem Geist –; von unserem? vielleicht; von meinem ist sie es nicht. Ich fürchte, wir haben uns ein literarisches Zeitbild einreden lassen, das doch zu keinem von »uns« sonderlich paßt. Und ich wenigstens sehe unsere Zeit nicht so am Ende aller Pflichten, daß eine fortschreitende Humanisierung ihr nicht nötig und also auch nicht möglich sein sollte und daß sie darum, um überhaupt nur leben zu können, sich bestialisieren und chaotisieren müßte.

Die Antike hat mit allen großen Lebensoffenbarungen und -Gestaltungen das gemein, daß sie jeder andern folgenden Epoche ein anderes Gesicht zu haben schien. Wir heute, nach einem Jahrhundert Geschichte, nach einem Jahrhundert Psychologie, einem Jahrhundert Ausgrabungen und Museumsblüte, glauben nun die griechische Welt wahrer zu kennen als je eine Epoche vor uns. Und besonders die Griechen Winckelmanns und Goethes haben wir mit einer parvenühaften Selbstgefälligkeit überwunden. Es ist möglich, daß wir recht haben. Aber dann müssen wir fürchten, daß jenes tausendjährige Reich, da wir es nun wirklich kennen, für immer versunken ist. Wenn wir es kennen,

steht es in den Akten und wird dort vermodern. Lebendige Wirkung erzeugt sich nur am Mißverständnis.
Die griechische Kultur, einmal wirklich mit Wurzeln und Struktur bloßgelegt, verliert ihre Mission. Nur die Wirkung dieser Erkenntnis auf unser überraschtes Gemüt hat noch einmal, schnell vorüberhuschend, eine innerlich erregende Kraft; d'Annunzio in der »Toten Stadt« hat sie geschildert.
Das eigentlich Abenteuerliche unserer Fronde gegen das überlieferte griechische Wesen steckt aber darin, daß wir, in der Ratlosigkeit *unserer* Kultur, die Kulturarbeit der Alten historisch und nachsichtig anschauen. Goethe in seiner Iphigenie ist wahr und naiv, denn er ist weiterbildend, ist seelisch tätig und schöpferisch; Hofmannsthal ist raffiniert und genießt ein Schauspiel.
Wie unmenschlich ist er, wie menschlich der Grieche! Bei Sophokles kommt der Mutterschmerz über Klytämnestra, als sie den Tod Orests erfährt; Ägisth hat eine würdige Haltung und bequemt sich gefaßt dem Tode, auch er ein Pelopide; Elektra ist Schaffnerin im Hause, nicht verachtete Magd. Und so gerecht ihr Haß auch ist, sehen wir doch Lügen ihrem Haß beigemischt, die einen sanften Reflex auf die Königin werfen. Denkt an Hamlet, der einen Vater zu rächen hat; seht die Königsmagd des deutschen Märchens, die die Gänse hütet und den Pferdekopf überm Tor anredet: O Falada, daß du hangest! Daneben bei Hofmannsthal die Orgie von Blut, der zuchtlose Selbstgenuß aller Gefühle des Hasses und der Rache. Irgendwie will alle große Kunst weg von der Kunst. Wir kennen nicht die Zwecke des Sophokles mehr; aber wir fühlen, daß er jenes kostbarste plastische Material, die Menschenseele, bearbeitete. Hofmannsthal will nur Kunst, gibt nur Kunst; und nur die Verzweiflung dieses unmöglichen Zustandes führt sein Genie dazu, auch seinen Gebilden zuweilen ein wunderbares Menschliches anzuheften, das wir, mitleidend und nicht bloß kalt erschaudernd, als unser eigen erkennen. »Wenn mir dein Vater heute entgegen käme – so, wie ich mit dir da rede, könnte ich mit ihm reden«, sagt Klytämnestra zu Elektra; »zwar kann sein, mich schauderte, doch kann auch sein, ich

könnte zärtlich zu ihm sein und weinen, wie wenn zwei alte Freunde sich begegnen.«

Es ist im Hofmannsthalschen Werke nichts, was über den Bezirk des Werkes hinausführte. Elektra ist nicht besser, nicht höher, nicht größer als Klytämnestra, sie ist nur verschärft und verzerrt. Ihre Sinnlichkeit geht irre; ihre Mordlust, die sich ganz verantwortungsfrei fühlt, weil eine Rache ihr Ziel ist, ist bestialisch. Auch Chrysothemis hat Wert und Würde verloren; sie ist ganz dumpf geworden; die Leiden der aufgezwungenen Jungfräulichkeit waren stärker als der Schmerzensadel, der dem Sproß des Tantalus geziemte. Und Orest – ist überhaupt kein Mensch, sondern nur eine theatralisch-dekorative Wirkung. Er erscheint, da ist er ein Bild. Nachher ist er die Waffe in der Hand der Schwester.

Wir sehen eine schlimme Familie sich zerfleischen; kein Schicksal, keine Götter, nicht Freiheit noch Idee, und kein Symbol.

Vielleicht war es der große Fehler des Dichters, daß er die Vorgeschichte der Tragödie, den Mord Agamemnons und seine Ursachen, nicht ausführlicher und exponierend in sein Werk gezogen hat. Unterlag er in diesem einzigen Punkt der Konvention und setzte Elektras und der Ihrigen Situation als bekannt voraus? Aber durch diese Abkürzung bekommt das Drama eine Furia, die nicht frei vom Virtuosenhaften ist. So fast, als ob Elektras Haß und Rache, da sie zu sehr aus dem Zusammenhang der großen Verknüpfung gelöst sind, sich in einer Soloszene ausspielten und was Abstraktes wurden. Es ist kein Kampf mehr *in* ihr, also auch kein Wachsen, also auch kein Leben. Scharf wie eine Kamee ist der Charakter geschnitten (und alle übrigen des Dramas und alle Situationen sind in derselben Manier erfaßt); seine Gedanken sind fertig und unveränderlich.

Daraus bestimmt sich der Charakter des Verses. Nie bisher hat Hofmannsthal einen großartiger und weiter geschwungenen Vers geschrieben. Es ist eine Lust, dem kühnen Bogen zu folgen, wie er sich frei hebt und sinkend an einem Widerstand sich festwühlt zu einem neuen Schwung. Doch meine ich, gerade auf den schönsten Seiten ist der Vers nicht eigentlich dramatisch. Er bleibt in der Fläche. Er ist voll

Feuer, lebendig tönend, von wachster Phantasie genährt. Aber er bezeichnet nicht die Geburt des Gedankens, nicht die Regung des Gefühls, sondern Gedanke und Gefühl sind fertig, und der Vers kommt hinzu und beschreibt sie, schmückt sie, beleuchtet.

Dekorative Kunst hat mit naturalistischer das gemein, daß sie keine Nachbilder, keine Fernwirkungen erzeugt. Ihr Leben bedarf ihrer Gegenwart: man muß sie immer wieder lesen, hören, schauen, wenn man ihrer Existenz innewerden will. Dramen von beider Art müssen darum das Theater leidenschaftlich anregen, alle seine Künste zu üben. Die Aufführung der »Elektra« war wieder ein Triumph der Reinhardtschen Bühne. Freilich scheint es mir oft, als ob man dort ein wenig zu viel täte.

Es ist die Gefahr zu bedenken, daß die Aufführung das Dichterwerk neutralisieren kann. Der Zuschauer gewöhnt sich, er merkt die Absichten zu schnell, er lächelt und wird ein behaglicher Zuschauer, statt ein ergriffener. Auch die Regie im »Kleinen Theater« ist fast zu meisterhaft; man täte gut, die zu erstrebende und erzielte Glätte nachher wieder aufzurauhen. (Theodor Storm gebrauchte diesen Ausdruck.) Zum Glück hat Reinhardt Schauspieler, das heißt Schauspielerinnen, die Persönlichkeiten und Eigenleben besitzen. Schon unter den Dienerinnen fiel gleich eine klare und feste Gestalt und Stimme auf: Hedwig Wangel, ein vielseitiges Talent von kerniger Gesundheit. Frau Eysoldt als Elektra erregte die größte Bewunderung – die ich nicht teile. Sie war – Frau Eysoldt, und spielte die Elektra. Sie spielte sie außerordentlich, nach dem Maß ihrer physischen Kraft, die nicht sehr groß ist; aber in der Kunst ist Kraft eine qualitative, nicht eine bloße quantitative Eigenschaft. Frau Bertens hatte die Rolle der Klytämnestra; unvergeßlich ist diese wilde, barbarische Erscheinung, dick, verfallend – ordinär geworden im Brodem ihrer Verbrechen und Ängste. Das war Kraft und Größe, von innen bewegt.

Darf ein Rezensent verraten, daß er nicht unfehlbar ist? Es gibt während des Schreibens (und jeder weiß, auch während des Denkens und Fühlens) eine Abtrift, die von der vorgeschauten Linie sacht wegdrängt. Man wollte, auf Umwegen, zu der weißen Klippe; und siehe da, man landet bei der grauen. Da springt man ins Wasser zurück und eilt zum ersten Ziele. Ich bewundere Hofmannsthal; ich weiß, er ist ein Mund, der noch Großes verkünden wird.

[1903]

Tao*

Anders als sonst ein Jünger oder Apostel oder Verkündiger irgendeiner Art hat Tschuang-Tse die Wahrheit und das Werk seines Meisters ergriffen und aufs neue dargeboten. Da ist nichts von Tendenz, nichts von dem Mißverständnis dessen, der empfängt und der hier zu leicht und dort zu schwer nimmt und das gestörte Gleichgewicht durch Zutat und Veränderung wieder ordnen muß, nichts auch von dem fast frevelhaften Mut, die eigene Melodie zu spielen auf der Gestalt des Vorbilds und erwählten Helden. So ist das Schwerste für den minder göttlichen Mund, die Wahrheit des göttlicheren auszusprechen, so eifrig er sie auch fühlen mag. Eine unerfaßbare Einfachheit ist in ihr ausgeformt, und es bedarf der Umwege des Geistes, der künstlichen Stützen, der verzwängten Sprache des Zeitgeschmacks, um ihrer habhaft zu werden. Lao-Tse hat sein Werk der fünftausend Worte auf Geheiß und auch sonst wohl unfreiwillig, jedenfalls sehr lakonisch abgefaßt, und ein Zeitraum von dreihundert Jahren trennt ihn von seinem Jünger, der, ein Dichter von Natur, in viele Formen und Gestalten sich zu ergießen strebte. Aber trotzdem blieb die Lehre in den neuen Verwandlungen ohne Veränderung. Wie das Kind Jesus in einem apokryphen Evangelium in die Hände klatscht und Sperlinge, die es aus Lehm geformt hat, lebendig fliegen läßt, so leicht und vielfältig läßt Tschuang-Tse die graue, stumme Weisheit aufsteigen, nur daß er sie nicht verzau-

* Reden und Gleichnisse des Tschuang-Tse. Deutsche Auswahl von Martin Buber. Im Insel-Verlag. [1910] Andre deutsche Übersetzung von Richard Wilhelm, bei Diederichs.

bert, sondern entzaubert, sie vertrauter und offenbarer gemacht hat.

In dem mysteriösen China, gegen dessen Millionen Menschen Pest und Hungersnot sich kraftlos wüten, in dessen ungeheuren Räumen ganze Völker wie im Leeren verschwinden, sind dreihundert Jahre keine große Spanne Zeit. Aber wären sie auch nicht mehr als ein Tag, so bliebe Tschuang-Tses urbürtige Treue gegen seines Meisters Lehre nicht minder merkwürdig. Es ist nicht anders, als daß er sie nicht bloß empfangen hat; sondern sie ist in ihm wiedergeboren, Lao-Tses Tao ist in ihm wiedergeboren.

Aber was ist Tao?

»Die es fassen, reden es nicht, und die es reden, fassen es nicht.« Hier ist eine Frage, auf die es keine Antwort gibt, außer dieser einen, daß es eben keine gibt. Tao ist das ewig Eine, das keinen Namen hat; die ewige Einheit, die keine Eigenschaft hat; denn jeder Name und jede Eigenschaft schaffen ihren Gegensatz und schließen aus. Tao ist das All, Tao ist das Nichts, in dem Sinne der Mechthild von Magdeburg: Du solt minnen daz niht, du solt vliehen daz iht. Alles und Nichts ist dasselbe, weil es nicht Etwas ist. Tao ist Schopenhauers indisches Om, als ihm im Alter der »Wille« zu endlich, zu begrenzt und begrenzend, zu gegensätzig und ausschließend wurde. Tao ist das Ding an sich, das, zum Unterschied von Platons Idee, keinen Pluralis verträgt. Ich erinnere mich ungefähr einer Strophe von Keller: »Von Schönheit voll ist diese ganze reiche Welt; weiß nicht, wie ich mich stellen soll, daß Schönheit mich nicht vor sich stellt.« Die Ungeschicklichkeit dieses Satzgebildes malt unübertrefflich die Verlegenheit eines hingerissenen Menschen, den es beunruhigt, daß die Schönheit, die er vor Augen hat, ihn die andere versäumen läßt, die er hinter sich weiß. In einer ähnlichen Verlegenheit ist die Sprache, die sagen soll, was Tao ist. Sie soll unmächtig dazu sein, und soll aus dieser Unmacht ihre Macht gewinnen. Das kann die Sprache nur, das kann sie immer, wenn sie dichtet, und Tschuang-Tse ist ein Dichter, sein Werkzeug das Gleichnis.

Wo der Verstand die Wahrheit wie eine Meeresqualle unmittelbar roh angreift und als einen widerwärtigen Gallert auf den Strand schleudert, dort schöpfen Dichtung und Gleichnis die Scheinform des durchsichtigen, leuchtenden Gebildes in ihre goldenen Eimer. Die ächte Mystik ist keine verworrene Dunkelheit, sondern ist Überhelle und Ratlosigkeit vor der Überhelle; aber es ist eine göttliche Überlistung im Gleichnis, und wir lernen aus ihm, zu wissen, was nicht wißbar war. Noch kommen wir nicht weiter, wenn die Lehre statt im Gleichnis sich in einer bloßen Mummerei ausspricht; zum Beispiel, wenn »der gelbe Kaiser«, um seine verlorene Zauberperle zu suchen, Vernunft aussendet, doch die findet sie nicht, auch Schauen findet sie nicht, auch Wort findet sie nicht; schließlich sendet er Nichts aus, und Nichts findet sie. Aber Tschuang-Tse hat stärkere Beschwörungen. Die Staaten, die Bäume, die Tiere stehen ihm Rede. Der Betrunkene, der vom Wagen fällt, ohne sich Schaden zu tun, wird ihm zum Hinweis. Ihn belehrt die tägliche Hantierung der Menschen, der Wagenbauer, der Zimmermann, der Grillenfänger und der Gärtner. »Ein guter Koch wechselt sein Beil einmal im Jahre, – weil er schneidet. Ein gewöhnlicher Koch wechselt es einmal im Monat, – weil er hackt. Ich aber«, es ist Fürst Huis Koch, der seinen Herrn bedeutet, »führe dieses Beil seit neunzehn Jahren, und seine Schneide ist, als käme sie frisch vom Wetzstein. Denn an den Gelenken sind stets Zwischenräume, und da die Schneide eines Beiles ohne Dicke ist, tut dies allein not, sie in solch einen Zwischenraum zu fügen. Hierdurch wird der Zwischenraum erweitert, und die Klinge findet Ortes genug. So habe ich mein Beil neunzehn Jahre lang erhalten, als käme es frisch vom Wetzstein. Dennoch, wenn ich an einen harten Teil gerate, wo die Klinge einem Hindernis begegnet, sammle ich mich in Vorsicht. Ich hefte mein Auge daran. Ich halte meine Hand zurück. Sanft lege ich meine Klinge an, bis der Teil mit einem dumpfen Laut nachgibt, wie Erdklumpen, die niedersinken.« Das ist Tao; kein Erschleichnis des überwitzigen Müßiggangs, schon darum nicht, weil es das Gegenteil alles pfäffischen Wesens ist; es ist das, was Hebbel den Schlaf der Welt nennt; es ist Wirklichkeit. Und wenn es Wirklichkeit ist, so muß ein jeder von uns es außerhalb der Bücher in seinen eigenen Erfahrungen wiederzufinden vermögen. In jedem Dorf gibt es eine Bäuerin, die eine glücklichere Hand als alle anderen hat, Blumen zu pflegen. Sie pflanzt einen weggeworfenen Myrtenzweig in einen Topf und zieht ihn zu einem blühenden Baum. Was hat sie dazu getan? Nichts. Das ist Tao. Die Hausfrauen wissen, daß ein angestoßener Topf zuweilen länger hält als ein heilgebliebener. Warum? Weil er nicht mehr mit falscher Vorsicht angefaßt wird. Auch das ist Tao. Es gibt Menschen, von denen wir alle Talente, Fähigkeiten, all ihre Liebes- und Geisteskraft und sonstigen guten Eigenschaften wegdenken können, und sie bewegen uns gleichwohl das Herz zu freudigerem Schlag; das ist Tao. Wir wissen, daß der Mörder kein Mörder ist; daß hinter den Eigenschaften immer wieder Eigenschaften stecken und dahinter erst das Wesen; nur wenn wir anklagen, wissen wir es nicht – dann verlassen wir Tao und dienen dem Fetisch, der zweiten Wirklichkeit der Welt. In den Jahren des leidenschaftlichen Erkenntnisdranges begegnet es uns, wie wir plötzlich, auf einen Augenblick physisch fühlen: *daß wir verstehen;* noch ist kein Wort, kein Gedanke auch nur von weitem da, aber der Leib spürt sich im Gleichgewicht mit der Welt; und das vornehmlich ist Tao. Am tiefsten aber und gründlichsten spürt es der Künstler. Dieser Schöpfer weiß, daß er in die Irre geht, wenn er etwas andres will, als was sein Geschöpf will. Er kennt die Vergeblichkeit seines Dünkels, die Verderblichkeit seiner Ungeduld, er weiß, wie schnell die Macht des aufgedrungenen Rhythmus kläglich zusammenbricht.

Tao ist nutzlos, – wie können wir es nützen? Tao, welches »die Bahn« bedeutet, ist gleichwohl kein Gesetz und keine Moral, wie kann es wirken, das nicht wirkende? Das Evangelium hat dafür das derbe Gleichnis vom Sauerteig; der Meister Eckehart preist es als die aufrichtige und völlige Hingabe; und die Philosophie drückt es in jenem tiefen und frommen Agnostizismus aus, der nicht duldet, der Welt ein Ende zu setzen. Ein liebender Mann vollbringt seinen Tag nach Pflicht und Ordnung, und nirgend ist eine Lücke für Liebe, und dennoch ist die Liebe überall da und befeuert all sein Tun. Ist indessen dieses Gleichnis zu schwach, da auch Liebe nicht Tao ist, weil Tao Nichts ist, so fließt der Nutzen aus Tao aus der Betrachtung seines Gegensatzes, fließt daraus als ein Skeptizismus, der den gemeinen, pfäffischen – denn auch der Antipfaffe ist ein Pfaffe – den selbstgerechten Skeptizismus so weit hinter sich läßt, wie ein schwermütiges Gedicht die Reden vom Markt. Darin hört der Mensch auf, das Maß aller Dinge zu sein, das Unmenschliche des asiatischen Mythos und der asiatischen Kunst zeigt sich an, und Tschuang-Tse, der im Traume Schmetterling war, weiß nach dem Erwachen nicht: war ich da ein Mensch, der träumt, er sei ein Schmetterling, oder bin ich jetzt ein Schmetterling, der träumt, er sei ein Mensch? Tod und Schmerz verlieren ihr Gewicht, und die übertriebenen Methoden des menschlichen Geistes stehen »als Raubmächte entlarvt da, die die Welt in Verwirrung stürzen«.

Und auch in dieser Verwandlung, als Skeptizismus, ist Tao uns am ehesten verständlich durch seine Ähnlichkeit mit des Künstlers Schauen in die Welt. Nutzlos auch dieses, und nur in seiner Nutzlosigkeit von wesentlichem Wert; auch in ihm die Dinglichkeit der Dinge aufgehoben; der Schlaf der Welt. Tschuang-Tses Gebet lautet: »Oh mein Urbild! Der Du alle Dinge zerstörst und achtest es nicht für Grausamkeit; der Du alle Zeit beschenkst und achtest es nicht für Liebeswerk; der Du älter bist als die Urzeit und achtest es nicht für Dauer; der Du das Weltall trägst, die Fülle seiner Gestalten formst, und achtest es nicht für Kunst; – dieses ist die Glückseligkeit des Himmels!« Jeder Künstler versteht dieses Gebet, es ist das seine.

Und also ist es kein Zufall, daß wir von der mystischen Konzeption des alten, stummen Lehrers Lao-Tse die überzeugendste Ahnung bekommen durch den Mund des ewig jungen, beredten Tschuang-Tse, des Dichters. Er ist weit und reich. Er flicht Legenden vom gelben Kaiser in seinen Strauß und Anekdoten von Konfuzius. Seine Rede erhebt sich zu eddaartigem Klang: »Urreinheit fragte Grenzenlos«, und schwillt lyrisch zu höherem Chor, wenn er den Wind als orphische Musik durch die Höhlung der Erde wie durch die Löcher einer Flöte sausen läßt. Und unendlich liebenswürdig, wie ein Gedicht Litaipes, ist es, wenn seine weisen Männer ein Gespräch beginnen: sie sehen einander an und lächeln.

[1911]

Über Tod und Sterben

In der Schule haben wir gelernt, daß wir ständig eine phantastisch große Last auf unserm Scheitel herumtragen, ein Kilogramm auf jedes Quadratzentimeter; das ist die Luftsäule, die sich von unserer kriechenden Existenz aufwärts erstreckt über alle unsere Wolken hinaus, wo die Erde aufhört und die Welt anfängt. Und daß sie uns nicht flach wie ein Blatt Papier zusammendrückt, soll seinen Grund darin haben, daß die Luft, die unsern Körper mit seinen Knochen und Geweben durchflutet, von der gleichen Spannung ist wie die, die unsere Haut umspült. Eine, wie mir scheint, gar nicht so leichte Vorstellung, die aber ja wohl wahr sein muß, da die Luft mit ihrer Zenterlast uns eben nicht zerquetscht, sondern höchstens Hamlet toll macht, wenn sie von Nordnordwest weht.

Genau so tragen wir die Zentnerlast von Tod auf Haupt und Schultern, und merken sie nicht, weil etwas in uns dieselbe Spannung hat wie er. Aber, und das ist der Unterschied, diese Spannung kann nachlassen, *nel mezzo del cammin di nostra vita,* und dann merken wir *ihn.* Solange wir ihn nicht merken, sind wir unsterblich. Die Tiere sind unsterblich. Die Kinder sind unsterblich, ob es sie auch gelüstet, über den Tod zu phantasieren.

Wir wissen vom Tode nichts, vom Sterben wenig; denn solange der Mensch stirbt, lebt er noch. Ist den Dichtern und Weisen zu trauen, die uns mit Bild und Angesicht des Todes ans Herz greifen? Ich glaube nicht. Sie wollen alle uns damit zum Leben verführen, aber zum Leben, wie sie es verstehen und zur Pflicht machen. Kein neuerer Dichter, auch kein älterer vielleicht, hat den Tod so als Grundbaß der Lebensmusik begriffen wie Tolstoi. Aber wenn sein Iwan Ilitsch, im Augenblick, als die Umstehenden seinen Tod feststellen und jemand über ihm sagt: das Ende! – wenn Iwan Ilitsch auch dieses Wort noch hört und in seiner Seele wiederholt und sagt: das Ende des Todes! der Tod ist nicht mehr, – wenn er »hinunterfällt und das Licht sieht«, so mischt sich in die Ergriffenheit etwas wie Empörung: Woher weißt du das, Mann? Es geht um das ernsteste Ding; wenn du jetzt poetisierst, so bist du verdammt; wenn du uns aus unserer in deine Frömmigkeit schrecken willst, bist du abgesetzt aus deinem hohen Amt.

In dem Spiel von Jedermann, das Hofmannsthal erneuert hat, gibt es Züge von solcher Richtigkeit, daß wir mehr als eine verschollene literarische Angelegenheit darin erkennen. Ein Freund und zwei Verwandte sind um den reichen Mann, der den Schlag aufs Herz weg hat. Der Freund geht zuerst von ihm, aber mit liebreichen Worten, in Teilnahme und Schmerz. Die Verwandten bleiben länger, aber sind gleichgültig und zänkisch; sie zanken und murren, aber sie bleiben länger als der Freund. So sieht es wohl um die meisten bürgerlichen Sterbebetten aus. Am Ende ist Everyman von allen verlassen, *aber auch von den Schrecken.*

Sind zwar die Schrecken mittelalterlich als Gewissensnöte vermummt und vom Glauben und den guten Werken aus dem Gemüte vertrieben, – die für uns gültige Wahrheit daran ist, daß der Tod sanft scheint. Ja, wir würden unsern Gott nur noch milder, noch göttlicher glauben; er brauchte nicht seines Sohnes Opfer, keine guten Werke und kein Bekenntnis, um den Tod sanft zu machen. Von Kajakmännern, die erfrieren, von Abstürzenden in hohen Bergen, von wochenlang Eingeschlossenen in Bergeshöhlen ist uns berichtet worden, daß die Schrecken unbegreiflich von ihnen wichen. Aber wie ist es im Flammenmeer eines brennenden Saales, wie im unfaßbar sinnlosen, angekündigten Ende des Verurteilten, wie auf dem Leichenfelde der Schlachten? »Er sieht sein Dorf im Abendfrieden« –, doch die Dichter lügen zuviel.

Der Zufall brachte mir Aufzeichnungen eines vor dreizehn Jahren an der Schwindsucht gestorbenen jungen Mannes:

»Mein Husten schmeckt nach Nuß. Es ist verdrießlich, wenn Mutter kommt und die Kissen rückt; wenn sie sich über mich beugt und fragt, wie ich mich befinde, stemme ich den Nacken ins Bett zurück und möchte durchsinken bis in den Keller. Wenn sie dann aber endlich geht und an der Tür sich noch einmal nach mir umsieht, weiß ich mich vor Haß nicht zu lassen. Sie denken, ich sterbe. Sie wissen nicht, daß sie mir, einer nach dem andern, längst gestorben sind. Ich weiß nichts davon, daß ich sterbe, ich weiß nur, daß die Welt Stück vor Stück stirbt – – Heute ist mir wohl. Sollte es wohl gerade mir unbekannt sein, daß das bei Schwindsüchtigen ein verdächtiges Zeichen ist? Aber im Hause wollen sie mir einreden, daß wieder Hoffnung sei. Hoffnung worauf? Was ist Hoffnung? Es ist mir viel zu wohl zum Hoffen. Ich weiß nur, daß alles um mich Licht und Nichts ist.« In der Nacht nach dieser letzten Aufzeichnung starb der Kranke, und so ist auch sie die eines Lebenden, nicht eines Sterbenden.

Wir wissen vom Sterben zuwenig, als daß es uns über den Tod belehrte; und wissen vom Tode nichts, es sei denn, daß das Leben ihn uns enthüllt. Ehemals war es Materialismus, an kein Leben nach dem Tode zu glauben; heute aber ist es Materialismus, an das Leben nach dem Tode zu glauben. Wir werden nicht unsterblich sein, wir sind es.

Vielleicht hat mancher, der an einem Totenbette wachte, vergeblich nach einem Zeichen ausgeschaut; vielleicht bellten plötzlich die Hunde in der Nacht; doch in dieser Nacht starb der nicht, der in den Kissen lag; aber in den letzten Augenblicken seines geliebten Menschen fühlte er vielleicht, der Überlebende, nun für immer Gezeichnete, des letzten Glückes am letzten Tag Gewärtige, fühlte einen unermeßlichen, strömenden Jubel in sich. Und ist vielleicht das der Tod?

[1912]

Gerhart Hauptmann: Züge zu seinem Porträt

Es sind fast dreißig Jahre her, daß ein nicht unbedeutender literarischer Kritiker die Summe seiner Zeit zu ziehen unternahm und bei dieser Gelegenheit den grade erst etablierten Naturalismus »überwand«. Damals glaubte er, damit auch Hauptmann zu überwinden, und hatte in dem betreffenden Kapitel seines Buches die schönsten, schlagendsten Einwände gegen ihn erhoben, dabei aber fast unversehens den Satz einfließen lassen, daß Hauptmann freilich die eine Gabe besitze: wohin seine Hand auch greife, dort entstehe Leben. Zu dieser Stelle schrieb Hauptmann an den Rand seines Exemplars: »So ungefähr könnte man auch über Gott urteilen.« Wer nicht so töricht ist, in einer solchen Marginalie eine Lästerung zu erblicken, denke dem Worte nach, und er tut einen Blick ins Herz der Hauptmannschen Idee.

Ihm nämlich ist die Kunst in sehr wörtlichem Sinne eine Schöpfung und der Natur auch darin ähnlich, daß sie sich nicht kommentiert. Unter den Kritikern seines ersten Jahrzehnts sind zwei Arten zu unterscheiden: die einen maßen ihn an der auch ihnen bekannten oder mindestens zugänglichen Wirklichkeit, entdeckten tausend Züge der Bestätigung und fanden ihn vortrefflich; die andern suchten in seinen Werken selbst einen Leitfaden von Gedanken, der unmittelbar zu seinem Verständnis führte, entdeckten keinen und waren enttäuscht oder schadenfroh, in jedem Falle kurz resolviert, den Dichter – einen Dichter! – ungeistig zu nennen und nichts in ihm zu sehen als ein Talent, das heißt eine Tatsache, mit der weiter nichts anzufangen sei. Im Grunde haben beide Parteien geirrt; jene, die den Geist nicht brauchten, diese, die ihn nicht sahen; jene, die einen Kommentar, eben die Wirklichkeit, in ihren Händen glaubten, diese, die den Kommentar vergeblich suchten.

Inzwischen aber hat das Volk als Ganzes an Hauptmann ein Erlebnis der seltenen Art gehabt, die nicht durch Fachweisungen beschränkt, noch durch Gründe verkühlt wird; sogar jenseits des mehr oder minder großen Gefallens an jedem einzelnen seiner Werke hat es ihm Besseres und Edleres bereitet als den etwa doch bedenklichen Ruhm des Tages: es hat eine geistige Macht von ihm auf sich wirken lassen, herzhaft, herzlich, ja beglückt. Fragte man, woher sie stammt, so erhält man wohl die Antwort: von der Persönlichkeit; und so wäre also die Persönlichkeit der Kommentar zum Werk. Will sie aber jemand definieren, so gerät er sofort in eine offenbare und irreführende Vereinfachung. Fast immer ist das erste und letzte Wort über ihn: der Preis seines Mitleids mit der Kreatur; man übersieht also die Züge von Grausamkeit, die überall bei ihm zu beobachten sind. Oder wäre etwa nur die Natur grausam und er selbst doch mitleidig? Aber zu sehen, wie Hauptmann sieht, ist vielleicht ohne Mitleid nicht möglich, sicherlich aber nicht ohne Grausamkeit.

Und dennoch haben sie recht, die die Persönlichkeit des Mannes als eine Erschütterung ihrer eigenen erkennen und anerkennen. Niemand weiß das besser als die, welchen ein häufiger, oft intimer Umgang mit ihm vergönnt war; ihnen allen wurde er zu einer Leidenschaft ihres Lebens. Mochte er manchen von den anderen nur ein Schmuck, wenn auch vielleicht der köstlichste ihres äußeren, gesellschaftlichen Lebens sein, für jene wurde und blieb er ein Teil ihres eigenen Wesens. Ich selbst, seit fast dreißig Jahren, bin weder mit Brahm noch Fischer, weder mit Rittner noch Stehr noch Loerke zusammen gewesen, ohne daß das Gespräch sehr bald auf Hauptmann gekommen wäre und stundenlang nicht von ihm losgelassen hätte. Wir mochten uns beglückt oder unwillig, erfreut oder gekränkt fühlen, immer war es, als ob wir uns selbst ins klare brächten, wenn wir das Verhältnis zu ihm durchdachten, durchfühlten, durchfreuten und durchlitten.

In alledem war ja nichts von landläufiger Anhängerschaft; wir verkehrten mit ihm, so wie er selbst mit jedermann verkehrte, auf gleichem Fuß. Auch von Schülerschaft war leider wenig darin, schon deshalb, weil es schwer ist, von ihm zu lernen. Er war in nichts unser Führer, und jeder von uns bewahrte, nach den Gaben, die ihm geworden, seine eigene Tendenz mit der eifersüchtigen Selbständigkeit, die immer mehr zum elementaren Bedürfnis in allen Strebungen des Geistes geworden ist. Und dennoch in uns diese Zugeschworenheit von unverkennbar besonderer Art, gegründet auf einer Liebe gleichfalls besonderer Art –, worin besteht das Besondere? Wir hätten sehr wohl Freiheit genug gehabt, sein Talent, seinen Geist, sogar sein Herz an andern Talenten, Geistern und Herzen zu messen; aber gerade wenn wir etwa derartiges taten, fühlten wir es doppelt klar, was nur er uns gab, was wir nur von ihm zu empfangen hatten. Es war die unerhörte und beispiellose, einfache Tatsache, daß er für uns den Menschen schlechthin bedeutete, einen Prototypus des Menschen.

Er selbst hat Ähnliches von sich – wie jedermann, doch nicht wie jedermann – empfunden. Wir sehen darum in seiner Menschengestaltung hie und da einen Widerspruch auftauchen –, denn auch dieser schauend gestaltende Geist spricht zuweilen unmittelbar von sich oder, wie man es spießbürgerlich auszudrücken pflegt, nimmt sich zum Modell. Immer in diesen Fällen stellt er sich als einen Prototypus, Architypus des Menschen hin; während er das andere Modell in die engste Grenze der Persönlichkeit einzwängt, es förmlich in die Realität einklemmt, wenn auch mit einem Lichtschimmer an den Konturen. Vielleicht ist es ein gefährlicher Irrtum – von jedermann, auch von ihm –, sich überfrei, den andern unfrei zu setzen. Aber wir mit ihm Verbundenen mochten wohl die uns aus solchem Irrtum entspringenden Handlungen und Worte angreifen, niemals ihn selbst. Er blieb uns – der Mensch. Nicht jedem der dahinwirbelnden Geschlechter ist eine solche Erfüllung beschieden.

Es scheint, daß er schon sehr früh auf seine Umgebung eine Wirkung ähnlicher Art ausgeübt hat. Die Jugendfreunde

nannten ihn »Lichtel«. Von dem stillen und tiefen Glänzen seines Gesichts ging auf Leute, die ihn kennen lernten, etwas aus, was sie ahnungsvoll ergriff. Ich weiß von einer alten Frau, die sich der Tränen nicht erwehren konnte, als sie ihn zum erstenmal gesehen hatte. So zeichnet das Schicksal seine Lieblinge aus.
Und wirklich, wenn man Hauptmanns Leben und Laufbahn verfolgt, so sieht man, daß er von den Auserwählten ist, denen sich, bedeutungsvoll für die andern, die zufälligeren Menschen, alles zum guten Gedeihen wendet; sogar Widerstand und Unverstand, Haß von Trägen und von Windigen, Neid und Kälte, von denen allen ihm die Wolke reichlich gespendet hat, waren früh dazu verurteilt, ihm zu dienen, indem sie seine Stellung in der Welt als wichtig und offiziell erwiesen. Dennoch, wenn man jetzt die Bilder des Dreißigjährigen und des Sechzigjährigen nebeneinander legt, wer könnte sich bei ihrer Betrachtung eines feierlichen Ernstes entschlagen? Auch auf ihn muß man das Wort anwenden, jenes sonderbare, vielleicht gar apokryphe: *voilà un homme*, in der Übersetzung, die Goethe, auf den es gesagt wurde, selbst ihm gegeben hat: das ist auch wohl ein Mensch, der sich's hat sauer werden lassen. So sehr hat das Leben seinen Kopf gebildet, daß er den Bildnern, Malern und Plastikern schwerer geworden ist, nachzubilden als jedem andern; der auffallendste, siegreichste, bestimmteste Kopf unsrer ganzen Zeit ist zugleich der flüssigste. Viele Gesichter habe ich in auch fast dreißig Jahren durch dieses eine geliebte Gesicht wandeln sehen, und auch das gehört zu dem Typischen an ihm. Von einem Tage zum andern, von einer Abendstunde zur andern konnte er wie ein alter Mann aussehen und im selben schnellen Wechsel jugendlich – sehr jung und jugendlich, ohne dabei auch nur eine seiner schwer errungenen Falten zu verleugnen. Goethes Gesicht glitt durch das seine, das ist bekannt; doch auch Porträts von Frauen Schillerscher Verwandtschaft blinkten in seinen Zügen auf, und es gab Augenblicke, wo ich mich an Wilamowitz-Möllendorff erinnert fühlte; und alle diese Ähnlichkeiten hatten das Eigentümliche, daß sie durchaus nicht auf der Ähnlichkeit einzelner Formen und Züge beruhten.

Eines Abends während des Krieges, nahm sein jüngster Sohn, er war ungefähr sechzehn damals, zufällig eine Haltung ein, daß der Kopf durch Verkürzung und Beleuchtung mich frappierte und ich das schmeichelhafte Wort nicht unterdrückte: er sieht aus wie ein Porträt vom jungen Moritz von Oranien. Hauptmann stutzte und erzählte folgendes: Als Knabe etwa von zwölf Jahren habe er sich einmal bei einer Streiferei in der Nähe seiner Vaterstadt an einen Weg- und Wiesenrain lang hingelegt. Da sei ein Herr herangekommen, der als ein vielgereister, mit einiger Altertümlichkeit eleganter Mann eine Figur in der Stadt machte, sei an ihm, dem daliegenden Knaben, stehengeblieben, habe ihn betrachtet und nichts weiter aus dem Gehege der Zähne entlassen als: Wilhelm von Oranien.
Dieses Typische an Hauptmann ist indessen ein platonisch geistiges Element, kein soziales; und es gehört sogar mit zu seinen tiefsten Tendenzen, daß er sich jeder sozialen Typisierung entzieht.

[1922]

Geschichtsabriß

Es gibt wirklich eine Gesamtgeschichte des Abendlandes, sie hat sogar einen *terminus a quo*, und wir können binnen kurzem seine Säkularfeier begehen: es ist das *Konzil* von *Nicäa*. Dieses Ereignis machte die entscheidende Revolution, in welcher die Antike über den Haufen geworfen und das Zeitalter begonnen wurde, in dem wir jetzt nicht etwa wie in einem letzten, fahlen, verlöschenden Lichte stehen, sondern dessen Kämpfe und Krämpfe noch heute Europa schütteln.

Ganz wörtlich bedeutet die Fraglichkeit des berühmten Jota, die Unsicherheit der Entscheidung, ob Christus dem Gott wesensähnlich oder wesensgleich zu denken sei, den entscheidenden Kampf zwischen der vorchristlichen und der christlichen Welt. Christus Gott wesensähnlich, das war nicht mehr ein bloß läßlicheres Christentum, sondern es stabilisierte den außerweltlichen und außermenschlichen Gott als einen heidnisch mythologisch verbrämten Jehova. Die orthodoxe Lehre dagegen – Christus Gott wesensgleich – enthielt den Keim der abendländischen Welterneuerung; nur in ihr flossen Dogma und unmittelbare Herzenskraft zu dem zusammen, was keins von beiden allein zu leisten vermocht hätte, zu einer *Religion*. Es macht dabei nichts aus, ob Athanasius nur ein engerer Kopf gewesen ist als Arius, und ebensowenig, daß der Streit in Windungen und Kompromissen noch lange ging und daß die Politik an seinem Austrag vielleicht mehr getan hat als der Glaube. Das Absurde blieb siegreich wie mehr als einmal in der Geschichte der Kirche, und es hat sich erwiesen, daß es das Tiefere, das *Wahrere* gewesen ist, wie gleichfalls mehr als einmal, nicht nur in der Geschichte der Kirche, sondern zum Beispiel auch in der neueren Physik.

Christus gleich Gott, – zu dieser Gleichung brauchte nur die zweite hinzugedacht zu werden, nämlich der Mensch gleich Christus, so hatte man das Resultat: der Mensch gleich Gott. Und dieses wurde in der Tat die Unruhe im Werk, die tiefe, heimliche Theologie, und sie ist noch keineswegs abgeschlossen. Wir finden sie bei Eckehart, bei den Schwärmern und Sektierern, ohne die die Reformationszeit niemals ihre gewitterträchtige Atmosphäre gehabt hätte, bei Jakob Böhme und dem jungen Angelus Silesius, bei Kant, der nicht aus beginnender Alterszaghaftigkeit, sondern aus vorbedachter Kühnheit auf seinen gottvernichtenden den gottschaffenden Gedanken schichtete, und finden sie, über alle bloßen Gedanken hinaus, zu einem Menschen geworden in Goethe. Eine Ideenwelt kann auf unserer Erde füglich keine andere Gestalt haben als die einer Kugel; das heißt: wer nach Osten auszieht, kommt von Westen wieder heim. Je entschiedener jemand in der Richtung dieses mystischen Gottesgedankens vordringt, um so sicherer wird er als Atheist vollenden. Alle Mystiker sind gläubige Atheisten. Der ungläubige Atheist schließt den anderen Ring, den des Heidentums; er setzt an die Stelle des außerweltlichen Gottes den außerweltlichen Nichtgott.

Der Mensch dieser Anschauung mußte zu einer solchen Souveränität heranwachsen, daß alle Herrschaft über ihn ins Wanken geriet. Derselbe Gedanke, der die Kirche gebaut hat, hat zugleich die Möglichkeit einer Kirche unterwühlt und ist der Keim des europäischen Anarchismus geworden.

Das Schicksal Deutschlands wurde es – sein Unheil, wie einige sagen, seine Unsterblichkeit in jedem Falle –, die Konsequenz dieser heimlichen Theologie durchzuführen wie kein anderes Volk Europas. Von den katholischen Völkern versteht sich das von selbst; sie behielten und brauchten die Kirche weiter als eine dem Individuum entzogene objektive Macht. England aber schuf sich in der Kraft und dem Zynismus seines Staatslebens, solang es nötig war,

eine Kirchenverfassung, die genau so viel Katholizismus leistete, wie der Staat brauchte.
Die Reformation, wie offenbar hier geschieht, als einen, als den entscheidenden Ausbruch des heimlichen Anarchismus anzusehen ist, je nach dem Standort, den der Betrachter einnimmt, gründlich falsch und vollkommen richtig. Insofern Luther die Kirche reformierte, erkannte er sie ja natürlicherweise an, bestätigte sie und wollte sie an Leib und Gliedern gesunden machen; insofern er grübelte, dachte und lehrte, war er ein grimmiger Feind der Schwarmgeisterei; aber, wie sehr oft in der Geschichte, seine Tat *war* nicht nur, sondern sie *wurde*; und historisch gilt sie nun, was sie wurde. Er hat den Priester abgesetzt, und die Folge davon war eine Freiheit, die seine eigene Orthodoxie zersprengte und mit keiner als einer selbstgewählten, selbstgewollten Bindung mehr verträglich war.
Es ist oft beklagt worden, wie verhängnisvoll, bis an die Grenze der Vernichtung, die Reformation für die Einheit des Volkes geworden ist. Sie deshalb ungeschehen machen zu wollen oder auch nur ungeschehen zu wünschen, ist so kurzsichtig wie spielerisch. Für historische Erscheinungen dieses Ranges, dieser und ähnlicher Art, gilt Alexander v. Humboldts Wort: »Es geziemt dem Menschen nicht, Weltbegebenheiten zu richten, welche, in dem Schoße der Zeit langsam vorbereitet, nur teilweise dem Jahrhundert zugehören, in das wir sie versetzen.«
Daß der Protestantismus als unterirdische Kraft eine gewaltige Produktivität bekam, ist vielleicht den Umständen *zu danken,* die ihn oberirdisch hemmten und klemmten, bis er ins Schwälen nach innen geriet. Denn freilich war es ihm versagt, in sichtbaren, abgegrenzten, abschließenden Ereignissen das Volk zu einer neuen Einheit aufzubauen. Man vergleiche wieder das Beispiel Englands. Dort hat der eine, zeitlich bestimmbare Kampf zwischen der bischöflichen und der presbyterianischen Verfassung der Kirche so viel Aufbau, Einheit und Volk geschaffen, daß dagegen Deutschlands Kirchenkampf den Anblick eines Chaos bietet. Auch Preußen, wiewohl es die protestantische Vormacht wurde, ist nicht der politische Ausdruck des Prote-

stantismus geworden. Preußen wurde gegründet und ruhte auf seiner Armee und seinem Beamtentum; beide aber sind, Erscheinungen eines wiewohl säkularisierten Katholizismus, so mächtig, daß sie den protestantischen Gedanken höchstens als einen dritten neben sich, niemals als den obersten gelten ließen. Und dennoch, gedrückt, durchkreuzt, beengt und verwirrt, ist der Gedanke selbst so wenig widerlegt wie erschöpft. Was er zu leisten noch vor sich hat, wird klar, wenn wir die überraschende Analogie bemerken, in der zu jener kirchlichen Auseinandersetzung Englands die heutige soziale steht, zwischen den zentrifugalen Tendenzen einer Regierung, von innen nach außen und von oben nach unten, und den zentripetalen, dem Aufbau der Ämter von außen nach innen und von unten nach oben; wobei wir ohne weiteres erkennen, daß, was immer die russische Regierung jetzt sein möge, sie das nicht ist, was sie zu sein vorgibt, eine Räteregierung. Nennen wir getrost, was in den Völkern gärt, einen politischen Presbyterianismus, einen Trotz gegen die Bischöfe aller Sorten; so wissen wir, daß noch lange nicht zu Ende protestiert ist, und werden aufhören, zu klagen, daß Deutschland noch nicht fertig wurde.

Wohl erkaufen wir das teuer. Denn vorzüglich hierin liegt der Grund dafür, daß Deutschland schwerer überschaubar dasteht als alle anderen Völker. Aber nur von einem Augenblick der Geschichte bis zum andern ist das seine Schwäche, seine Zweideutigkeit und, um das elende Wort zu gebrauchen, seine Unbeliebtheit; für die weitere Sicht ist es seine noch nicht zu Ende gelebte Kraft, Aufgabe und Hoffnung. Deutschland kann keine Art von Einheit erreichen, die andern Völkern erreichbar gewesen ist; nämlich keine, deren geistige Basis die gläubige oder vorgespielte Annahme einer objektiven Macht außerhalb der menschlichen, der individuellen Seele ist. Eine gefährliche Lage für den einzelnen, geschweige für ein Volk; wer wollte das bezweifeln! Aber glaube doch niemand, daß er sich etwa die russische Seele angewöhnen könne, ohne sich dem russischen Christus zu verschreiben; dieser aber ist eine reale, eine objektive Macht. Dem entgegen hat die deutsche Theologie eine Bahn

von so eigentümlicher Exzentrizität, daß Orthodoxie, Mystik, Protestantismus und Atheismus auf der einen, auf derselben Linie zu finden sind.
Eben wegen der dem orthodoxen Grundgedanken eingeborenen paradoxen Triebkraft ist die wechselseitige Auseinandersetzung selbst zwischen den feindlichsten Lehren nicht vor Überraschungen sicher. Man überschaue die Entwicklung der im besonderen Sinne protestantischen Bibelkritik. Diese Kritik spürte die Widersprüche in den Texten auf; danach die Unstimmigkeit zwischen den Berichten und der Natur; sie entfernte das Wunder und den Mythos; schließlich glaubte sie bei einem Ergebnis angelangt zu sein, als sie zwischen Jesus und Christus unterschied, diesen verwarf und jenen verkündigte. Aber es gelang ihr nicht, dabei stehen zu bleiben; sie mußte weiter; sie konnte schließlich den Menschen Jesus, mochte sie ihn gut oder genial oder heilig nennen, mit den legitimen Mitteln der Wissenschaft nicht halten, und schließlich bezweifelte und endlich leugnete sie seine historische Existenz. Da sie dabei aber doch immer wieder das Christentum selbst vorfand, so fand sie auch wieder Christus, nicht Jesus. Die radikalen kritischen Vernichter, die neuesten Mythologen und Historiker würden sich vermutlich wundern, aber sie würden sich zu Unrecht wundern, wenn auf ihr Erbe gerade die Orthodoxie Anspruch erhöbe, weil es bestätigt, was sie selbst als ihre Lehre verkündet: daß die Gemeinde der Gläubigen der Leib Christi, das *corpus Christi mysticum,* sei.
Ein Leib ist immer ein sich bildender, ein wachsender Leib. Der Vorgang dieses Wachstums ist nicht von den gemeinhin angenommenen Grenzen umschlossen. Man vergißt allerseits die wichtigsten Kirchenväter des wirklich gelebten, des lebenden Christentums. Dürer, Rembrandt, Bach – das sind Kirchenväter. Was sie vom Christentum gestaltet, ist mehr, als was die buchschreibenden Menschen seit Jahrhunderten dafür getan haben.
Sie sind aber *Künstler.* Man nennt die großen Künstler schöpferisch; sie sind es in einem wesentlicheren Sinn, als den man für gewöhnlich mit dem Wort verbindet. Sie erleiden nicht eine Lehre, sondern sie erschaffen Gefühl und

Anschauung. Der buchstabengläubige Bach ist in seinem Buchstaben offenbar; aber wenn man sein Werk bis auf den Grund hört, so hört man den Triumph eines kaiserlichen Menschen, für den auch das Heiligste noch zu seinem Mittel wird. Und andererseits, wer die Matthäuspassion mit Kraft hört, der läßt sich nicht dadurch behindern, daß er nicht für wahr hält; sondern er glaubt.

Grade in dem Verhältnis eines Künstlers wie Bach zu seinem Stoff läßt sich ein prinzipielles Verhältnis zwischen dem Menschen und was ihm not tut erkennen. Der Mensch, heißt es, ist nicht um des Sabbats willen da, sondern der Sabbat um des Menschen willen. Scheinbar ist das ein Wort, das ihn entlastet; in Wahrheit aber mutet es ihm zu viel zu. Das Leben ist zu dicht, zu schwer für ihn, als daß er so viel Freiheit vertrüge. Goethe, der auch sonst in exemplarischer Weise gegen den Protestantismus gesinnt ist, nämlich zwiespältig, indem er seinen Freiheitswillen derb und freudig bekennt und sein dogmatisches Auftreten mit einem Achselzucken von sich weist, Goethe sagt von der protestantischen Religion, »sie hätte dem einzelnen Individuum *zu viel* zu tragen gegeben. Ehemals konnte eine Gewissenslast durch andere vom Gewissen genommen werden, jetzt muß sie ein belastetes Gewissen selbst tragen und verliert darüber die Kraft, mit sich selber in Harmonie zu kommen«; und fügt hinzu, »die Ohrenbeichte hätte dem Menschen nie sollen genommen werden«. Also damit der Sabbat um der Menschen willen da sei, müssen sie sich aus freien Stücken entschließen, ihn und sich so einzurichten, als wären sie um seinetwillen da. Die Freiheit wählt den Führer; dem Führer folgt sie. Und darum, wenn der Protestantismus sich selbst bis zu Ende dächte, so würde er vor dem Nichts stehen – oder vor einem neuen, *gewollten* Katholizismus. So lange die beiden Konfessionen als extensive Größen gegeneinander drohen, werden sie nichts erreichen als ein winziges Bröckeln hier und da. Soll es aber zwischen ihnen zum Einklang kommen, so wird nie der Katholizismus den Protestantismus in sich nehmen können, wohl aber dieser jenen.

Denn das Mittel dazu kann nicht Überredung sein, noch

Zwang; sondern nur das eine: die *Kunst*. Daß die Kunst der Religion dient, ist in den glücklichen Zeiten beider nur scheinbar Tatsache gewesen; in Wirklichkeit hat die Religion der Kunst gedient. Aber freilich muß man sich darüber klar sein, was unter dem Wort verstanden ist. Sicher nicht die Fähigkeit oder Fertigkeit, schöne und angenehme Dinge zu machen. Und wenn Nietzsche sich in jungen Jahren den Satz notiert: »Ein großer Künstler könnte jetzt noch das Christentum wieder herstellen, vor allem seine Feste. Klopstock hatte eine Ahnung von diesem Privilegium des Genies« – so ist das zu hoch gedacht vom Genie und übrigens zu machiavellistisch. Muß man aber nicht aufhorchen, wenn man bei einem streng katholischen, mönchischen Autor unserer Tage folgendes liest: »Vor Gott ein Spiel zu treiben, ein Werk der Kunst nicht zu schaffen, sondern zu sein, das ist das innerste Wesen der Liturgie.«

Kunst ist die Verfassung des Menschen, in der er der Welt am freiesten von Widersprüchen unbewunden inne wird. Kunst macht keine Kompromisse, sie macht nicht einmal Versöhnung; sie ist über diese Begriffe weit hinaus. So ist sie diejenige geistige Kraft, die den Anarchismus des selbstherrlichen Individuums vollendet – und das heißt: endet. Sie duldet nicht, daß wir Knechte unseres eigenen Symbols werden. Immer wird sie sich dem geglaubten, nur zu glaubenden Gott entziehen; und dieser allein ist es, der Pfaffen säet und die *bösen* Entzweiungen anrichtet.

Zum Pfaffentum gleitet allzuleicht nicht nur die Religion, sondern auch die Wissenschaft ab, und eine jede kann dabei noch immer bestehen; nur der Mensch, über den sie sich dann hermachen, geht zugrunde. Diese andere Weltbesinnung aber, die wir Kunst nennen, erhält und erhöht; und darum ist sie die menschhafteste von allen. Sie ist es, die den Schatz von Wahrheit und von Freiheit erwirbt, der auf den Menschen wartet.

So wie in den Deutschen weniger und mehr Musik steckt als in anderen Völkern, so auch weniger und mehr Kunst überhaupt. Und Goethe selbst – nicht als Verfasser von Meisterwerken ist er die alle andern überragende Erscheinung, er hat sich freiwillig und mit Grund vor Shakespeare tief gebeugt. Aber nie hat es eine ihm ebenbürtige Inkarnation der Kunst als einer Methode, einer schöpferischen Ordnung gegeben. Indem wir das fühlen, hören wir auf, darüber unruhig zu werden, daß es sich der Rechnung, der eindeutigen Bestimmung entzieht. Wir ahnen, daß es etwas zu lernen gibt, was durch Wissen und Glauben nicht getan, nicht abgetan ist; wir ahnen, was unsere Zukunft, wie jede Zukunft, von uns will.

[1922]

Die heimliche Stadt

Ein neuer Band Gedichte von Loerke (S. Fischer, Berlin)*, und wenn wir sie lesen, bald im Geiste aus jeder Gewohnheit vertrieben, bald in der Phantasie zu nachtwandlerisch sicherm Wagnis aufgeregt, dann wieder ins Herz getroffen durch einen Vers der innigsten Heimkehr, so wissen wir, wohin wir unsern besten Kranz zu tragen haben.
Wer ist einsam? Wer andere Menschen nicht braucht, ist es nicht; und wen andere nicht brauchen, ist es mit dem guten Zeitvertreib von Grimm und Groll. Aber die *Fülle* der Einsamkeit, ihre Weltallstille, ihre Wortlosigkeit, ihre seelenvolle Versteinerung, sie finden wir nur in dem Nichtabseitigen, in dem Menschen, dessen Herz Güte schlägt, der mit allem Lebendigen verbunden ist, der jedem schönen Gedanken der Erde aufgeschlossen ist und der sich nicht schämt, zu schenken und beschenkt zu werden. Ja, wenn dieser seine einsame Stunde hat und wenn wir fähig werden, sie zu belauschen, dann wissen wir, was Einsamkeit ist; dann auch wissen wir, was Stille, was Verwandlung ist.
Wo aber wollen wir uns diesen Menschen vorstellen? Wo unsere Blicke noch Wirklichkeit finden, da kann er nicht hausen, da würde er die Sprache dieses Wirklichen sprechen; denn er ist kein Verächter und kein Hochmütiger. Die Unwirklichkeit aber, die Unheimlichkeit, das schauerliche Jenseits ist nur dort, wo kein Schlaf ist. Hinuntersinken in die urweltliche Nacht, heißt aufwachen können in den formenvollen, grenzenstarken Tag. Nur was verflucht ist, nicht loslassen zu können von der Wirklichkeit des Augen-

* 1922

blicks, was sich hüten muß vor der geringsten Pause, nur das wird lemurenhaft, gespenstisch und unwirklich.

Ist dieses spintisiert? Wer erinnert sich nicht der endlosen Gespräche, lange nach Mitternacht, wenn jeder nur bleibt aus einer hastbewegten Entschlußlosigkeit und keiner mehr sicher ist, er selbst zu sein oder überhaupt etwas zu sein! wie fahl und gespenstig und hoffnungslos sind diese Stunden der trügerischen Wachheit!

So niemals schlafend und darum von krampfhafter Wirklichkeit ins Unwirkliche vergeistert ist die große Stadt. Nur in ihr selbst bekommt man es zu spüren und erfährt dann einen Anhauch aus des Universums Geheimnis, den sonst keine andere düstere oder helle Wirklichkeit der Seele und der Dinge ausatmet.

Jeder kennt die schreckenvolle Verzückung – warum sind es so wenige, die sie wiedererkennen, wenn der Eine, der Auserwählte, sie ihm deutet! Hell von Lärm und Lichtern ist die Hauptstraße; er biegt von ihr ab in die totschweigende Seitengasse; noch rätselhafter verstummt vor ihm die auserlesene häßliche Front seines Hauses; und es ist zum Frieren, wenn das Schloß des Tores von seinem Schlüssel knackt. Schlimmer: wenn er im Hausflur ist, muß er das Tor wieder schließen; und dann muß er auf den Hof, der ein Schacht voll Trübsal ist; und muß die vielen, steilen, stumpfen, widerspenstigen Treppen zu seinem Zimmer hinauf. Unterwegs springt ihm aus dem Dunkel ein tieferes Dunkel, wie ein Tierhaupt, an die Knie. An gewissen Biegungen der Treppe ist vor ihm schon sein feindlicher Schatten ungewiß da. Und endlich ist er zwischen seinen vier Wänden, steckt eine Kerze an und sieht mit grenzenlosem Erstaunen, mit fast entsetzter Befreitheit, daß alles rings um ihn unverändert, unbeschädigt ist. Er läßt sich am Tisch nieder, und in dem Glas Wasser, das neben der Kerze steht, spalten sich an farbigen Linien Kristalle von Eis in tausend Kammern. Oh, da mag es wohl geschehen, daß er nicht weiß, ob er die Treppe schon herauf ist oder ob er sie ewig noch steigen muß.

Und dieses alles ist nicht Stimmung, nicht vorübergehende Erregung, nicht Gleichnis, nicht Vorwand zum Sprechen.

Das Auge sieht alles, doch es analysiert nicht; das Ohr hört alles, doch es erschrickt nicht. Das Sanfte wird schreckhaft und schrecklich; das Schreckhafte und Schreckliche wird sanft. Der stille sitzende Mensch ist einsam, nicht weil die Stunde ihn entrückt hätte oder sein Reichtum und seine Armut ihn absonderten; sondern weil die Welt vorhanden ist und einen Augenblick hat, wo sie sich nicht mit Größer und Kleiner betrügt.
Mit Kleiner und Größer, mit Schnell und Langsam, mit Gestern und Heut. Jedermann kennt das Gefühl, daß in der Überraschung nichts ihn überrascht. Und nur diesem Blitz innerster Erfahrung in logischer Ausführung zu entsprechen, ist das Bemühen neuerer Philosophie, die das glücklich einfache Verhältnis zwischen Ursache und Wirkung nicht länger gelten lassen will. In Loerkes Gedicht wirft ein Engel den Brand an die Tore der noch nicht erbauten Stadt, stürzt schon das Haus zusammen, auf das der Richtekranz noch nicht gesetzt ist. Doch nichts von Schwäche, von Weltflucht ist in alledem. Zwar eine unendliche Trauer; doch eine Trauer, die ja sagt zum Leben.

»Glüht irr unser Wille,
Das Herz, das neue:
Doch ist ihm, vergeblich zu sein, nicht bestimmt,
Weil seine Treue
Aus Fluch und Stille
Versagte Ewigkeit in sich nimmt.«

Die unheimlich wirkliche Stadt wird zur heimlich wirklichen; erzprosaischer Name, Berlin, umfaßt, umhegt nicht minderen Wahrtraum als Mond, Wald und Pompeji. Ein Schaufenster ist so voller Rätselvertrautheit wie afrikanischer und asiatischer Orient. Immer aber muß das eine festgehalten werden, daß weder diese Trauer noch dieses Weltgefühl die besondere Eigenart dieses besonderen Zufalls von Mensch sind. Loerke ist kein Verführer, sondern ein Entdecker; seine Trauer und sein Weltgefühl sind eine Wahrheit in uns, die er nur berufen wurde, uns vorzufühlen.
Dafür gibt es einen untrüglichen Beweis, den seiner hohen Künstlerschaft. Nicht mit einer Zeile, nicht mit einem Wort geht er wollüstig in sich unter; sondern immer bildet er,

formt er und macht die Trauer zu einer Kraft, zu einer neuen, herrlichen Kraft des Lebens gegen das Leben. »Du sollst nicht schluchzen, der Gott wird nicht arm.« Eine unendliche Melodie tönt durch den ganzen Menschen; jedes Gedicht aber, das einzelne, hat seine eigene Melodie, Rhythmus und Bau, jedes ein eigenes Gesicht. Die Phantasie und Phantastik seines Reims ist so gestaltsam wie unerhört. Seine Bilder sind real bis zur Skurrilität; und man muß ihre Konsequenz fast mit derselben Anstrengung in den Versen aufspüren, wie der Dichter sie in der Welt aufgespürt hat, mit einer Exaktheit des Auges und des Verstandes, – des Seelenauges und Seelenverstandes.

Ja, freilich, sie zwitschern, sie singen sich nicht so hin, diese Lieder und Melodien. Dennoch: sie haben die Tugend, die Nietzsche von den Tugenden verlangt: »gleich den Versen Homers müssen sie kommen und gehn«. Wie die Tugenden, so die Gedichte; und Loerkes Gedichte, schwer und weich beflügelt wie Eulen einer mondhaften Welt, fahren her und ziehen vorbei: So sind sie ewig.

[1922]

Zahnschmerzen

Zahnschmerzen haben zu allem ihrem sonstigen Übel noch das Fatalste obenein, daß sie uninteressant sind. Nicht einmal ein rechtes Mitleid pflegen sie aufzurufen, und es gehört schon ungewöhnlich viel Erinnerung oder Güte dazu, wenn doch einmal jemand ein wirkliches, das heißt immer ein innerlich erschrockenes Mitleiden mit diesem prosaischen Leiden empfindet. Vielleicht ist das eine Erfahrung, die uns etwas über das Wesen des Mitleids selbst auszusagen vermag; es scheint in der Tat, als ob uns nicht der Schmerz des andern affizierte, sondern, wie Schopenhauer lehrt, dieses andern metaphysische Identität mit uns; nicht nämlich eigentlich der Schmerz, sondern die Bedrohung durch ihn, der Tod. Die Zahnärzte selbst fühlen den Mangel an Lebensbedrohung, durch den das von ihnen betreute Übel sich auszeichnet, als eine Verminderung ihres Ranges, was bei ihrer exemplarischen Fähigkeit, zu helfen und zu heilen, sonst nicht verständlich wäre, und zählen triumphierend ein paar Fälle auf, in denen Zahnkrankheiten tödlich verliefen. Aber, wie allgemein bekannt, hat das an der üblichen Bewertung nichts geändert.

Wenn ich selbst es unternehme, von einem Anfall von Zahnschmerzen als von einem nicht mit dem Schmerz selbst verlöschten, sondern mir bedeutend gewordenen Erlebnis zu erzählen, so möchte ich von vornherein die Furcht des Lesers beruhigen, als wollte ich seine Teilnahme durch eine grade wegen der Versagung des Mitleids lästige Erscheinung wecken. Auch meine Zahnschmerzen, obgleich sie mich fast in die paar Renommierfälle eingereiht hätten, sollen nicht als interessanter gelten denn andere, und nur das, wie angedeutet, damit verbundene Erlebnis ist der Zweck dieser Mitteilung.

Mehr als zwanzig Jahre sind es her, daß ich ein paar Spätsommerwochen auf der Insel Hiddensee als Gast Gerhart Hauptmanns verbrachte. Heute ist diese westlich von Rügen gelegene Insel ein von Sommerfremden besuchter, überfüllter, fast zur Mode gewordener Aufenthalt. Alle gehen hin, die schockweise einsam sein möchten. Damals aber glich sie noch der Fischmeisters Oye, als welche sie im »Gabriel Schilling« zu einem Kapitel jener zweiten, der poetischen Geographie gemacht wurde. Wir waren allein mit dem Meer, wenn wir aus der primitiven, wackligen Hütte zum Baden liefen, und der südliche, flache, heideartige Teil der Insel, auf welchem angepflöckte Schafe ihr theokritisches Dasein verträumten, sah kaum öfter einen Besucher als der nördliche, der sich zu dornstrauchbewachsenen Hügeln erhob. Diese wellten nach Osten, Rügen gegenüber, von einem Leuchtturm her sandig und feingeschwungen zum Strande nieder, und hier, so hat man mir berichtet, ist mittlerweile ein neues Trouville oder Heringsdorf erblüht. Wir selbst wohnten bei Klaas Olfers (siehe Gabriel Schilling), ziemlich genau an der schmalen Einschnürung zwischen dem nördlichen und dem südlichen Teil. In Sturmnächten konnte man träumen und fürchten, daß, wenn die Hand, in der die Insel ruhte, nur ein wenig greisenhaft zitterte, diese vom Meer in zwei Teile auseinandergerissen werden müßte. Daß dieses auch schon geschehen war, wußte eine gar nicht alte Überlieferung; und daß von zerbrochenen, versunkenen Schiffen manche Kunde sich erhalten hatte, versteht sich von selbst. Von einem solchen Schiffbruch rührte ein Goldfund her, dessen Schätze in Stralsund, dem Ausgangshafen für Rügen und Hiddensee, zu sehen sind. Ich mache es mit den verheißenen Zahnschmerzen so, wie man es mit dem Gang zum Zahnarzt macht; man schiebt ihn hinaus, solange es geht, und ist für jeden Zufallsumweg dankbar. Dieser Hiddenseer Goldfund hat in unserer Literatur eine Rolle gespielt; sein Glanz in der nordischen Nebeldämmerung gab Hauptmann den ersten Gedanken zu ›Schluck und Jau‹ ein. Nordische Menschen der Not ins südliche Paradies der Fülle versetzt, das war der erste, durch manche Wandlung getriebene Einfall. Damals war Hauptmann noch nicht in Griechenland gewesen, und so wollte er nach einem Griechenland der Phantasie seinen alten Sonnenhunger durch kimmerische Abenteurer tragen lassen. Schluck und Jau sind Hiddenseer Namen. Da es unmöglich ist, irgend etwas zu schreiben, ohne daß Goethe vorkäme, so sei daran erinnert, daß er Hiddensee einmal nennt; er notiert als den verliebtesten Ausdruck von dort: liebes, gewaschenes Seelchen. Ich habe dergleichen an Ort und Stelle nicht gehört, und wenn die Weiber vorm Fenster konversierten, klang es wie ein Gezänk von Möwen.

O harter, klagender, unseliger, menschlicher Möwenlaut! Aber die Sonne leuchtete mit herbstlicher Stete, und als die Zeit zu Ende ging, wurde das Licht in seiner zartverdichteten Fülle zu einer süßen Zeitlosigkeit. Am Tage vor der festgesetzten Abreise machten wir einen Ausflug in die Schlüfte des Hügels, zum Leuchtturm und die Abhänge herunter, und kamen mit einem Beutelchen voll Champignons nach Haus. Denn die Verpflegung befand sich noch in den bedenklichen Zuständen, die der Dichter überliefert hat, und jede Aufbesserung wäre willkommen gewesen, um wieviel mehr die selbstgeerntete, köstliche Fruchtblume des Landes. Unterwegs nun war es mir, als ob in meinem Mund etwas vorginge, was ich selbst nicht definieren konnte. Es schien sich da etwas zu spannen, zu dehnen, es schien da etwas vorhanden und dabei taub zu sein, und die unbewußte, heitere Aufmerksamkeit des Gehirns sank herab, so daß ich mich nicht mehr mit der bisherigen Lebhaftigkeit umsah. Aber weiter war es sonst nichts. Klaas Olfers brachte die gebratenen, duftenden Pilze, und ich aß davon. Beim Kauen war es mir wunderlich, die feine Elastizität der köstlichen Speise mit einer Art Verwirrung zu spüren. Ich wußte nicht mehr genau, ob nur die Speise oder ob die Zähne schuld seien, daß der Widerstand zwischen beiden über das Gastrosophische hinausging. Aber als das Fleisch kam, es war zähe genug, durfte ich mich nicht mehr täuschen. Immerhin ahnte ich noch nicht, daß ich soeben meine letzte Mahlzeit für mehr als eine Woche genommen hatte. Denn leider, es ging nun los, und es wurde von Stunde zu Stunde ärger. Ich werde es nicht unternehmen, die Zahnschmerzen selbst poetisch zu verklären; das hat Alexander von Villers getan, und ich empfehle, die Stellen in den ›Briefen eines Unbekannten‹ nachzulesen; findet man sie nicht, um so besser, so hat man hundert andere überraschende Entzückungen im Blattumdrehen aufgenommen. Am nächsten Tag, beim Frühstück in Stralsund, im Freien, und die Sonne schien frühherbstlich reif und still, war es schon so weit, daß ich keinen Bissen mehr wagen durfte, sogar schon so weit, daß ich keine Tantalusqualen mehr erlitt, als ich nach der kläglichen Dürftigkeit der Inselwochen das pommersche Gebackene und Gebratene auf den blitzenden Tellern locken sah. Nur daß ich das Brot entbehren mußte, das herrliche graue und schwarze Brot der Wasserkante, schmerzte mich durch allen Schmerz hindurch. Gebe der Himmel, daß es seine Tradition bewahrt oder wiedergefunden hat! Denn was wir hier im Inlande, mitten in kornbauenden Dörfern, seit dem Kriege als Brot und Gottesgabe uns gefallen lassen müssen, darüber klagt das Gemüt noch mehr als der Magen. Ein Volk, das verlernt hat, gutes Brot zu backen, mit dem steht es trübe; doch freilich gehört zum guten Brot ein menschenfreundlicher Wille und reines Mehl, der Wille aber ist auf Papiergeld erpicht, und das Mehl ist verfälschter, als ein Ernährungsminister wissen darf.

Endlich kamen wir in Berlin an, und da war ich von den rasenden, betäubenden, blendenden Schmerzen schon so erschöpft, daß ich die Kraft nicht mehr fand, zum Arzt zu gehen, jedes gute Zureden ablehnte, dummtränenden Auges mich von meinen Reisegefährten trennte und mich ohne Verzug auf die Bahn setzte, um nach Hause zu fahren. Das war der einzige Gedanke: »nach Hause«, der mir in dem dumpfen Nichts noch erkennbar blieb. Nach Hause, das hieß, was es heute noch heißt, ein kleines, märkisches Dorf, in welchem ich dieses schreibe. Sein Name ist Kagel, und ein europäisch berühmter Mann gestand mir vor kurzem, er habe nie von diesem Ort gehört; das will ich wohl glauben.

Nun also war ich »zu Hause«. Das Übel wuchs mit unheimlicher Wut; ich bekam eine Kinnsperre und konnte keine andere Nahrung zu mir nehmen als so viel Tropfen Milch und Wasser, wie sich durch die Lücken der fest aufeinander gebissenen Zahnreihen saugen ließ. Ich fiel vom Fleische, und mit dem Schlaf war es vorbei. Die Lähmung des Willens hielt an, so daß der einzige verständliche Weg, in die Stadt zurückzufahren und Hilfe zu suchen, nicht beschritten wurde. Aber mit dem Landarzt des nächsten Dorfes war ich befreundet, und so kam er, nachdem er von meiner Rückkehr gehört hatte, mich zu begrüßen. Als er mich in dem desolaten Zustand fand und selbst der Meinung war, daß man mich nicht auf Reisen schicken dürfe, fühlte er sich versucht, mir so viel Beistand zu leisten, wie er vermöchte. Was er dann tat, war leider eine vollkommene und unbegreifliche Charlatanerie.

Wenn man diese Daten zusammendenkt, Landarzt und Charlatanerie, und sich danach von meinem Freunde ein Bild machte, ich wette, man würde sehr weit von der Wirklichkeit vorbeitreffen. Er ist nun schon lange tot, zugrunde gerichtet durch Trunk und Morphium, und vor allem dadurch, daß vor diesen Dämonen sein Geschick ihm keinen milden Schutz bereit hielt. Er war ein großgewachsener Mann von blondester Art, mit einem harmonisch gebauten Kopf und einem einfachen, intelligenten Gesicht, aus dem die blaugrauen Augen unverwölkt, hell und in gutartiger Listigkeit herausblickten. Als Militärarzt in einem Kavallerieregiment der westlichen Landesgrenze hatte er, in allem sonstigen der normale Typus eines Offiziers und nur durch seine unverwüstliche Liebe zur humanen, ja philosophischen Bildung unterschieden, studentische Gewohnheiten nicht zu bändigen vermocht, hatte seinen Abschied nehmen müssen, und die Schulden trieben ihn in die engen Verhältnisse der Landpraxis. Oft wenn ich von Berlin nach Hause fuhr, fand ich ihn in der Gaststube des Bahnhofsrestaurants, wo sich die Honoratioren zu versammeln pflegten, immer in der Gesellschaft und immer von ihr isoliert. Während die Guts- und Ziegeleibesitzer mir ihren Frauen um einen großen Tisch geschart saßen und mit mäßigen

Einsätzen ›lustige Sieben‹ spielten, hielt er an einem Extratischchen aus, das in einer Ecke stand, eine Flasche Rotwein vor sich und einen Band Schopenhauer, später auch einen Band Nietzsche daneben, warf ein Spottwort in die Gesellschaft und empfing dafür die grundsätzliche Stimmung der andern gegen ihn, die ein Gemisch von Respekt und Geringschätzung war. Er machte sich nichts aus dem Respekt, und die Verachtung genoß er mit einer tiefen, befriedigenden Lust. Diese war so stark, daß er keine Scheu trug, sich mit ihnen gemein zu machen, denn er wußte, daß er trotz alledem seiner sicher blieb. Wenn ich in den Ferien oder sonst zu kürzerem oder längerem Aufenthalt zu Hause war, verkehrten wir viel miteinander, obgleich wir ziemlich in allen Dingen, besonders aber in den politischen, gegensätzig dachten.

Als er in meiner Hiobswoche zu mir ins Zimmer trat, kam zum erstenmal wieder etwas über mich, was der bisherigen Passivität zu entrinnen bereit war. Ich wußte, daß er ein guter und kluger Arzt war, wußte aber auch, daß es ihm in seiner häufigen Flüchtigkeit auf ein törichtes Experiment nicht ankam. Er diagnostizierte dann, was nicht schwer war, eine Wurzelhautentzündung von großer Ausdehnung und geriet, was vermutlich sehr schwer war, auf den Einfall, durch einen Schnitt in den Kiefer dem Eiter Abfluß zu verschaffen. Ich glaubte kein Wort von dieser Möglichkeit; aber schon, um vor ihm nicht wehleidig zu erscheinen, hätte ich alles mit mir geschehen lassen. Er hieß mich auf einen Stuhl sitzen und schnitt. Ich fühlte, daß ich vollkommen blaß wurde, und sank ihm unter der Hand vom Stuhl. Er schleppte mich aufs Bett, lagerte meinen Kopf tief, hob sich meine Beine über seine Schultern, so daß mir das Blut wieder ins Gehirn floß. Dann sahen wir einander an und lachten. Aber sein Eifer war keineswegs abgeschlagen, und er wiederholte die Prozedur; mit genau demselben Erfolg, nur daß er jetzt das Mißglücken eingestand.

Ob der gewaltsame Eingriff den Zustand doch beeinflußte, ihn vielleicht zu schnellerem Reifen reizte, vermag ich nicht zu sagen. Sicher ist mir nur, daß in der Nacht darauf nun eben das geschah, um dessentwillen ich erzähle. Die sicht-

lich schwere Erkrankung, an der ich litt, hatte meine Mutter und meine Schwestern, mit denen ich hauste, sehr beunruhigt. Für die Nächte war ein zweites Bett in meinem im oberen Stockwerk befindlichen Zimmer aufgeschlagen, falls ich der Hilfe bedürfe, und um sie herbeizurufen, war neben mein Bett ein derber Stock hingestellt worden, mit dem ich aufstoßen und das Zeichen geben sollte. In dieser besagten Nacht nun fand ich zum erstenmal nach fast einer Woche ein wenig Schlummer. Plötzlich fuhr ich aus diesem Schlummer von etwas Unsagbarem, Schaudervollem auf. Nicht möglich, es zu beschreiben. Es war etwas wie ein alldurchflutender, kosmischer Ekel, blitzartig, aber zugleich von einer dicken, wolkigen Weichheit, durch alle meine Zellen und Blutströme. Zugleich erlebte mein Körper eine rätselhafte Levitation. Ich wurde leicht, ich schwebte, ich flog; ich flog langsam, aber vollkommen sicher getragen, bis zur Decke des Zimmers, dann an der Decke entlang bis zum zweiten Fenster, dann hinunter zum Fußboden und stand endlich zitternd gegen die Fensterwand gelehnt. Das Zimmer ist klein, aber der Flug war so verlaufen, als hätte ich einen gewaltig hohen, weiträumigen Saal durchzogen. Und sogleich, in meiner namenlosen Beängstigung, klopfte ich mit dem Stock ein paarmal auf. Kaum aber hatte ich das getan, so meldete sich in mir eine Stimme der Besinnung und sagte: Von dem Flug darfst du nicht sprechen; so gewiß er war, niemand wird ihn dir glauben. So verschwieg ich denn, was mir geschehen war, und stotterte etwas Verwirrtes, als meine Schwestern hereingestürzt kamen, mich immer noch Zitternden fanden, und ließ mich von ihnen unter beruhigenden Worten ins Bett zurückführen. Sie blieben zur Wache bei mir, und ich schlief ein.
Ohne eigentliche Besserung, war ich nach zwei Tagen doch so weit, in die Stadt zu fahren. Ich wurde von zwei Ärzten behandelt, wie zu einer richtigen Operation chloroformiert und von meinen Schmerzen, aber leider auch all den Zähnen, denen ich sie verdankte, befreit.
Aber wie war das mit dem Flug? Ich wußte natürlich schon, daß das ein Traum gewesen war; aber ich wußte auch, daß es kein Traum war, daß Traum sich wesentlich unterschied von

dem, was mir zugestoßen war. Ich hatte nicht geträumt, daß ich flog; sondern in Wahrheit, ich flog; nur daß ich dabei mir nicht mehr sicher war, was das war: ich. Nicht das Fliegen, sondern das Ich war mir das Zweifelswerte geworden. Insofern ein Recht besteht, Ich zu sagen, durfte, ja mußte ich sagen: ich flog. Wenn Ich denkt, so war das, was ich erlebt hatte, auch, daß Ich flog.

Ein paar Monate später saß ich mit meiner Mutter und meinen Schwestern lesend, plaudernd bei der Abendlampe. Als das Gespräch vergangene Sorgen durchmusterte, konnte ich der Versuchung nicht widerstehen und machte mein Bekenntnis: »Damals, als ihr mich an dem Fenster stehend fandet, war mir etwas Eigentümliches begegnet; ich war nämlich so und so von meinem Bett zu dem Platze hin geflogen, wo ich im Hemde zitterte.« – »An welchem Fenster?« war die Gegenfrage. – »Nun, an dem zweiten Fenster, wo ihr mich traft und mich ins Bett führtet.« – »Du hast an keinem Fenster gestanden, du hast im Bett gelegen.«

Beide Schwestern bestätigten sich wechselseitig ihre Aussage. Wäre es eine gewesen, nie und nimmer hätte ich ihr geglaubt, sondern ihre Erinnerung für getrübt gehalten und meine Gewißheit für unerschütterlich. Und nun erst fiel mir auch ein, daß ich ja vom Fenster her in der Tat den Stock nicht hätte langen können, den ich neben mir am Bettpfosten zu stehen hatte. Es blieb mir kein Zweifel möglich.

Den etagenförmigen Aufbau des Bewußtseins kannte ich natürlich, hauptsächlich aus Träumen, wie ihn wohl jedermann kennt. Das Beispiel aber blieb mir als eines der stärksten frappant, und ich sprach eines Tages mit meinem Freunde, dem Arzte, darüber. Merkwürdigerweise interessierte er sich nicht sehr dafür. Dahingegen berichtete er mir, wie denn die Menschen immer eigentümlich eifersüchtig sind, wenn es sich um Dinge handelt, die über das Rationelle hinauszugehen scheinen, berichtete mir von einem ihm aufgedrungenen, für einen Landarzt höchst sonderbaren Interesse. Er hatte die Bekanntschaft eines damals im freilich engsten Kreise sehr berühmten Dichters gemacht, der sich teils kühl erkennend, teils doch sympathetisch hingerissen mit den Problemen des sogenannten Satanismus befaßte. Er hatte sich an den Landarzt, der ein fester Lateiner war und besonders gern lateinische Schriften des späten Mittelalters und darauffolgender Zeiten las, herangemacht, um ihn zu Experimenten mit Hexensalben zu gewinnen. Mein Freund ließ zwar die Hände davon, hatte aber dennoch dies und jenes studiert und behauptete, daß er eine Anzahl von Rezepten zu derartigen Hexensalben aufgestöbert habe. Die Geständnisse der Hexen über ihre Flüge seien zum Teil unzweifelhaft subjektiv echt; und wahrscheinlich seien die vermeinten Flüge eine Wirkung der in die Haut eingeriebenen Pasten. Kiesewetter, der Geschichtschreiber des neueren Okkultismus, habe einschlägige Experimente an sich selbst gemacht und sei auch, wie vermutet würde, daran zugrunde gegangen. In allen den verschiedenen Rezepten befinde sich, unter anderen ekelhaften Beimischungen, Eiter.

Ich habe mein Erlebnis vollkommen genau, wie ich es kontrollieren kann, berichtet; vielleicht ist es einem Psychologen oder Physiologen nicht ohne Wert. Könnte es sein, daß winzige, unwägbare Spuren des an der Entzündungsstelle angesammelten Stoffes durch die Gewebe vermittels einer Osmose in die Blutbahn gedrungen seien? Ich wäre dann geflogen wie die Hexenmeister der dunklen Zeit; und ich wüßte also, daß diese wirklich geflogen sind.

[1922]

Noch einmal Zahnschmerzen

Zu meiner Überraschung fand ich mit meinen Zahnschmerzen mehr Widerhall, als ich in einer Zeit erwarten durfte, deren Abendblatt nichts von ihrem Morgenblatt weiß. »Ein Übel jedermanns, schreckt das den Tapfern? – Wenn er's zu fühlen wahrhaft tapfer ist.« Indessen, weil die Teilnahme an meinem Gegenstand durch seine Allgemeinheit erklärlich ist, so hätte die Folge davon doch nicht zu sein brauchen, daß man mich und meine Absicht auch bei so einer einfachen Gelegenheit mißverstehe. Ich wünschte sehr, einem ähnlichen Mißverständnis dieses Mal, und grade dieses Mal, zu entgehen. Es war mir nicht bloß um Zahnschmerzen zu tun. Sondern ein Erlebnis, von keinem höhern Rang, als daß nicht jedermann, wenn er aufpaßte, es sich notieren könnte, schien mir deswegen wichtig, weil Erlebnisse höchst ungewöhnlicher, ja sogar schauerlicher Art in seinem Gleichnis stehen.

Was ich heute mitteilen will, ist gleichfalls ein persönliches Erlebnis, von dem auf andre, nicht persönliche Verhältnisse Licht ausgehen könnte. Ja, ich werde sogar an einen höchst heiligen Bezirk geraten und fühle die Scheuheit davor schon in den Nerven, bevor ich noch in seiner Nähe bin.

An einem Sonntagnachmittag im Hochsommer bekam in dem Dorf, in welchem ich lebte, der Fischer ein Telegramm, worin ihm der Tod seiner Tochter gemeldet wurde, einer jungen Frau, die in einem Dorfe nicht allzu weit von uns gut verheiratet und nun an einem Kindbett zugrunde gegangen war. Mit dem Fischer und seiner Familie verband mich und meine Schwestern ein Verhältnis, das schon von den zwei der unsern vorangegangenen Generationen durchgehalten und bewährt war und dessen Herzlichkeit ihren besonderen, mit dem aus Verwandtschaft oder Freundschaft nicht verwechselbaren Charakter hatte. Ein Dichter mit der Goldwaage hat uns auch von dieser Schwebung ein Beispiel gegeben, Hauptmann im ›Fuhrmann Henschel‹. Wir glauben vom Hotel- und Hausbesitzer Siebenhaar einiges zu wissen, was uns nirgends auch nur mit einem Worte angedeutet ist; wir spüren es ihm an, daß alle seine Lebensbeziehungen, sogar seine Ehe, noch nicht grade frostig, aber einigermaßen pflichthaft ausgekühlt sind; bis auf die eine zum Fuhrmann Henschel. Dabei ist sie von der Art, wie der Zufall sie schafft, die Gewohnheit bindet und der Zufall wieder löst; – und doch erhält und bestätigt sie dem Herzen, ohne welche Bestätigung es verkümmern müßte, seine angeborene Lebenswärme, seine eigenste Liebesfähigkeit. Henschel erwidert das Gefühl; aber, und nun genügte kaum noch eine Goldwaage, er erwidert es um eine Nuance weniger stark. Andrerseits, in einem Fall der größten Lebensnot weiß Siebenhaar dem Fuhrmann keinen andern Rat zu geben als einen oberflächlichen, törichten. So sind diese Dinge. Es kann sogar geschehen, daß man mit einer solchen Liebe einen Menschen umfaßt, den man überhaupt nicht kennt, nur grade einmal gesehen oder mit ihm einen Höflichkeitsdienst in einem Eisenbahnkupee ausgetauscht hat.

Landleuten und Landsleuten gegenüber muß man immer darauf gefaßt sein, daß man etwas Gefühl weniger zurückbekommt, als man ihnen gibt. Zwar, wenn das Haus brennt, werden sie uns kräftiger helfen als wir ihnen; aber die zartere Regung, die wirklich ganz unegoistische Beglücktheit der Lebensgemeinschaft dürfen wir bei ihnen nicht im selben Grade voraussetzen, wie wir sie haben. So ungefähr war unser Verhältnis zu den Fischersleuten, und die Todesnachricht betrübte uns ernstlich.

Ein paar Tage später erzählten mir meine Schwestern, daß am Morgen jenes Sonntags die Fischerfrau bei ihnen gewesen sei und ihnen erzählt habe: in der verwichenen Nacht hätten sie und ihr Sohn – also Mutter und Bruder der Verstorbenen – beide den gleichen Traum gehabt: daß ihnen alle

Zähne ausfielen; der Traum von ausfallenden Zähnen bedeutet nach dem Volksglauben schwere Krankheit oder nahe bevorstehenden Tod Angehöriger; beiden hätte sich also der Tod der Tochter, der Schwester vorverkündet. Ich fragte sogleich, ob die Fischerfrau wirklich vor dem Empfang der Nachricht oder ob sie erst nachher von dem Traum erzählt habe. Nachher, so wäre mir der Bericht aus dem Mund des glaubwürdigsten Menschen unglaubwürdig erschienen, als eine Projektion der abergläubischen Verknüpfung in die heimlich erwünschte reale und kontrollierbare. Die Untersuchung ergab, daß der eigentümliche Bericht in der Tat am Morgen jenes Sonntags gegeben war. Dadurch, daß der skurril widerwärtige Traum zu gleicher Zeit zwei Menschen heimgesucht hatte, war für mich die peinigende Unerklärlichkeit und die Aufdringlichkeit des gespenstisch, höhnisch sich Realität anmaßenden Zusammenhanges nicht verdoppelt, sondern verhundertfacht.

Ein paar Jahre vergingen, und ich erlebte, was die meisten Menschen erleben, den Tod meiner Mutter. Schon fast ein Tag war seit der schweren Stunde vergangen, ein Tag, wie diese ersten sind, voll von Geschäften und Besorgungen, die sich vor das noch nicht verstandene, noch nicht zu Ende gefühlte Ereignis schauerlich ablenkend und doch vergeblich zu drängen versuchen. Die Geschäfte sind vorbei, und nun fangen die Minuten an, bleiern schwer zu fließen und langsam wie ein Gletscher. Teilnehmender Besuch findet sich ein, und noch schwerer werden die Minuten, und noch langsamer quälen sie sich ins Dunkel ihrer Ewigkeit hinein. Ich wollte allein sein eine Weile und ging die Treppe hinauf in mein Zimmer. Schneesturm stob gegen Fenster und Giebel, die Kälte drang durch die Wand. Ich rückte mit Tisch und Stuhl an den Ofen und las in einem der Bücher, die wahr sind und sich auch vor dem Tode nicht zu schämen brauchen. Trotz des Stürmens, Rüttelns, Schnaubens war eine Stille von unfaßbar großem Raum um mich. Unten lag auf Stroh und Linnen liebevoll gebettet, wie Urväterbrauch es befahl, meine schlummernde Mutter. Plötzlich war es mir – als wüchsen meine Zähne. Ein Schmerzen, das kaum ein Schmerzen war, eine rheumatische Empfindlichkeit zwang meine Kiefer, aufeinander zu kauen. Ich glaubte, daß ich fröre, wickelte mich fester in meine Decke, und da traf mich ein Schreck. Der Geruch des Todes, o nein, etwas viel Gewaltigeres, der Geruch der Toten wurde mir; ich atmete die Tote ein; ich sehr sündiger Mensch aß auf eine neue Weise den Leib meiner Mutter., den ich als Säugling gegessen hatte.

Wieder vergehen Jahre; und ich weiß nicht mehr, welcher Zufall das Gespräch auf den Tod jener Fischerstochter bringt. Dabei erfahre ich denn eine mir vormals unterschlagene Einzelheit, die mir sogleich als die wichtigste von allen erscheint. Beide Angehörige nämlich, die Mutter und der Bruder, hatten die Kindbetterin drei Tage vor ihrem Tode besucht und in einem schon hoffnungslosen, schrecklichen Zustande angetroffen; einem Stillstand aller Funktionen außer der Atmung; einem Stocken des Lebens noch während des Lebens. Warum war mir grade diese Tatsache verschwiegen worden? Ganz gewiß nicht aus der Absicht, den Zusammenhang zwischen Traumdrohung und Traumerfüllung möglichst rein ins Rätselhafte zu isolieren. Oder doch vielleicht aus dieser Absicht? wenn sie sich auch im dunkelsten Unterbewußtsein geregt hätte. Vielleicht trieben eine geheime Ahnung und Warnung dazu, jene eine winzige Stelle zuzudecken, aus der die rationale Erklärung des mysteriösen Vorfalles hätte aufbrechen können.

Ich unterfange mich nicht, das Hereinblitzen sogenannter übernatürlicher Mächte in unsere Welt zu leugnen; aber wenn auch nur die geringste Möglichkeit zur natürlichen Erklärung bleibt, so müssen wir sie versuchen und dürfen uns mit keiner anderen zufrieden geben, und selbst die gewundenste natürliche Erklärung, solange sie noch möglich ist, muß uns glatter erscheinen als die glatteste übernatürliche. Es könnte wohl sein, daß ein Mensch, welcher an das Ausfallen der Zähne im Traume als eine Vorverkündigung von Krankheit oder Tod ganz fest glaubt, und an Festigkeit kommt kein Glaube dem Aberglauben nahe, im Traum auch wohl den umgekehrten Schluß vollzieht; kehrt ja der Traum auch sonst Ursache und Wirkung um. Das heißt also: es könnte sein, daß der geahnte, der gefürchtete Tod den

Traum erzeugt, durch den er sich anmelden läßt. Wer im Wachen glaubt, daß ausfallende Zähne bevorstehenden Tod bedeuten, könnte sehr wohl im Traum von dem gefürchteten bevorstehenden Tod seine Zähne verlieren. Diese Erklärung, das gestehe ich mir selbst, obgleich ich auch sie immer noch der mysteriösen vorziehe, ist sehr geschraubt, und sie wird mir fast unleidlich verdünnt, weil zwei es waren, die geträumt haben. Bei zweien will mir die rein psychologische Erklärung nicht genügen, und etwas zwingt mich, zu ihr nach einer physiologischen Grundlage zu suchen.

Und wiewohl ich mich gegen die plötzlich aufspielende Verbindung wie gegen ein Sakrileg wehre, kann ich nicht daran vorbei, und jenes Erlebnis vom Abend nach dem Tode meiner Mutter wird mir gegenwärtig. Gibt es, so frage ich die Toxikologen, minimale Vergiftungen, deren Wirkung vom Gefühl der Zähne angemeldet wird? Hat die beginnende Auflösung eines menschlichen, noch eben in Güte und Segen lebenden Leibes einen so schaurigen Atem? Und, was doch wohl noch schauriger wäre: kann von einem noch lebenden Leib die verfrühte Drohung des toten ausgehen?

Wenn etwas dieser Art möglich wäre, so würde alles erklärt sein. Beide Besucher würden die Vergiftung erlitten und davongetragen haben; und es hätte genügt, wenn davon das denkbar winzigste Gefühl in den Zähnen zurückgeblieben wäre. Im Traume, das wissen wir, kann das Gewicht einer schmalen Schnur auf dem Nacken zum Schlage des Fallbeiles werden, und also kann auch ein Nichts von Unbehagen im Kiefer alle die festen, weißen Knöchelchen lose ausrollen lassen.

Weswegen ich aber letztlich dieser Erklärung zustrebe, hat seinen Grund nicht in dem Wunsch, Gespenstern heimzuleuchten. Ich würde gern hier ein Beispiel für eine oft gemachte Erfahrung haben; für die, daß das Volk zwar schlecht schließt, aber außerordentlich subtil beobachtet. Wer weiß, in wie vielen Fällen wir einen Aberglauben auf dieser Regel aufgebaut finden könnten! Da wir längst in den Mythen, Sagen und Märchen den sogenannten Aberglauben als eine ihrer ursprünglichsten Quellen aufzufinden gelernt haben, so würde ein großes Feld des Studiums eröffnet sein, wenn wir nun auch noch im Aberglauben die zwei seiner Komponenten zu unterscheiden versuchten: den abstrusen, mißdeutenden, voreiligen Schluß von der echten, wahrheithaltigen, erprobten Beobachtung.

[1923]

Allerlei Christliches

Ich habe einmal das Konzil von Nizäa – den Sieg des Athanasius über Arius – als das präzise Schlußdatum der Antike und den Beginn der neuen, noch heute unvermindert herrschenden Menschheits-Ära, der des Christentums, bezeichnet. Wenn eine vorwitzige Stimme mich fragte, was denn mich, den ungetauften und untaufbaren Juden, eigentlich das Christentum so sehr anginge, daß ich mir den Kopf darüber zerbreche – die Stimme könnte, wie ich die beiden kenne, ebenso heftig aus dem Christen- wie aus dem Judenlager mich anfahren –, so würde ich antworten, daß alles mich angehen darf, was dem Versuch, den Sinn des geistigen Lebens zu erklären, noch ernstlich dient; desgleichen gehe das Christentum als ein geschichtliches Phänomen, nicht zuletzt des jüdischen Volkes, mich an; am meisten vielleicht aber käme ich nicht los von dem Traum einer mir vorschwebenden Wechselbelichtung zwischen Christentum, Lebensformung und Kunst. Und darauf wird ja wohl die vorlauteste Stimme schweigen müssen. Indessen wird sich herausstellen, daß ich weiter gehe als in dieses Allgemeine und bei Gelegenheit, nun wirklich ein Draußenstehender, sogar von der Kirche rede, und was geht die mich an? Der jetzt gefragt hat, ist ein Christ. Nun denn, ich bin sehr weit entfernt davon, mich in seine Angelegenheiten hineinzudrängen; obgleich das Christentum zu seinem größten Teil mit der Kirche identisch ist; obgleich ich die Suche nach dem Urchristentum und die Verzückung an ihm für irregehend, für zuweilen heuchlerisch und in allen konkreten Lagen für unfruchtbar halte.

Aber obwohl im höchsten Maße, fast, wie gesagt, bis zur

Identität, Kirche, enthält das Christentum ein Etwas, dem nachzugrübeln ich nicht aufhören würde zu brennen, und wenn ich der kälteste aller Apostaten wäre. Es beginnt nicht mit ihm, es ist nicht seine Erfindung, aber es hat in ihm, dieses Etwas, seinen höchsten Sieg erstritten, so sehr, daß es noch heute – sogar seine Kirchen trennt und erhält.
Ich bin im Verlaufe meines Lebens öfters gläubig und öfters ungläubig gewesen. Ungläubig woran, das würde sich mit verhältnismäßig wenigen und bis zur Grobheit eindeutigen Worten sagen lassen; gläubig woran, das hieße freilich eine ganze Welt aussprechen, so wie sie vom ersten bis zum letzten Dämmern durch ein menschliches Bewußtsein wandelt. Und also sieht den ganzen Glauben doch nur das eine Auge, dem nichts entgeht, von der ersten Regung an, die Schuld ist, bis zur letzten, die, was sie auch sein möge, Reue nicht sein kann. Wessen Auge dieses eine Auge? Gottes? Wer vermöchte an einen Gott zu glauben, der Augen hätte, eins oder zwei oder tausend?!
Ich habe viele Bücher des Unglaubens gelesen, und sie haben zur Heiterkeit des Daseins mehr beigetragen, als man aus ihrer oberflächlichen Absicht schließen möchte. Am Ende jedoch vergißt man nichts so undankbar wie Bibliotheken. Welches dicke Buch gliche an Nachwirkung einem so boshaft liebenswürdigen Satz wie dem von Lichtenberg: »Ich wollte einen Teil meines Lebens hingeben, wenn ich wüßte, was der mittlere Barometerstand im Paradiese gewesen ist.« Das heißt einfach die ganze biblische Schöpfungsgeschichte zu Tode kitzeln, inklusive aller ihrer allegorischen Auslegungen. Unwillkürlich fällt mir dazu als Ergänzung und Ergötzung Schopenhauers Gesprächlein von Anno 1833 ein, und ich setze es her, um die Theologie des Neuen Testamentes der gleichen graziösen Scherzhaftigkeit ausgeliefert zu zeigen wie die des Alten, jedem das Seine: »A. Wissen Sie schon das Neueste? B. Nein, was ist passiert? A. Die Welt ist erlöst! B. Was Sie sagen! A. Ja, der liebe Gott hat Menschengestalt angenommen und sich in Jerusalem hinrichten lassen: dadurch ist nun die Welt erlöst und der Teufel geprellt. B. Ei, das ist ja ganz charmant.«

Schrecklich, was für Gassenjungen so ernste Leute waren! Aber nun muß mir noch eine dritte Lesefrucht heran, die ketzerischer ist als die beiden andern, ganz unschuldig tut und dementsprechend auch auf der unschuldigsten Stelle zu finden ist: in Goethes Reiseaufzeichnungen: »Am Rhein, Main und Neckar.« Sie ist für ein Zitat etwas lang, bitte um Verzeihung, und lautet:

Der christlichen Kirche... sind wir die Erhaltung der Kunst, und wär' es auch nur als Funken unter der Asche, schuldig. Denn obgleich die neue innerliche, sittlich-sanftmütige Lehre jene äußere kräftig-sinnliche Künste ablehnen und ihre Werke, wo nicht zerstören, doch entfernen mußte, so lag doch in dem Geschichtlichen der Religion ein so vielfacher, ja unendlicher Same als in keiner andern, und daß dieser, selbst ohne Wollen und Zutun der neuen Bekenner, aufgehen würde, lag in der Natur.

Die neue Religion bekannte einen obersten Gott, nicht so königlich gedacht wie Zeus, aber menschlicher; denn er ist Vater eines geheimnisvollen Sohnes, der die sittlichen Eigenschaften der Gottheit auf Erden darstellen sollte. Zu beiden gesellte sich eine flatternde, unschuldige Taube, als eine gestaltete und gekühlte Flamme, und bildete ein wundersames Kleeblatt, wo umher ein seliger Geisterchor in unzähligen Abstufungen sich versammelte. Die Mutter jenes Sohnes konnte als die reinste der Frauen verehrt werden: denn schon im heidnischen Altertume war Jungfräulichkeit und Mutterschaft verbunden denkbar. Zu ihr tritt ein Greis, und von oben her wird eine Mißheirat gebilligt, damit es dem neugeborenen Gotte nicht an einem irdischen Vater zu Schein und Pflege fehlen möge.

Was nun beim Erwachen und bei endlicher Tätigkeit dieses göttlich-menschliche Wesen für Anziehungskraft ausübt, zeigt uns die Masse und Mannigfaltigkeit seiner Jünger und Anhänger, männlichen und weiblichen Geschlechts, die sich, an Alter und Charakteren verschieden, um den Einen versammeln: die aus der Menge hervortretenden Apostel, die vier Annalenschreiber, so manche Bekenner aller Art und Stände und, von Stephanus an, eine Reihe Märtyrer.

Gründet sich nun ferner dieser neue Bund auf einen älteren, dessen Überlieferungen bis zur Erschaffung der Welt reichen und auch mehr historisch als dogmatisch sind, bringen wir die ersten Eltern, die Erzväter und Richter, Propheten, Könige, Wiederhersteller in Anschlag, deren jeder sich besonders auszeichnet oder auszuzeichnen ist, so sehen wir, wie natürlich es war, daß Kunst und Kirche ineinander verschmolzen und eins ohne das andere nicht zu bestehen schien.

Warum darf man grade diese gelassene Äußerung die im höchsten Grade ketzerische nennen? Ihr Ketzertum ist wahrhaftig das subtilste von allen, leise wie Katzentritt und höflich bis zum Schafott. Es ist das siegreichste von allen, versucht nicht einmal, irgend etwas zu widerlegen, ganz unähnlich den tiefen Schatzgräbern oder trunkenen Raufbolden oder rasenden Berserkern des Unglaubens. Und in dieser Gelassenheit erscheint der christliche Glaube zugleich auf die edelste Weise gerechtfertigt und auf die gründlichste vom Altar gestrichen, mit einer einzigen, ruhigen Handbewegung, nämlich indem er die Mythologie wieder in ihr Recht einsetzt.

In allen Religionen, scheint mir, können wir beobachten, daß sie an ihre Götter zu glauben verlangen, daß sie, wenn auch in einer Entwicklung, die Götter fixieren, den Mythos aber lassen sie mit bewußter Freiheit beweglich und veränderlich. Nur das Christentum macht seinen Mythos zum Dogma, so unbedingt, daß es darüber mit verhältnismäßiger Gleichgültigkeit seinen Gott in den Hintergrund treten läßt. Wir sagen »Gott« und sagen »Götter«. Dieses Wort »Gott« aber hindert uns durchaus, jenes andere »Götter« zu verstehen. Wir sind mit diesem jüdischen, christlichen, mohammedanischen Eingott so infiziert, daß wir trotz aller Wissenschaft nicht genau wissen, was ein Ägypter, ein Grieche, ein Römer, ein Alt-Inder oder heute noch ein Bewohner von Urga und Lhassa denn eigentlich meint, wenn er von seinen Göttern spricht. Die Ägypter waren ja keine dummen Leute, und wenn sie mit Jubel und Musik die Isis

einer Stadt der Isis einer Nachbarstadt auf einem Prachtwagen einen Besuch abstatten ließen, so haben sie sich ganz gewiß nichts Albernes dabei gedacht, nichts, was wir in unserer Jugend gewöhnt wurden heidnisch und götzendienerisch zu nennen. Gottfried Keller, beiläufig, hat einmal, wie bekannt, eine Zusammenkunft der an verschiedenen Orten angebeteten Madonnen veranstaltet mit gesellschaftlicher Rivalität zwischen ihren Wundertaten und derlei Humoren. Aber eben diese Humore stellen Kellers Erfindung wohl in den Rang Lichtenbergs, aber doch nicht in den Goethes. Die vollkommene Sachlichkeit, mit der dieser dem Mythos sein Recht läßt, aber auch nicht mehr gibt, ist das Einzigartige und Siegreiche.
Um so rätselhafter ist es, wenn Goethe gelegentlich für sich in Anspruch nimmt, ein Christ zu sein, wie vielleicht kein Andrer neben ihm. Es ist klar, daß er dabei nicht an die Güte im Allgemeinen gedacht hat, dazu wäre er zu bescheiden gewesen; daß er keine Toleranz ausübte, denn das ist ein Begriff, den er verachtete. Die Verwandtschaft, auf die er sich beruft, muß tiefer liegen.
Wir haben von Goethe mehrere hundert Sprüche, Lehren und Maximen. Sieht man sie sich genauer an, so ist vielleicht das Schönste an ihnen, daß sie nicht eigentlich befehlen. Auch im Neuen Testament, gemessen am Alten, gibt es erstaunlich wenig Befehle. Die Götter sind in allen Religionen Spiegel des Menschen, wie er ist; Jehova aber fordert, wie er sein soll; und fordert es mit einer unerhörten Rauheit. Jehova gibt Gebote; in anderen Religionen sind es auserlesene Menschen, die, wenn auch etwar im göttlichen Auftrage, Gebote überbringen. Und etwas von diesem Schweigen des Gottes selbst ist auf eine geheimnisvolle Weise auch im Neuen Testament oder, sagen wir besser, in den Evangelien spürbar. Man lese daraufhin einmal die Bergpredigt. Dort steht nicht: seid sanftmütig; sondern es heißt, daß die Sanftmütigen selig seien. Es steht dort nicht: seid barmherzig; sondern nur, daß die Barmherzigen selig seien. Nicht einmal das Gebot wird erlassen: seid friedfertig; sondern immer nur wird den Friedfertigen verheißen, daß sie selig seien. Man komme hier nicht, den Finger im Buch, mit

leicht herbeizubringenden gegensätzigen Zitaten, ich spreche von dem Ton, der sogar noch diese späten, fraglichen Bücher unverkennbar durchklingt.
Wozu hierin Goethes Natur eine Verwandtschaft hat, ist meines Erachtens durch den Zufall einer rätselhaft geglückten Persönlichkeit nicht erklärt. Mir scheint vielmehr hier jenes geheimnisvolle Etwas sein Wesen zu treiben, wovon ich oben sprach, wovon das Christentum nur das siegreichste Zeugnis ablegt und das, wie jede Geschichte, seine lange, geheime Vorgeschichte hat. Denn dieser selbe Goethe war zwar kein Heide, wie man es auszudrücken pflegt, aber ein auch der Antike noch immer wahrhaftig angehöriger Mensch. Wenn er einen spöttisch-geistreichen Jugenddialog des Platon – den Jon – mit festem und derbem Griff Händen entreißt, die daraus ein christliches Stück Offenbarung vor Christus formen wollen, so hat er damit dieses vorchristliche Christentum selbst nicht verleugnet, sondern nur das frömmelnde, fälschende Beispiel. Es ist aber vorhanden, und zwar nicht vor Christus, sondern auch vor Platon. Wir haben Zeugnisse dafür, daß der antike Mensch ziemlich früh in die Brüche ging. Und ich, meinerseits, lese solche Zeugnisse mit begreiflicher Genugtuung in den ersten jüdischen Propheten, den größten, welche man »die kleinen« nennt: im Amos, im Hosea. Eine unerhörte Revolution steckt in ihren kurzen, verworrenen Reden, der wahre Riß durch die Antike; ohne daß ich hiermit sagen darf, sie allein hätten ihn vollzogen oder nur in jenem einen winzigen Land mit seinen winzigen national-geschichtlichen Auswirkungen sei er ins Leben getreten.
Vielmehr scheint es, als ob auch diese herrliche Prophetie nur eine der Äußerungen einer grundändernden Evolution der Menschheit gewesen sei, die ihre Zeugnisse unabhängig voneinander in den räumlich getrenntesten, untereinander verbindungslosen Kulturen langsam in das Bewußtsein der Menschheit trieb. Wir wissen, daß die Flora der Steinkohlenwälder aus gewaltigen Farnen und Schachtelhalmen bestand. Wir wissen, daß dieser Flora eine andere folgte, die wir geneigt sind eine kompliziertere zu nennen. Und auch

die dikotyledone Pflanzenwelt überhaupt sehen wir entwicklungsgeschichtlich als komplizierter an denn die monokotyledone. Was aus zwei Samenlappen keimt, das strebt nicht mehr so unbedingt senkrecht in den Himmel wie das aus der Zwiebel Aufschießende; es ist widerspenstiger gegen den Befehl des Wachstums und ihm nur auf Umwegen gehorsam, und seine Blattadern sind nicht in parallelen Längsfäden gesponnen, sondern in einem Gitterwerk unübersehbaren Wechsels gewebt. (Wenn wir das Eine komplizierter nennen als das Andre, so geschieht es, weil die Erscheinungen der Natur den Menschengeist verführen, solche Komparative zu bilden, während er zu gleicher Zeit weise genug geworden ist, zu lernen, daß es für ihn schließlich doch keinen Unterschied in Kompliziertheit gibt zwischen einem Klümpchen lebenden Schleims und jedem andern, jedem in Schönheit prangenden Geschöpf der Natur. So verführbar zu sein, zu dieser Verführung bestimmt zu sein, ist fast eine Definition des Menschengeistes.) Ähnlich solchem Unterschied zweier Floren, sehr ähnlich, bis in Einzelheiten vergleichbar, scheint mir der Unterschied zwischen dem antiken Menschentum und dem folgenden; eine Wasserscheide wie zwischen zwei ungeheuren Flußsystemen. Auszusprechen, worin der Unterschied bestehe, ist aber nicht schwer. Gelebt und gelitten daran haben unzählige Geschlechter der Menschen, und lange nachdem selbst ihr Staub zu Staub geworden ist, müssen sie sich gefallen lassen, daß ein einziges Wort ihr Leben und Leiden einfängt. Möge nur das Wort daraus keinen Hochmut, sondern das Bewußtsein seiner Ohnmacht gewinnen.
Der antike Mensch besteht aus seinen Taten, aber diese bestehen auch ganz aus ihm, und deshalb steht er so grade und stolz in die Höhe. Gut und böse, gut und schlecht sind bei ihm Eigenschaften, die sich mit vollkommener Klarheit in entsprechenden Handlungen ausdrücken. (Wobei die Wertfeststellung, was gut oder böse oder schlecht sei, eine Sache für sich ist und uns hier nicht berührt.) Dann aber ging, wer weiß wo überall, den Menschen ein erschreckender, verwirrender, ein erlösender und von Versuchung trächtiger Zwiespalt auf: daß ein Mensch das Gute tun könne und dabei

doch nicht gut sein, daß er das Schlechte tun könne und dabei doch nicht schlecht sein.
Der Prophet, der mit Grimmigkeit die Opfer verwarf, vom Tun nichts sprach, sondern vom Sein, schnitt und schliff an diesem Weltgedanken – und bis heute hat der Diamant noch nicht alle von seinem inneren Licht geforderten Fazetten. Die Kirchen stritten um ihn und schlugen sich wechselseitig, daß das Blut in Strömen floß und die Herzen hart und unverträglich wurden; sie konnten sich endlich nicht einigen darüber, ob die Werke selig machten oder der Glaube. Aber weiß denn der heutige aufgeklärte Staat, wie sehr er voll Unruhe ist, voll Zwiespalt, von diesem einzigen Gedanken her?
Das Christentum hat jene Alles verwandelnde Lehre zu seinem Hauptgrundsatz erhoben. Und so haben Die, denen – wie dem voreingenommenen, doch mehr als einmal seherischen Tolstoi – das Urchristentum als ein ewig gesuchtes oder mit Willkür aus den Schriften herausgezogenes Ideal vorschwebte, recht, wenn sie zu jeder organisierten Praxis allmählich in Gegnerschaft geraten, vor Allem zum Staat. Inzwischen aber geht das Leben in tausend Formen weiter und läßt sich – scheinbar – nichts anhaben. Diese Erkenntnis: daß es auf das Sein und nicht auf das Tun ankomme, hat es ja grade in unsrer Zeit für den theoretischen, betrachtenden, sentimentalen Menschen schon fast zu leicht. Nehmen wir aber einmal den denkbar trivialsten praktischsten Fall an, zum Beispiel den einer literarischen Streiterei, und zwar von Leuten, die die christianische Anschauung förmlich zu ihrem Lebensinhalt, jedenfalls oft zu ihrem Schreibensinhalt gemacht haben: sogleich geraten sie einander mit Zähnen und Nägeln ins Gesicht und reduzieren also den Feind, ohne sich um seine arme Seele zu scheren, auf seine Taten. Ich habe von vornherein gesagt, daß ich ein ausgesucht triviales Beispiel anführen will, denn um so sicherer gilt es überall. Und wenn man darnach ganz genau hinsähe, so würde man merken, daß, um die christianische Anschauung durchzuführen, wirklich eine christliche Liebe von Nöten wäre, die dann aber von einer andern Herkunft sein würde als die bekannte, gepredigte »christliche Liebe«, und mir

scheint, sie würde eine kühlere Temperatur haben, als wir sie bei den großen Heiligen, Märtyrern und Mystikern beobachten.

Das Christentum hat das gemerkt, und zwar sehr früh. Es erkannte, daß auch aus der neuen Weltlehre Forderungen zu ziehen seien – und zwar unerfüllbare. (Forderungen ist nur ein Ersatzwort für das Unausdrückbare, weil eben Unerfüllbare und demgemäß Unsagbare.) Und so stand das Christentum sehr früh, mindestens gleich nachdem der angekündigte Untergang der Welt nicht Ereignis geworden war, vor der unlösbaren Aufgabe, den Menschen bei Existenz zu erhalten und dabei Unmögliches von ihm zu verlangen. Es hat diese Aufgabe gelöst, das ist der Sieg Christi über Buddho. Durch welche Mittel jedoch, das ist tausendfach bedenklich gewesen im Laufe der Jahrhunderte: es bedurfte nämlich dazu der Kirche. Dieses war das heimliche Thema aller Kirchen: den Menschen bei Leben zu erhalten, ihn nicht zu eines Traumes Traum verdunsten zu lassen und ihm dennoch das zerdrückende, tödliche Joch des Menschenunmöglichen aufzuerlegen. Für diesen ungeheuerlichen Zweck hat sich die Beichte, die Priesteranbetung, das Dogma an sich so gut als passendes Mittel erwiesen wie die Verherrlichung des Glaubens; Katholizismus so gut wie Protestantismus taten diese Arbeit; die Heiligenverehrung so gut wie die Priesterschaft jedes getauften Mannes. Wenn man will, kann man diesen Zustand eine konstitutionelle Heuchelei nennen. Aber es will mir scheinen, daß, was ich einmal vom Sozialismus gesagt habe als Analogie zum Protestantismus: er könne zwar als Lehre und Macht eines Tages wohl sterben, seine Gesinnung werde jedoch nicht mehr aufhören die Welt zu durchdringen, daß dieses Selbe vielleicht auch vom ganzen, großen Christentum gelte.

Sollte meine Anschauung zutreffen und das Christentum, wenn auch die kräftigste, so doch nur eine Blüte jenes geheimnisvoll ausgesäten Keims der Welterneuerung sein, so wird eine seiner Eigenschaften doppelt rätselhaft: seine, im Gegensatze beispielsweise zu Mohammed von der Person Christi nicht ableitbare, früh und schnell wachsende Ausschließlichkeit. Daß der Mythos zum Dogma verhärten konnte, ist an sich schon ohnegleichen in der Geschichte der Religionen. Daß es aber dann, nach dieser Verwandlung, grausam und mörderisch wütete, oft genug Bruder gegen Bruder empörte und kein Bedenken trug, ganze Völker, wenn es sie nicht bekehren konnte, lieber auszurotten, das ist eine der schauerlichsten Tragödien der Geschichte. Wenn man bedenkt, welche liebenswürdige, freundliche Seelenbereitschaft dazu gehörte, Mythen zu erfinden und mit ihnen, wie mit Blumen und Kränzen, die Lehrer und Meister zu schmücken, so wird es zu einer Gorgonenmaske, was wir im christlichen Mythos zum Glauben erkalten sehen. Und immer hat dieses Entsetzen, bald hier, bald dort, in einem Menschen, in einer Gruppe von Menschen, Gestalt angenommen. Aber die Geschosse des Unglaubens und der Aufklärung zielten zu kurz oder zu weit. Keine Gegenlehre nimmt es an innerer Gewalt mit der Lehre auf.

In dem Lichte dieser Tatsache prüfe man nun noch einmal das oben angeführte lange Zitat aus Goethe. Jetzt sehen wir, was er auf einer scheinbar gelegentlichen Seite ausgesprochen, was aber der geheimste Sinn aller seiner Belehrungen ist. Am schönsten und deutlichsten hat er ihn im Divan, besonders im Buche Hafis, bis an die Grenze des Bekenntnisses geführt; nur bis an die Grenze, denn so wurde er wahrer als jenseits der Grenze. Er hat, wie im Märchen, doch ohne Zauberei, den steinernen Knecht wieder zu lebendigem Fleisch aufblühen lassen. Nur die Kunst ist es, die den Menschen möglich macht, zu schaffen, schöpferisch zu sein ohne Willenswahn. Es ist ein Irrtum, was heute – meistens von Unberufenen – gepredigt wird: daß die Religion die Regiererin selbst aller Kulturen sei, sie ist auch nur ein Ausdruck oder ein Kleid der ewig geheimen Macht unsres Daseins, und sie muß als Sinnbild der Identität hinter der Kunst an Rang zurückstehen. Goethe wäre auch mit Buddho fertig geworden, auf eine Weise, die uns erlaubte, zu der in ewiger Wandlung unerschöpflich formbildenden Welt uns zu bekennen. Das Kunstwerk stammt aus einem Tun und kann und darf darum niemals von einer antiken, vorchristlichen Anschauung völlig gelöst werden, ebendeswegen auch nicht von strenger Beurteilung; das Tun jedoch offenbart ein Sein von christlicher, und das heißt: überchristlicher Wesenheit. Alles, was in Formen lebt, hat an ihm sein Gleichnis, seine Rechtfertigung und, wenn einmal vorübergehend den Menschen eine glückliche Stunde und Sonne scheint, sein Vorbild.

[1925, aus dem Nachlaß]

2 Der Verkehr und die Seele

Der Verkehr und die Seele

Das kommt zusammen in einer Überschrift, wo denn auch sonst? Der Verkehr und die menschliche Seele, – die irgendwie unsterbliche, woran auch du, Leser, nicht zweifelst, mindestens in den zwei Augenblicken jeden Tag, wenn dich der Morgen aus den Betttüchern zieht und die Nacht dich wieder hineinsteckt. Von einem Besinnen zum andern schläfst du und träumst vielleicht, vom andern zum einen drehen dich, wie ein italienischer Irrer es benannt hat, die Zapfen eiserner Räder rundum, ohne Schonung, ob du nun arbeitest oder müßig gehst.

Sie drehen sich schneller heute, als vor fünfzig, vor hundert, vor tausend Jahren; es wird uns wirblig im Kopf; und davon werden wir helle, wie sonst nur die Sachsen; und sehen uns im »Zeichen des Verkehrs«, und rühmen uns über die Maßen, als brennte jetzt erst der Mensch lichterloh, der früher keinen rechten Zug hatte und wie eine Funzel rußte und roch.

Aber der Blick in die Vergangenheit ist von Natur fehlerhaft; es gibt da immer eine optische Täuschung, die der Verstand verbessern muß. Wenn wir von einem Hügel weit hinten im Feld einen Wagen ziehen sehen, scheint er, je weiter er weg ist, um so langsamer sich zu bewegen, und noch langsamer, weil wir ihn nicht klappern hören. Aber er hat sein gehöriges Tempo, und jede Zeit hat ihr Maß; und wessen Kraft diesem Maß genug und darüber tut, dessen Seele brennt in derselben Kraft wie die des andern Ausgezeichneten zur andern Zeit, wenn diese auch ein verschiedenes Maß gewonnen hat. Cäsars Reisewagen war nicht weniger schnell als das Automobil des Kaisers, und des Kaisers bestes Automobil ist nicht schneller als Cäsars Wagen. Persische Feuerdepeschen kamen in derselben Zeit an ihrem Bestimmungsort an wie die heutigen des elektrischen Telegraphen, nämlich in der denkbar und möglich kürzesten Zeit. Nur wenn Cäsar ungeduldig ist, fährt sein Wagen langsam.

Das ist keine Paradoxie, jeder kann es sich durch das Experiment beweisen. Fahre in der Kutsche mit zwanzig Kilometer Geschwindigkeit die Stunde, und du glaubst zu fliegen; fahre im Automobil vierzig Kilometer, und du scheinst dir träge und verstimmt, als ob du kröchest.

So soll ich also doch wohl fliegen? Ganz gewiß; nur darauf kommt es an. Dieser sogenannte Verkehr gehört mit zu dem, was eine Zeit den Menschen als ihre Aufgabe stellt. Jede Erleichterung des Verkehrs bedeutet eine Erschwerung des Lebens, und das ist das Beste, was man zu ihrem Lobe sagen kann. Da haben wir jetzt dieses seltsame Ding an der Wand, das Telephon. Der eine sieht es gedankenlos, es ist bezahlt und gebrauchsfertig; ein andrer sieht es mit der gleichen dumpfen Bewunderung, zu der ihm alles Unverstandene den Mund aufreißt. Aber auch wer des echten Staunens fähig ist, empfängt nichts anderes für seine Seele davon, als er von dem gegerbten Leder seiner Stiefel, oder von dem durch Sauerteig zu Brot explodierten Mehlkleister haben könnte. Will sagen: die »Errungenschaften« an sich bereichern nur die Seele, die es nicht nötig hat. Wenn dann eine Mama das Sprechrohr nimmt und die frisch verheiratete Tochter fragt, was sie zu Mittag kochen werde, so ist es auch nicht die veritable Ankündigung eines Kalbsbratens, die ihre mütterlichen Gefühle beruhigt, sondern im günstigsten Falle die Stimme und Nähe des Kindes, und ihrer Seele würde ein stiller Gedanke vielleicht was Besseres bescheren. Aber es ist da, dieses Telephon, – und jedermann ist angeschlossen, auch ohne Anschluß. Will man den Verkehr nicht bloß erleiden, so muß man ihn ausüben; dem neuen *Tempo* kann sich niemand entziehen; und sich nicht mürrisch entziehen, das heißt noch nicht: genug tun; es gilt dem Tempo gewachsen zu sein, es zu beherrschen.

In dieser Form: als neue Aufgabe, neue Pflicht, neue Arbeit,

kann die Erleichterung des Verkehrs einen Einfluß auf die menschliche Seele sich zuschreiben; aber freilich immer noch einen mittelbaren, wenn er auch offenkundig ist.
Der unmittelbare ist heimlich. Er besteht, um es mit einem Worte zu bezeichnen, in der Auflösung der Nachbarschaft. Der Nachbar ist eine besondere Art von Mitmensch, nicht unter dem Druck desselben Daches zu uns gesellt wie der Bruder, aber auch nicht aus der freien Wahl ergriffen und behalten; das Erbe, der Zufall und die Gewöhnung haben ihn uns halb geschenkt, halb aufgezwungen – ein nobles Verhältnis gerade durch seine nicht vollständige Freiheit, nicht vollständige Unfreiheit. Hierin hat der Verkehr geändert; er hat uns freier in der Wahl gemacht. Und damit hat er die Verbindung zwischen den Menschen zum weitaus größten Teile oberflächlicher, zum andern verantwortungsvoller und bewußter gemacht. Die Verbindung zwischen den Menschen, aber auch die Verbindung des Menschen mit der Natur. Zu welchem Teile aber ein jeder sich bestimmen läßt, das steht bei ihm, – und also zeigt es sich, daß die Seele von der Erleichterung des Verkehrs nicht kommandiert wird, sondern sich an ihr mit Stolz *erweist*, genau so, wie sie es mit allen äußern Mächten hält.
Ihre Demut widerfährt ihr erst zwischen Abend und Morgen, wenn Gespenster, Träume und Götter die Stunde regieren.

[1912, unter dem Pseudonym P. Waldus]

Die Kastanie

Ein berühmter Reisender hatte mir versprochen, von dem abstrusesten Ort, den er in Indien, China oder Sibirien träfe, einen Gruß zu schicken. Dieser Tage bekam ich seine Karte – aus Peking. Peking, eine Haupt- und Kaiserstadt der Welt, was könnte so besonders abstrus an ihr sein? Das Bild, das auf der Karte zu sehen war, stellt einen eisernen Turm vor, der das Kabel einer elektrischen Überlandzentrale zu tragen hat. In dem Sperrwerk hängt, an dem eignen Zopf sorgfältig befestigt, ein abgehauener Mandschukopf.

Solche luftigen, schlanken Eiffeltürme trifft man jetzt überall in der Welt. Sie wandern an ihren Kabeldrähten, wie die sieben Schwaben an ihrem Spieß, durch die Landschaften, machen sich Platz in den Wäldern, umgehen höflich die Dorfflur, und selbst über märkische Ödfelder, wo wenig mehr als Wolfsmilch und Flechte wuchert, wagen sie sich, ihrer Aufgabe sicher, von Siedlung zu Siedlung. Es ist nicht zu leugnen: sie sehen hübsch aus. Sie sind solide fundamentiert und steigen zweckhaft präzise, aber auch zweckhaft schön und zierlich, schmal zu ihrer stattlichen Höhe auf. Und oben blinken die großen porzellanenen Isolatoren und strecken sich allerlei dünne phantastische Henkel unter den Kabel. Hübsch wie sie, sind auch die Häuser, aus denen ihnen ihre Kraft und Aufgabe zufließt. Da gibt es draußen beim Dorf zum Beispiel das Häuschen für die Transformatoren. Es ist aus Ziegelsteinen gebaut, von einem richtigen edlen Ziegelrot, nicht jenem widerwärtig bläulichen oder gelblichen, das man sonst wohl trifft. Kein überflüssiges Ornament stört den Blick, das Dach befriedigt den Blick, das Verhältnis von wagerecht und senkrecht erfreut ihn. Freilich heult es aus diesem Häuschen ohne Unterbrechung; und sooft der Wind will, ist die Stille auch aus der tiefen Nacht des Dorfes vertrieben. Sonst aber tut die ganze Anlage der Landschaft wohl, und man sieht ordentlich, wieviel Kulturgewissen heutzutage in einer mächtigen industriellen Unternehmung bei der Arbeit ist. Sie hat sich sicherlich einen der modernen exakten Künstler zu Rate gezogen und will ihrerseits nichts mehr an der rücksichtslosen, neben dem Nutzen keinen andern Gedanken ehrenden Verbreitung moderner Häßlichkeit teilhaben.

Nun aber gilt es noch, von den großen Kabeln die kleinen Leitungen in die Häuser, Ställe, Molkereien und Werkstätten zu bringen. Pfähle werden eingegraben und Drähte gezogen. Die Pfähle sind nicht ganz so mathematisch gerade wie gußeiserne Säulen. Man sieht ihnen noch an, daß sie einmal nach ihrem eignen Willen in Wäldern hochgewachsen sind, und sogar die Verknotung der Zweige ist noch erkennbar. Armselig aufdringlich lümmeln sie sich durch die Dorfstraße, drücken sich wohl das eine Mal eng an den Zaun, tappen dafür an andrer Stelle mitten in den Weg, kommen der Kirche näher, als es einer Kirche anstehen sollte; und kurz: sie betragen sich ganz wie zu Hause und wissen nichts von einem Charakter des Dorfes, der zu schonen oder gar zu erhöhen wäre. Sind nun einmal die Masten eingegraben, so muß der Draht sie verbinden, und der kann keine Rücksichten nachträglich nehmen, die jene nicht voraussehend genommen hatten. Er zieht sich durch die Baumkronen, und dünn wie er ist, was könnte das schaden? Aber dünn wie er ist, fordert er mehr Respekt, als man seiner Unansehnlichkeit zutraute. Einen Meter um ihn herum darf kein Zweig sich strecken und kein Blatt sich schaukeln, weil der Gefahr des elektrischen Kurzschlusses vorgebeugt werden muß. Und also gräbt sich dieser Faden von einem Wurm einen wahren Riesentunnel durch das grüne, lebendige Laubgewölk.

Vor der Schmiede steht eine mächtige Kastanie, ein Wahrzeichen alter Handwerkerseßhaftigkeit. In ungeheurer Drehung ist der Stamm nach rechts geschraubt, als ob eine gewaltige Bewegung ihn ständig aus der Erde heraustriebe und eine ebenso gewaltige Hemmung ihn zurückhielte. Die weit und dicht entfaltete Krone beschattet einen Platz vor der Schmiede, daß die Pferde, die beschlagen werden, vor Sonnenbrand geschützt, ruhiger still halten, beschattet auch die Schwelle und das Dach. Eines Tages wird auch neben dieser sichtlich verehrungswürdigen Kastanie, knappe sieben Schritt von ihr entfernt, ein Mast für die elektrische Leitung errichtet, ein Ding, das, gerade noch als ehemaliger Baum erkennbar, wie die Karikatur eines Baumes aussieht. Nicht lange, und die Blaujacken, die das Geschäft zu besorgen haben, machen sich in verdächtiger Weise an die Kastanie heran. Besonders der eine dieser Arbeiter, der aus humoristischen Gründen die Steigeisen den ganzen Tag nicht von den Schuhen läßt und jeden Schritt in übertrieben kavalleristischer Manier tut, versucht, zum Gaudium seiner Kollegen, an dem dicken Stamm aufwärts zu gehen. Immer wieder bleibt er mit gekrümmten Knieen, auseinandergenommenen Händen und witzig dummem Gesicht davor stehen.

Endlich kommt ein andrer, der sich keine Zeit zu Späßen nimmt, mit einer Leiter und setzt sie an die Kastanie. In diesem Augenblick steckt der Schmied seinen Kopf zur Tür heraus und blickt aufmerksam und scharf wie ein Seemann – ganz wo andershin. Dann ruckt er den Kopf halb und den Blick ganz zu den Arbeitern und fragt beiläufig: »Was wollt ihr da?« Und damit ist der Krach fertig; bald beteiligt sich das halbe Dorf daran; die Arbeit der Elektrotechniker stockt. Besonders über den Spaßmacher unter den Arbeitern läßt der Schmied seinen Zorn immer heftiger aus. »So ein Lump«, sagt er zu seiner Frau, »der schon gesessen hat, der in seinem Leben vielleicht nie einen Baum pflanzen wird!« Es wird gestritten und verhandelt. Am späten Nachmittag findet sich von ungefähr am Zaun der Schmiede ein Bauer ein, der ein Interesse daran hat, die Leitung bald fertig zu sehen. Und von ungefähr träufelt er dem Handwerker die Wahrheit ins Gemüt. »Du bist abhängig von uns, wir nicht von dir; tust du uns den Willen nicht, so gehen wir ein Haus weiter mit unsern Pferden, Pflügen und Wagenreifen;

bis zum nächsten Schmied im nächsten Dorf ist es eine halbe Stunde.« Der Schmied muß es fressen und schlucken. Am Abend liegen die Äste und Zweige des entstellten Baumes vor dem Grundstück, und die Schmiedefrau, die sonst keinen Span an der unrechten Stelle duldet, kann sich vor Zorn nicht überwinden, die derb und schonungslos herausgeschnittene Menge von Holz wegzuräumen. Und an jedem der nächsten Abende, wenn sie den Nachbarsleuten über das Unheil klagt, erzählt sie von dem Bauern, der sie bezwungen hat: wie er am Zaun stand, sein Sprüchlein sagte und davonging: »die eine Schulter schief, ich denke, was hat er denn, hat er das Reißen? aber nein, es war vor Stolz.«
Was diese Geschichte beweisen soll? Beweisen – nichts. Höchstens, daß manches aus dem Kessel süß schmeckt, was vom Teller bitter schmeckt. Vielleicht auch, daß mit den segensreichsten Beschlüssen der großen Industriegesellschaften und ihrer beratenden Künstler doch immer nur die Hälfte der Arbeit getan ist. Es gibt noch mehr Gebiete, wo Geschmack und Gefühl in zwei Richtungen gespalten sind, von denen die eine tapfer aufwärts und die andre, im genau entsprechenden Winkel, rettungslos abwärts geht. Am Ende sehen wir ja auch in unsern bürgerlichen Zuständen täglich, daß die Freiheit unbändig wächst und währenddessen die Reaktion sich nur immer rüstiger entfaltet.

[1913]

Der Kinematograph

Nichts versteht unsre Zeit besser als eine einleuchtende Philosophie zu einer gemeinsamen Praxis zu finden. Wenn die Philosophen eingestünden: wir gehen in Kinematographentheater, weil wir, uns allein überlassen, es vor Langerweile und Widerwillen nicht aushielten, so wäre nichts dawider zu sagen. Aber weit davon, sich zu einer so unschuldig schuldvollen Seelenverfassung zu bekennen, putzen sie ihre Zerstreuungslust mit Redensarten auf, und die Vorgeschrittensten unter ihnen machen aus ihrer Gedankenlosigkeit den allermodernsten Geist. Es kommt ihnen nicht darauf an, die Kinematographenvorstellung über den Durchschnitt des Theaters, nein, über das Theater schlechthin zu setzen, und, die einen zynisch, die andern resigniert, nehmen sie das Lichtbild als einen Triumph oder zumindest als ein Sinnbild des neuzeitlichen Menschengeistes an. Das ist die eine Seite des Publikums: die Lehrer des Volkes. Auf der andern Seite steht das Volk selbst, das stur und stumm zu den stummen Bildern läuft. Während man sich von den verschiedensten Seiten, bald als Ratgeber, bald als Vormund, um die Kunst für das Volk bemüht, hat es sich auf eigne Faust ein Vergnügen geschaffen, wo man ihm, im wörtlichsten Sinne, nichts dareinredet. Wer gegen diese Pest antiseptisch aufwaschen will, wird sich von Tag zu Tag in kleinerer Gesellschaft finden. Schon ist so viel Kapital, so viel Menschenarbeit und Menschenexistenz an die Betätigung des Kinematographen gebunden, daß auf alle Angriffe wirtschaftliche Erschütterungen drohen, und wir ein neues Beispiel für den automatisch eintretenden tückischen Selbstschutz des Kapitals haben. Wo das Kapital sich zu einem bestimmten Zwecke versammelt, ist auch sogleich der entsprechende Geist zu seinen Diensten. Die Großbrauereien lassen das Evangelium der Lebensfreude verkünden, es erscheinen Artikel, in denen die Unschädlichkeit des Alkohols bewiesen wird – als ob es nötig wäre, zu beweisen, was alle Welt praktiziert und glaubt. Ganz ähnlich wie mit dem Alkohol steht es mit dem Kinematographen: auch er ist unbesieglich; kämpfen wir gegen ihn.

Um zu kämpfen, nehmen wir nicht das Mittelmäßige oder Erbärmliche, sondern das Beste dieser neuen Erscheinung vor. Ich sah einmal eine Salambo, wo die kleine schmale karthagische Prinzessin eine tausendstufige Treppe herniederschritt, auf den Zuschauerraum zu, endlos, mitten hinein in die unruhig wimmelnde Masse der riesenhaften Söldner, je näher die Frau kam, um so mehr schwand die Unruhe aus dem Haufen und wuchs in den Herzen, und endlich schritt sie durch zwei Reihen fast erstarrter Männer, deren jeder bis zum Ersticken von Erregung schwoll. Der Eindruck war ungeheuer. Kein Dichter vermöchte die Wut und Macht des Geschlechts mit solcher Gewalt drohen und beseligen zu lassen. Aber als ich das Theater verließ, fühlte ich von diesem Eindruck nichts zurück als eine fast schreckliche Leere, eine unbeschreiblich öde Traurigkeit, den ganzen peinigenden Vorwurf des Müßiggangs. Und keineswegs etwa, weil das Drama nach jener Söldnerszene weiterging und ein Meisterwerk der Literatur roh zerschnitt. Jene frierende Öde ist mein typisches, ich wage zu sagen: ist das typische Gefühl, selbst wenn man es sich nicht eingesteht, beim Verlassen einer Kinematographenvorstellung. Sie war nur bei der Salambo ungewöhnlich groß, weil der vorhergehende Eindruck ungewöhnlich groß gewesen war. Nach jeder wahren Kunsterregung aber steht es anders; und ob man nun ein Drama oder ein Ballett gesehen hat – denn die andern Künste entziehen sich der Vergleichung –, so spürt man eine Durchdringung, die unter den Augenblick des Eindrucks nicht nur nicht herabsinkt, sondern sich weit, zuweilen unendlich weit, darüber hebt. Da sich das Kinematographenschauspiel in die Sphäre des Dramas drängt, so muß man es mit diesem auseinander setzen. Der Unterschied ist der, daß im Filmschauspiel der Stoff in seiner kruden Tatsächlichkeit erhalten bleibt und sogar zynisch damit auftrumpft, während im ächten Schauspiel der Stoff durch die Form, vornehmlich aber durch ihr Hauptelement, das Wort, bis auf den letzten Rest aufgezehrt wird. Das ist der Unterschied im Wesen. Für die Wirkung kommt hinzu, daß das Auge ein isolierender, das Ohr ein vereinigender Sinn ist. Der Hall, der aus dem Munde fährt, ist Träger der Botschaft von Seele zu Seele. Das Wort, die Sprache ist zugleich Zeugnis und schöpferisches Element des höheren Gemeinsinnes, der zwischen den Menschen waltet. Im Wesen und in der Wirkung erfährt das Drama durch das Wort die Vergeistung. Das Kinoschauspiel aber, gerade wenn es sich dem Wortdrama nähert, wird um so sinnloser. Die Kinematographentheater werden, wie verständlich, von Taubstummen viel besucht; und diese beklagen sich darüber, daß die Handlung und die Gebärden mit dem von der Lippenbewegung abzulesenden Sinn immer im dümmsten Gegensatz stünden. Würde das nun auch gebessert werden, so hätte man immer nur erst Schauspiele für Taubstumme. Für den vollsinnigen Menschen aber, aus dessen Konstitution allein Gesetze für die Kunst abgeleitet werden können, würde das Filmschauspiel nur dann eine ächte Existenz gewinnen, wenn es sich vom Worte soweit wie möglich entfernte; es müßte zur Pantomime werden, und seine Handlung dürfte nie an die Wirklichkeit rühren, sondern sich bis zur Abstraktion, bis zum Symbol verflüchtigen. Auch dieses wäre eine Aufhebung des Stoffes durch die Form; und wer dafür arbeiten will, mag es tun, wofern er seine Verantwortlichkeit nicht vergißt. Wer aber für das in allen Gassen sich einnistende Kinotheater von heute Erfindungen macht, wer gar durch das Wort erlöste menschliche Geschehnisse wieder preisgibt und in die Hölle der blöden, maulaufsperrenden Tatsächlichkeit zurückstößt, der versündigt sich, so ahnungslos er es auch tue, gegen die Kunst – ja gegen die Humanität selbst.

Haben wir es in den Lichtspieldramen mit Darbietungen zu tun, wo sowohl die Filmaufnahme als auch ihre Wirkung verwerflich ist, so sind die in das Gebiet der Naturwissenschaften gehörenden Aufnahmen an sich rühmlich und schön, aber sie werden durch Mißbrauch in ein doppelt gefährliches, weil schleichendes Gift verwandelt. Durch Mißbrauch kann jedes gute Ding in ein Übel verwandelt werden? Gewiß; aber die Tempel und Spelunken des Films treiben überhaupt nichts andres als Mißbrauch. Wer eine Menschenmenge durch Moritaten zur Stupidität erzieht, und dazwischen eine Jagd auf fliegende Hunde oder die Entwicklung des Vogel im Ei vorführt, darf sich nicht einbilden, daß er die Menschen belehre. Und wer da glaubt, daß er auf diese Art lernen könne, der irrt sich; er wird vielmehr nur über seine Unwissenheit narkotisch hinwegbetrogen. Man kann nun einmal nicht urteilen, ohne zu wissen; nicht wissen, ohne zu lernen; nicht lernen, ohne sich anzustrengen. Zehn Kenntnisse, die man sich erarbeitet, wiegen mehr zum Aufschluß der Welt als tausend, die einem gebraten in den Mund fliegen; sonst müßten ja die Prinzen und Fürsten zu ihrer sonstigen Überlegenheit auch die der Bildung im allergrößten Maße besitzen. Schon die Reduktion auf den einen Sinn des Auges hindert die Naturidyllen und -dramen im Kino daran, etwas Besseres zu werden als Zeitvertreib. Der Forscher – und das ist schon jeder Knabe, der zum erstenmal Papierstückchen nach der geriebnen Siegellackstange springen läßt – gebraucht die Augen nur mit Unterstützung der andern Sinne. Es ist verhängnisvoll, zu glauben, daß die gesteigerte Möglichkeit zur Rezeption von Kulturwerten gleichbedeutend mit der Steigerung der Kultur sei. Alles wahre Lernen hat seinen Schuß Tun und Schaffen; und wo dieses ausgeschaltet wird, fehlt der Kern des Wissens und des Verstehens. Wer heute in ein Kaffeehaus geht und für fünfunddreißig Pfennige seine schwarze oder braune Brühe trinkt, kann dazu gratis die H-Moll-Symphonie von Schubert hören, für Kontrabaß, Geigen, Klavier und Harmonium, zum Ersatz der Holzbläser, zurechtgemacht. Aber ein Lied gesungen, ist mehr Musik und schenkt mehr Musik als die schwarzbraune Eroika, mit dem Löffel in der Kaffeetasse zerrührt.

Gescheite Leute, Menschen, die wissen, was es mit dem Wissen für eine Bewandtnis hat, die können freilich unbe-

schadet, ja mit Nutzen Kunst und Wissen auch auf die bequeme Weise nehmen; die andern nicht.
Freilich, Kapuzinerpredigten pflegen am lächerlichsten den Kapuziner zu machen. Aber wenn man den Kinematographen, nur weil er vorhanden und eine bewundernswerte Sache ist, wahllos auf die Menschen abschießen müßte, so wäre das nicht besser, als wenn man ein neues Sprengmittel nicht nur im Bergwerk und an Baumstubben oder am Akkerboden wirken ließe, sondern in unsern Markthallen, Gemeindeschulen und Warenhäusern. Da man den Kinematographen nicht aus der Welt schaffen kann – so wenig wie den Phonographen, den der Teufel benützt, um bis in die entlegensten Dörfer den letzten Rest von Musik zu zerfressen – so muß man ihn zähmen. Zuerst versuche man festzustellen, was Gutes er leisten könne; danach, *wie* er das Gute leiste. Dieses ist nicht Sache eines einzelnen, sondern die hoffentlich zu gewärtigende Gesamtarbeit aller, denen die Gesundheit des Volkes am Herzen liegt; jenes fasse ich im ungefähren Umriß kurz zusammen.
Für die Wissenschaft hat der Kinematograph eine unbegrenzte *archivarische* Bedeutung.
Zum Unterricht, in jedem Sinne, dürfte er nur mit äußerster Vorsicht und Sparsamkeit benutzt werden, nie selbständig auftreten; er kann die Anschauung günstigenfalls unterstützen, aber nicht ersetzen.
Wo er eine Art von neuer Kunst sein will, sollte er kritisch gegängelt werden. Er hat ein paar phantastische und märchenhafte Möglichkeiten aus seiner Technik, und die wären eigentlich die einzigen legitimen. Streichholzmännlein spazieren steif wie Soldaten auf das Tuch, purzeln übereinander, die Streichhölzer zucken und rucken und bilden das Wort »Pause«. Das war manchmal das Hübscheste eines ganzen Abends.
Der Kreis dieser Darstellungen würde natürlich zu klein sein; und es bleiben doch die beliebten Dramas, wie die kleinen Mädchen sagen, übrig. Starrt man auf diese, so wird der Blick, besonders wenn sie aus französischen Salons berichten, wie von einer Flachsbreche zerstückelt. Einzig die Amerikaner haben begriffen, daß die sinnlose Verteilung

unzähliger grellweißer und tiefschwarzer Punkte in ihrem stummklappenden, unaufhörlichen Wechsel eine Tortur an den Augen ausübt; und sie haben es erreicht, daß das Dunkel und Hell auf ihren Filmen sich in Flächen gegeneinander absetzt. Das ist der erste Schritt zum Stil des Kinoschauspiels. Von da braucht es nur einen weitern Schritt, und die Gebärde verliert ihre rohe Naturalistik, und noch einen, und das Drama wird zur Pantomime. Wenn eines Tages der Kinematograph uns einen eigens dafür geschaffenen Relieftanz Nijinskys vorführt, so wird er so gerechtfertigt sein, wie ein Phonograph es ist, weil er die Stimme Carusos bewahrt.

Eines jedenfalls ist nötig: daß man dem Schlendrian im Gewährenlassen des Kinematographen ein Ende mache, wenn man den besagten Teufel nicht mehr austreiben kann, so soll man versuchen, ihn zu bekehren.

[1913]

POSTKRIPTUM: Nach jahrelanger grollender Enthaltung habe ich wieder Filme gesehen, und ich mußte mich fragen, wie vor meinem neuen Eindruck der obige Aufsatz denn bestehe. Nun, es zeichneten sich mit spontaner Sicherheit dieselben Linien in mir ab wir vordem, jedoch: mit veränderter Tiefe, so daß das Bild in Licht- und Schattenwirkung doch ein andres geworden ist. Wieder bemerkte ich das unauflösbar Tatsächliche, als welches im Film die Leidenschaften, Liebe, Rachbegier, Eifersucht, sich darstellen; aber in ein paar Fällen war es bis zur Furchtbarkeit gesteigert; das Dumme wurde zugleich das Erhabene; es war, als ob man Schopenhauers ›Welt als Wille‹ an der Arbeit gewahrte, und die Wirkung, eine Art von trüber, betäubter Nachdenklichkeit, hielt lange vor. – Des ferneren war es interessanter als früher geworden, zu sehen, ein wie getreuer Spiegel des Verhaltens der Menschen zueinander in den verschiedenen Nationen der Film ist; des Betragens der Männer vor den Frauen, der Freunde gegeneinander, die Art, wie man die Hand gibt, grüßt, geht und so weiter, und insbesondere der nationalen Humore. Es ist dabei mit Beschämung festzustellen, daß die deutschen Filme einen sehr geringen Grad der Eigenschaft verraten, die man die Höflichkeit des Herzens nennt; und hier hätte die Kritik des Films eine Aufgabe von erzieherischer Bedeutung, wenn sie nur wollte, könnte – und wenn sie dürfte.

[1918]

Technik – und l'art pour l'art

Über die interessantesten Dinge gibt es keine Statistik. Seitdem zum erstenmal der Kampfruf ertönt ist: Die Kunst für die Kunst! seitdem Théophile Gautier, vornehm und kühl, erklärt hat, daß ein Ding, in dem Augenblick, wo es anfange, nützlich zu sein, aufhöre, schön zu sein – wie oft in diesen Jahrzehnten ist jener Satz abwechselnd berühmt und berüchtigt, richtig und falsch, schöpferisch und verderblich gewesen! Wohlverstanden: der Satz als ein Programm, als ein Ausdruck von Trotz und planmäßiger Aristokratie, denn als eine Lehre, als eine begründete und ausgebaute Theorie, war er, in der besonnenen Hut unserer großen Meister, lange vor heute und gestern ein nur dem Ernst zugängliches Gebiet. Erst als Schlagwort regte er Künstler und Philister auf und wurde ein Beispiel der menschlichen Sanduhrwahrheiten, die man immer wieder umstülpen muß, wenn sie abgelaufen sind.
Dabei kommt man zu einem höchst sonderbaren, überraschenden Ergebnis, wenn man einmal wirklich untersucht, wo denn in unserer Welt das rechte, das eigentliche l'art pour l'art zu finden sei; nämlich – nicht in der Kunst. Neulich war in den Zeitungen die Nachricht zu lesen, daß die drahtlose Telephonie erstaunliche Fortschritte gemacht habe; nicht lange mehr, und jedes große Bankhaus werde, statt einer Fahnenstange, seine Antenne auf dem Dach haben und die Kurse notieren können – zwanzig Minuten, nachdem sie aus dem New Yorker Gebrüll auskristallisiert seien. Ist das ein nützliches Ding? fragen wir, und lassen, wie billig, die Bankherren selbst aus der Frage: sonst müßten wir ja die Gegenrechnung machen, daß auch Gedichte

und Bilder eine Ware und profitlich auf mehr als einer Seite sind; Leinwandhändler und Farbenfabriken, Bilderhändler und sogar die Maler verdienen Geld an Landschaften und Kreuzigungen; Verleger, Drucker und Papierhändler an Gedichten. Versteht sich, die Dichter selbst auch; ihren Verdienst nennt man Honorar, das heißt Ehrengabe, um die Schmach des Lohnes für sie so klein wie möglich machen zu können.
Vielleicht ist das Gleichnis schief, die Analogie nicht passend, und denen, die hier als an Bildern und Gedichten verdienend aufgezählt sind, entspräche in der anderen Kategorie nicht der Bankherr, sondern der Erfinder, der Telephonarbeiter und alles, was damit zusammenhängt. Dafür aber wollen wir auch nicht Aufhebens davon machen, daß selbst dem Bankherrn jene wunderbare Erfindung vielleicht nicht nützlich, vielleicht sogar schädlich sein könnte. Nicht nützlich: denn immer braucht dergleichen der eine nur, weil es der andere hat; unter anderen Bedingungen, wofern sie nur für alle die gleichen sind, bleibt immer auch dieselbe, die gleiche Aufgabe: schnell, umsichtig und gerissen zu sein. (»Kein Automobil kann dich schneller tragen als Caesar weiland sein Reisewagen.«) Und möglicherweise schädlich: weil ja nun doch der Begriff des Geldes, das Geld als Maß, in die bedenklichste, fragwürdigste Unsicherheit geraten ist und Goethes Wort sich erfüllt: »Alles Ideelle, sobald es vom Realen gefordert wird, zehrt endlich dieses und sich selbst auf. So der Kredit (Papiergeld) das Silber und sich selbst.« Dem sei, wie ihm wolle. Sicher ist, daß die Rücken, auf denen *dieses* Getreide ausgedroschen wird, von der Verbesserung des Dreschflegels keinen Nutzen haben und daß, wenn sie Feierabend machen, wie durch ein Wunder ein paar Körner weniger da sein werden, den Hunger zu stillen.
Dieses alles ist nicht im mindesten paradox; es gibt mehr als ein »Wunder der Technik«, deren Summe des Nutzens günstigenfalls mit Null aufgeht. Die Frage ist: Sollen wir sie deshalb vernichten oder, da wir dazu nicht imstande sind, sie wegwünschen? – Nein! – Ein Gedicht – ein schönes Gedicht nützt, und ein schönes Bild nützt; es ist nicht auszudenken, wieviel an unvergänglicher Bewegung in einsamen,

bangen Seelen von ihnen ausgeht, seit ihrem ersten Tag; und so treiben sie nicht l'art pour l'art.

Nicht sie; wohl aber, so wunderlich es klingt, die Technik. Nützlich oder schädlich, das ist kein Urteil, unter dem sie steht. An sich selbst ist sie etwas Achtungs- und Bewunderungswertes, etwas Geistreiches, Schönes, Triumphierendes. Wir müssen uns damit abfinden, daß sie ein Recht hat, ihren Feind als einen Bilderstürmer, als einen Professor Brunner von der anderen Fakultät, mit verachtender Wimper zu strafen. Unter ihren Ahnherren sind Roger Bacon, Lionardo da Vinci und Swedenborg, genug an geistiger Hochwürde für alle Zeiten.

Nur eines ist ihr zu wünschen – wie der Kunst: daß ihre Zucht oder ihre Humanität nicht deshalb unterbleibe, weil gerade die Bilderstürmer sich darum bemühen.

[1926, aus dem Nachlaß]

Aphorismen im Zusammenhang

Die neuere Physik hat bekanntlich ein Interesse erregt, das in gar keinem Verhältnis zu der allgemeinen Fähigkeit steht, ihre Probleme auch nur ahnungsweise, im Umriß oder im Schema, zu begreifen. Eine praktische Bestätigung von Theorien hat immer den Sieg für sich, und derselbe morgenkaffeeliche Sinn, der sich freut, wenn hinten weit in der Türkei die Völker aufeinanderschlagen, hat mit Genugtuung vernommen, daß da bei einer englischen Sonnenfinsternis irgendein Fixstern seine Stelle auf der photographischen Platte um genau so viel verschoben habe, wie nach Einsteins Vorhersage zu erwarten war. Der gebildete Zeitgenosse will nichts versäumen, und mit Kepler dieselbe Lebensstunde zu teilen, ohne von ihm zu wissen, dünkt ihn blamabel. Er nahm also begierig alle Darstellungen der neuen geheimen Wissenschaft auf, die es versuchten, das Unpopularisierbare zu popularisieren; doch was er da fand, mußte ihn ängstlich machen, und zwar um so mehr, je ehrlicher er war.

Denn der Mensch gewöhnlichen, unverbildeten und starken Schlages ist jeder Art von Erkenntnis gegenüber auf die Anschauung gestellt; nur was anschaubar ist, kann er sich zu eigen machen und nur so Gedanken nachdenken, deren ursprüngliches Gefüge nicht von mittleren Gaben zu bewältigen ist. Was ihm aber von dieser neuen Physik zugemutet wurde, das war auf keine Weise der Anschauung zugänglich. Die Wellen des Lichts und der Elektrizität, – warum nicht? Da man ja die Welle im Wasser sieht und sogar die von der Luft weitergetragene des Schalls in unzweideutigen Experimenten nachzuweisen ist. Aber was ist mit dem

»gekrümmten Raum« anzufangen, oder mit der Verkürzung eines sich bewegenden Körpers und ähnlichen Gespenstern?

Manchen tröstete die philosophische Einsicht, daß man es hier von vorherein nicht mit Wirklichkeiten zu tun habe, sondern mit Erfindungen, mit Hilfsmitteln, mit Notbauten, die nichts leisten sollten, als eine ungeheure Menge komplizierter und widerspruchsvoller Naturerscheinungen zu einer vorläufigen Einheit zusammenzubinden. Ist ja auch das Nichts durchaus der Anschauung entrückt und rein erdacht, und es bedurfte des Genies der Inder, dafür ein Zeichen, ein Symbol zu wagen; heute rechnet jedes Schulkind mit der Null, ohne zu ahnen, daß ihre Erfindung jünger ist als unser christliches Zeitalter. Mit derlei philosophischem Trost steht es indessen so, daß er nicht zu früh kommen darf. Die großen Forscher, wie alle großen Männer, sind leider dümmere Leute, als die ihnen zuschauen; sie meinen es immer wirklich und nicht symbolisch; sie schlagen und plagen sich bis zur Aufzehrung aller Kräfte mit der Natur herum, in der engen, heiligen, besessenen Wut und Hoffnung, den Proteus, den Loki mit Händen zu fassen.

Gerade dieses Bemühen um Unmittelbarkeit der Erkenntnis sollten wir zu respektieren lernen. Täten wir es nämlich, ließen wir uns nicht zur Gleichgültigkeit oder gar zur Überheblichkeit verleiten, wenn wir hören, wie lückenhaft, einseitig und paradox die Theorien, Auslegungen und Erklärungsversuche alle sind, so würden wir mit einem Schlage andere, halb verschollene Kapitel des geistigen Lebens gescheiter lesen. Wer hätte zum Beispiel nicht schon einmal gegen das Kapitel Scholastik eine gänzlich verwerfende, mitleidig höhnische Nachsicht affektiert! Nähert man sich aber, durch einen Zufall veranlaßt, diesem Gebiete wahrhaft leidenschaftlicher Philosophie, so ist man immer über ihre Energie, Schärfe und Verwegenheit des Grabens, meistens auch über ihre Modernität erstaunt. Nicht anders ergeht es einem, wenn man den ungeheuerlichen, von Gewittern, Tragödien und Tragikomödien überreichen Weg der Dogmengeschichte durch ein paar der ersten christlichen Jahrhunderte auch nur flüchtig nachwandelt. Denn abstruser, selbstbetrogener, selbstübersprungener als die von unserem Tag mit bereitwilliger Neugierde aufgenommene moderne Physik (oder Chemie oder Entwicklungsgeschichte oder Rassenforschung...) ist weder die Scholastik noch der Kampf der Kirchenväter und Häresien; nicht abstruser und nicht weniger ernst und nicht weniger berechtigt und erfolgreich in seiner fanatischen Arbeit. Und was den Gegenstand einer solchen Arbeit angeht, so ist er hier wie dort von demselben Rang im selben Grade unausweichlich und unerreichlich. Die Gottheit, die Seele, die Natur, – sie reizen in derselben Weise den Menschen zu notwendigen und vergeblichen Bemühungen auf, – und doch nicht vergeblich, eben weil sie notwendig sind.

Wenn wir diese Parallele gelten lassen, so kommt uns plötzlich eine eigentümliche Besorgnis. Könnte es nicht sein, daß Naturforschung, die wir philosophie- und kunstgewohnten Menschen doch nur als eine verhältnismäßig nebenrangige, sei es rein intellektuelle oder bloß praktische Leistung ansehen, daß gerade sie die eigentlich zentrale unsrer Zeit wäre, genau dasselbe heute, was die Scholastik und die Kristallisation der Dogmen für ihre Jahrhunderte waren? In anderm Zusammenhang und aus andern Voraussetzungen ist das ja auch behauptet worden, bald fade aufklärerisch, bald, wie von Spengler, mit kühnstem Entschluß zur Esoterik des Geistes. Und da schließlich der Gott der Menge auch nur eine sehr popularisierte Ausgabe des Gottes der Tiefsinnigen ist, so würde etwa eine un- und mißverstandene Relativitätslehre vollauf genügen, den allgemeinen Menschenwunsch zufrieden zu stellen, der seinen Zufall auf diesem Stern als Schicksal empfinden möchte.

Dem steht entgegen, daß Gott und Seele nicht abgeklungen sind; dem entspricht – die Ratlosigkeit vor ihnen als vor den großen Aufgaben. Wer weiß, ob jemals mit so viel Eifer, Haß und Wendigkeit über Gott und Seele geweissagt wurde wie heute! Die Gedanken sind schnell, und das Leben ist langsam; so verfehlen sie einander ständig. Hört man in alle diese neuen Religionen, Erlösungen, Musiken und Metaphysiken hinein, so verrät sich's, wie sehr sie wissen, daß sie für kurze Zeit da sind, daß sie nur interessant sind, daß sie keine Patentverletzung dulden und daß sie sich zufrieden geben, wenn man sie morgen vergißt. Sogar wenn einen der Eifrigen doch der Verdacht oder gar die Gewißheit überfällt, daß alles, was sich bei uns als Weltanschauung und Heilsbringung hinstellt, nur eine Leistung, nur Literatur ist, so wird auch aus diesem Gedanken sogleich eine Leistung und nur Literatur. In welchem rasenden Tempo heut oben liegt, was gestern unten lag, das ist wirklich nur mit dem Anblick zweier Feinde zu vergleichen, die sich, umeinandergeklammert, einen Abhang hinunterwälzen; und manchem Zuschauer wird es mehr als einmal geschehen sein, daß er vor dem Wirbel kurzatmiger Offenbarungen in sich dachte: nun ist's genug, ich gehe zum Voltaire.

Wieder also erleben wir eine Epoche, in welcher den besten und nobelsten Platz der Skeptiker hat. Und dennoch brauchten wir nicht so gründlich zu resignieren, und vom Skeptizismus täte uns nur die eine, seine beste Tugend not: warten zu können.

[1926, aus dem Nachlaß]

3 Agrarisches

Die Heimat

Eine Art Brief

An Rudolf Rittner

Man sollte seiner Heimat nicht allzu treu sein, sie ist auch uns nicht treu. Und nicht jede Veränderung wird beim Wiedersehen so bereitwillig aufgenommen wie im vorigen Jahre, als die wenig befahrenen Landwege vom kniehohen, blauen Natterkopf binsendicht starrten oder am Rande der Kiefernwälder Thymian sich duftwölkend in großen, üppigen Kissen breitete. Der Wechsel der Frucht ändert den Charakter eines Jahres weniger als der des Unkrauts, und also gibt es blaue Jahre und rote und gelbe Jahre. In diesem Jahr hatten Tockenheit und Sonnenglut die Flechten, die unsre Ödländer durchziehen, vom Graubraunen ins Schwarze gebrannt und in die Landschaft einen dunkleren, vertiefteren Grundton gewirkt, durch den Staubschleier hindurch, der den Himmel in einem siechen, schmerzlichen Blau zitternd stehen ließ und, wie die Atmosphäre eines trockenen Meeres, alles durchdrang, bis hinein in die Tinte des in der Tasche bewahrten Füllfederhalters. Diese Wechsel von Jahr zu Jahr, wert, bis ins kleinste aufgezeichnet zu werden, diese immer erneuernden, gerade beim dürftigen Maße so ergreifenden Schicksale unsrer Mutter Erde sind es natürlich nicht, die das Herz als Untreue empfindet. Wohl aber bleibt man gekränkt stehen, wenn man, aus einem Forst tretend, statt, wie gewohnt, die Ebene vom dürr gewordenen Grase wehend, ungebrochen vor sich zu haben, einen Ziegeleischornstein sieht, als Linie sinnlos und unerträglich in seiner Einzelheit, und um ihn die erste Tiefe aufgerissen, Bahnen für Loren, Drahtseil, Trockenschuppen, alles neu und unbevölkert mißmutig. Möge der Besitzer sein Geld verdienen; einen meiner gewohntesten und liebsten

Spaziergänge aus vergangenen Tagen hat er mir zerstört. An einer andern Stelle, wo ich, die Bahn verlassend, mit dem ersten Schritt auf die Chaussee wie erlöst Äcker in unendlicher Sanftheit zu einem Hügel gerundet sah, ist mir ein Schloß und Park vorgebaut worden, ein neuer Park, hauptsächlich, mit Christian Morgenstern zu sprechen, aus Zwischenraum bestehend, doch ein Park mit künstlichen Alpenlandschaften, mit Teichen in Fischform, ein Schloß, als hätte ein Baumeister von 79 seine Befähigung erweisen wollen, zu bauen wie 1911. Sein Besitzer wird die höchsten Manövergäste der Saison unter seinem säulengetragenen Dach empfangen, er hat ein Stück Leben dieses Lebens vernichtet. Das schlimmste freilich ist, daß die Dorfstraße gepflastert wurde. Früher ging ich in dem weichen Straßensand wie in einer Mulde, jetzt bin ich um einen Meter erhöht und sehe den Dächern aufs Dach. Das Dorf tut sich nicht mehr so verträumt zufällig aus der sandigen Landschaft auf, verliert sich nicht mehr in sie, wie früher, als ob es ein etwas tieferer Atem mit langsamem Ausatmen wäre, den die von sich selbst ermüdete Heide sammelt und entläßt. Sondern es trotzt, es renommiert; es tut so, als ob es eine bewußte Existenz hätte.

Und das alles beunruhigt mich um so mehr, als ich mir bei diesem ersten längeren Aufenthalt zu Hause sagen muß, daß ich hier fremder geworden sei, als ich ahnte. Wohl ist mein Blick schärfer geworden; aber in der Tat sind die Menschen nicht mehr dieselben, die sie waren. Ich rede mir das nicht ein, ich höre es aus dem Munde der wenigen, zu denen sich das alte Verhältnis erhalten hat. Sie klagen darüber, daß es keine Nachbarschaft mehr gebe, jeder sei nur für sich, jeder sei des andern Teufel. Aus der früheren Generation weiß ich Züge wie den folgenden: Ein Mann kommt unter einem Vorwand zu uns, er steht herum, länger als sein Geschäft nötig machte, und endlich bittet er, meinen schwerkranken, schlummernden Vater, den er nicht sprechen kann, doch sehen zu dürfen. In der Tür des Krankenzimmers bleibt er eine Weile schweigend stehen, sieht in das Gesicht des ihm von Jugend auf bekannten Mannes und verabschiedet sich; am nächsten Tage erfährt man, daß er aus-

gewandert ist, nach Queensland. Ein andermal brachte ein Bauer eine Traube und eine Birne und legte sie dem Schlafenden auf die Decke. Es ist unmöglich, sich Ähnliches heute vorzustellen. Die Veränderung geht bis ins Mark; und was sie hervorgebracht hat und wodurch sie entstanden ist, das könnte man ja ausrechnen, aber was nutzt das? Die Nähe Berlins, die Sozialdemokratie, der Bund der Landwirte, alles das, was man den Geist der Zeit nennt, es ist auch das nur der Leute eigener Geist, in dem die Zeiten sich bespiegeln. Ich brauchte nur das Gerücht zu verbreiten, daß ich in der Lotterie gewonnen oder daß meine Frau geerbt hat, und ich würde sogleich eine andre Gesinnung gegen mich spüren. Dieses, daß ich Bücher lese und mir daraufhin mit Hilfe eines königlich preußischen Professors meine Zimmer tünchen lasse, das ist ihnen suspekt. Der Bauer weiß es nun einmal, daß er das Notwendigste auf dieser Erde produziert, und das gibt ihm seinen Stolz; zugleich aber auch seine Aufsässigkeit, die je nachdem voll Hohn, voll Spott oder voll Mißtrauen ist gegen jeden Nichtstuer.
Dabei vermag ich mich doch nicht so frei zu halten, daß ich das Leben der Bauern, seine Härte und Preisgegebenheit, nicht bewunderte. Sehe ich gar Menschen im Zustande der tiefsten Armut, des Schmutzes und der Tierheit, so komme ich leicht dazu, diesen Zustand als den wahrsten der Menschheit anzusehen und die Vergeblichkeit, ja Sündhaftigkeit alles Glanzes, aller Schönheit und alles Geistes zu glauben. Es ist mir, als ob diese Yahoos, diese ungewaschenen Kinder, deren Sprache, nur weil wir sie verstehen, über die der Tiere gehoben scheint, es ist mir, als ob sie bewiesen, daß der Mensch keine Seele habe. Und was dann an eine Seele glaubte und sich auf diesem Glauben baute und auferbaute, rechtfertigte und verklärte, das wäre Unsinn, und es gälte nur die reine, elementische Kraft. Ist es Schwäche, was sich gegen diese Philosophie empört, ist es Großmut, oder ist es die einfache Tatsache, daß ich mein Leben nicht im rechtwinklig bestimmten Zimmer zubringe, sondern im Freien, Namenlosen, in der Luft des Himmels? Niemals bin ich hier einem Gedanken oder Tonfall unterlegen, der mir Gewißheit aufdrängen wollte.

Und allmählich beschwichtigte sich die Unruhe, und aus der bürgerlichen Fremdheit wurde jene andere, trächtige, aus der sich die Wallungen eines tiefen Erstaunens ins Herz ergießen. Sonderbar genug verdankte ich das nicht den alten, unberührten Wegen, nicht den Seen, den Äckern, nicht dem Wiesenstreifen, den der kleine Fluß durch den Sand zieht, mit dem Blick auf den ferne basaltsteilen Kiefernwald; ich stand an der Ziegelei, sah den Abraum über der Tonschicht zum Berge aufgeschüttet, wie den Wundrand neben der Wunde, und es war mir plötzlich, als hätte ich das in meiner frühesten Kindheit genau so gesehen. Am Ende könnte wohl nur der Kaiser von China verlangen, daß zugunsten seines poetischen Gelüstes etwas stillestünde irgendwo auf dieser Erde. Wenn statt des einen Riesenschlotes dreie stehen werden, wird es schön sein, sie von weitem über das Dorf ragen zu sehen. Der eine ist ein Strich, die dreie, wie ich aus Kunstaufsätzen lernen kann, werden die Vertikale zu unsrer horizontalen Landschaft sein. Gesegnet sei die Häßlichkeit! Wer heute sieben Jahr alt ist, und neben dem Bahndamm, der der großen Stadt zustrebt, mitten in Gärten und Laubenkolonieen, die Riesentafeln täglich vor Gesicht hat: kauft nur in Spezialgeschäften, oder Kavalierzigaretten für zwei Pfennig, oder fünfunddreißig Kilometer bis Berlin, der wird mit vierzig nicht begreifen, daß die Dinger häßlich sein sollten. Sowenig wie ich zum Beispiel je begreifen werde, daß ein Windmotor häßlich ist. Sehe ich einen seine bunten, schmalen, schrägen Scheiben langsam drehen, so sind es die fünf unverschütteten ersten Kinderjahre, die nach dem Zauber ausschauen; es wird mir abenteuerlicher zu Sinn, als bei einem Märchen; es zuckt mir ein schwacher, süßer Schwindel in den Ohren, das ganze Rund, das die Augen fassen, scheint wiedererkennensselig in mich zu stürzen, und da erwache ich, und alles ist vorbei. Es ist nichts geschehen; ich habe mich nur erinnert; ich bin zu meinem Traum erwacht; der begrabene, scheintote kleine Adam hat sich gemeldet; und diese Sorte Erinnerung ist das Wahr- und Trostzeichen, daß wir leben. Sie ist ein später Puls der Pubertät, unserer zweiten Geburt, der Geburt des Geistes; ein Lot davon mehr wert, als ein Zentner der gemeinen Erinnerung.

Ich fing an zu Hause zu sein; und bin es vielleicht dem anfänglichen Unbehagen schuldig, daß ich meine kleine Welt nicht, wie sonst, wie den Wind an meiner Haut fühlte, sondern daß ich sie *sah* und ihre Energieen kostete. Niemals bisher hatte ein Mückenschwarm so zänkisch im Lichte gestanden. Niemals hatten die Wolken der Staare sich in so muskulösen Windungen in die Baumkronen geworfen, niemals so tobsüchtig gelärmt, niemals, wenn ein Steinwurf sie vertrieb, eine so tiefe Stille hinterlassen, tief wie die Dunkelheit hinter dem Prasseln der Raketen. Ich hörte zum erstenmal den zarten Silberpfiff der Fledermäuse. Ich sah, daß der Tag sich keineswegs unmerklich in die Nacht verliert. Ich erlebte, daß der Sommer sich nicht unmerklich in den Herbst verwandelt. Es war da ein wütender Kampf von einem Abend zum Morgen, in welchem der Herbst, der Winter geboren wurde. Es sind nicht bloß Worte des Ungefähr: Tag und Nacht, Frühling und Winter; es sind Worte der Wahrheit, Bezeichnungen für Wirkliches. Herbst ist ein Geist. Ich glaube an eine übersinnliche Welt, aber sie ist nicht göttlicher, als die sinnliche ist. Und, wenn ich nicht an eine Welt glauben wollte, die weiter reichte als unser Verstand, weiß denn der Verstand, wie weit er reicht? Dieses ist so klar wie Musik.
Und so wirklich wie Musik ist das alles hier, mythisch wirklich. Ich sage nicht, daß es hier draußen schöner ist als in der Stadt. Ein Blick von der Marschallbrücke den Schiffbauerdamm hinauf, eine Brandmauer in der Nacht, ein Stück violettentzündeten Himmels mit unvermuteten, hastigen Wolkenflottillen, von den emporschweigenden Häuserfronten ausgeschnitten, die Gaslaternenreihen in einer Straße des Ostens, und, das zauberhafteste vor allem, das Weichbild der Stadt, wo sie so grundlos zage aufhört, grundlos verwegen anfängt, dieses alles, weit mehr als die nachgemachte Natur in Busch und Park, ist an drohender Schönheit unvergleichlich. Nur – hier draußen ist es sanft und ist pflanzenhaft. Es hat einen andern Sinn als Menschensinn, es spricht mit einer andern Stimme als mit Menschenstimme. Ich sehe den Tag mit seinem Drang, die Nacht mit ihren Sternen von Angesicht zu Angesicht. Hier nur fror ich,

wenn es kalt war, und glühte in der Sommerzeit. Und hier empfing ich niemals eine besondere Lehre, sondern die Gewißheit, daß alle Lehren nur Andeutungen und Annäherungen, Gleichnisse der Wahrheit sind, die geheimnisvoll unter dem Schleier der menschlichen Worte zuweilen errötet, zuweilen erblaßt und sicherlich oft lächelt. Die Lehre der Worte ist ein Maß, an der sich meine Lehre, mein Wort, mein Ziel, mein Wunsch, meine Kraft mißt; und messen heißt immer: zu kurz finden. Die Wahrheit aber ist außer dem Maße, und alle Maße ertrinken in ihr. Sie macht die Resignation zu einer Kraft und die Kraft zu einem Traum. Ich hasse das Ferienverhältnis zur Natur. Es ist nicht Land und Landschaft, die mich hier beschenken. Ich muß erst durch sie hindurch, daß mich die Heimat aufnimmt. Heimat, was ist sie? Eine Mutter lebt, und sie trägt alle Sorgen. Jungsein, was war es? In jener Blüte der Jugend, das erstemal und das zweitemal geboren, glaubt man sich gefeit gegen den Tod, gegen den Sieg des Unrechts; man glaubt sich den heimlichen Richter der Welt, der kommen wird, Gerechte und Ungerechte zu richten; man glaubt sich in tiefer Sicherheit, das Weib zu finden, das einem zugelost ist. Sonne, Erde und Licht, das Tier im Walde, der Baum am Wege, alles ist für mich, durch mich, wie auch ich für den Baum, ja durch den Baum und durch das Tier bin. Nicht mit süßerem Mund, als dem der Heimat, sprach je das Leben zu mir – denn alles, was vernehmlich je zu mir sprach, wäre es auch die heilig öde Unermeßlichkeit der Liebe und der Nacht gewesen, es sprach ihre Sprache: wortlos, Gebärde der schmerzlichen Trunkenheit, gut Gewissen, Rechtfertigung. Hier wurde ich den zweigesichtigen Gott gewahr: Gott-Welt dessen kein Ende und Ziel ist, in dem ich getragen werde, gegen Wissen und Willen, schwindelnd über den Abgründen, und Gott-Vater, an dessen Hand ich in Ziel und Zufriedenheit ruhe, gegründeten Standes und heiter.

[1911]

Dörfliches

Unter den Typen der märkischen Wanderung bei Fontane gibt es auch die stundenlange Wagenfahrt durch den Wald; lichträumiger Kiefernwald, mit Unterholz von Wacholder und Farn, da er königlicher Forst ist und nicht ausgescharrt wird; unversehens hört er in das sandige Feld auf, und ein Dorf liegt vor den Füßen der Pferde, nüchtern, klar von unendlicher Stille, so wirklich wie der Traum des Halbschlafs, ein Anblick, dessen erstes und tiefstes Gefühl Frieden ist. Zufällig kannte ich dieses Dorf; ich wußte von seinen Wilddiebereien, Brandstiftungen, Steuerhinterziehungen und Prozessen; allerlei Unterirdisches hatte sich mir im Laufe der Zeit verraten: Unrat in schweigsamen Ehen mit Selbstmord des einen Teils als schließlicher Kur; Tötung keimenden Lebens, eine Weile hindurch gewerbsmäßig von einer weisen Frau getrieben, die wöchentlich wie ein Nachtvogel ankam und betörte Weiber hexenmäßig versah; Behandlung von Ausgedingern, die an Mord streifte; Betrug und Meineid; und dazu, neben dem Verbrecherischen, die Härte, Tücke und Unversöhnlichkeit mannigfacher Art im rechtmäßigen Streit der Interessen. Wo ist der Friede? Es ist nirgends viel davon hinter der Schwelle menschlicher Behausung, und im Dorfe eher weniger als woanders.

Dennoch, wie sehr man es auch anders weiß, ist Friede unwiderstehlich der Eindruck, den das Dorf auf jeden sich Nähernden macht. Beschwichtigung liegt auf den Feldern und scheint sich über den Dächern in Zuversicht und Vertrauen zu sammeln. Es verschlägt nichts, daß diese Dächer später von einem hinkenden Teufel abgedeckt werden; das Dorf, eine Stätte auf seine Weise wie jede andre, für Neid,

Haß und Trug, für groben Sinn und Verstand, für Un- und Aberglauben, es ist und bleibt auch – die zarte Glockenwolke von Mohn über dem schmalen Beet, reiner und lieblicher als die schönste Qualle des Meeres, und Rittersporn, Phlox und Stockrose im Garten, Myrte am Fenster und Oleander auf dem Hof, das heidnische Pferd auf der Scheune gegen den Wind springend und der nicht minder heidnische Hahn auf dem Kirchturm gegen den Wind krähend, Abendschall und Mittagszeichen aus dem Turm, und jeder Tages- und jeder Jahreszeit unverstellter, ungekränkter Dämon.

Wer dieses Idyll verwerfen wollte, dürfte sich eines unbestocheneren Blickes in das Leben ganz und gar nicht rühmen. Denn er wäre – wie ein umgekehrter Gemeinplatz auch nur ein Gemeinplatz ist – selber ein umgekehrter Sentimentaler, indem er den Irrtum beginge, aus dem Idyll Folgerungen und Forderungen auch der moralischen Idyllität herzuleiten. Die Menschen sind nirgends dazu da, einem für gewöhnlich immer noch mehr selbstgefälligen, als gottgefälligen Anspruch etwas Erfreuliches vorzuleben; sie werden durch die Filter getrieben; wer zusieht, muß die Ungeduld abtun. Und eine bloße Augenweide ist das Idyll am Ende doch nicht; sondern es prägt, wie jede Daseinsform, die ihm anheimgegebenen Menschen mit unverwechselbaren Zügen aus, durch allen Widerstand, sei es der Stumpfheit, sei es der Leidenschaft hindurch. Das Leben im Dorf ist wirklich von dem in der Stadt nicht nur in den hundert einzelnen, augenscheinlichen Dingen, sondern im Grundzug verschieden. Die Stadt, selbst wenn sie vom Arbeitsfieber innerlich durchschüttelt ist, verbirgt nach außen hin ihre Arbeit, und zwar so gut, daß es Tausende gibt, die sie nie zu sehen bekommen, ja daß man sie, wie ein fremdes Land, studienhalber suchen muß. Was sie nach außen kehrt, ist vielmehr Verbrauch von Arbeit, Pause zwischen der Arbeit, Muße, Erholung und Vergnügen. Außer den mächtigen Pulsen morgens, mittags und abends scheint der Zufall das Leben durch die Straßen zu jagen; und um es zu ordnen, bedarf es statistischer Zählungen, in denen das Individuelle nichts wiegt. Anders auf dem Lande. Dort ist gerade die

Arbeit offenbar; Arbeit ist das zuerst und unmittelbar spürbare Leben; sie ist das Dorf selbst und nicht bloß eine seiner Bekundungen; die Muße heißt Schlaf, und soweit sie erwacht, ist sie der Zufall im Tages- und Wochenverlauf. Jede Arbeit aber hat ihren von der Ökonomie der Kräfte aufgezwungenen Rhythmus; er ist langsamer, als derjenige vermutet, welcher vergißt, daß dieser Rhythmus Jahr für Jahr aushalten muß, und er ist stetiger, als ein leidenschaftlich, doch anfallsweise Arbeitender ertragen möchte. Das gilt für die städtische Werkstatt so gut wie für die dörfliche Tenne; indem jedoch der Dorfbewohner in höherem Grade mit seiner Arbeit identisch ist und außerhalb ihrer nichts sucht und findet, was ihn sie vergessen oder nur notgedrungen ertragen ließe, nimmt er ihren Rhythmus, den langsamen und stetigen, herzschlagunendlichen, tief in sein Wesen auf. Insofern Moral ein Katechismus ist, wird sie davon nicht berührt; wohl aber, insofern auch sie ein Rhythmus ist.
Dieses ist es, was dem Landmann seinen Charakter gibt, und in gesteigerten Fällen unverkennbaren Adel und Poesie. Es ist gewiß bedenklich, über einen ganzen Stand zu psychologisieren; der lateinische Bauer in Holstein, der pommersche, dem es zuwächst, und der märkische, der sich abrackern muß, sind sehr verschiedene Typen; aber doch nicht mehr als etwa der Leiter einer großstädtischen Klinik und ein Landarzt. Etwas Gemeinsames bleibt in ihnen unangetastet durch üppigeres oder kargeres Gedeihen. Die Natur selbst, mit ihrem mythischen Ablauf der Jahreszeiten, nicht die Willkür der Menschen, gibt ihnen das Gesetz. Stillehalten und Sichwehren, dieser Wechsel, aus dem sich jedes Lebensschicksal aufwärts klammert, beides wird ihnen aus der ersten, göttlichsten Hand zugewiesen. Und wie das Jahr, so fordert sie der Tag heraus. Sie sind Frühaufsteher, und es ist eine Erfahrung, daß der Mensch, je häufiger er den Morgen erlebt, um so zuversichtlicher, wahrer und nüchterner wird – heilig nüchtern, wie Hölderlin das Wasser nennt. (Wir sollten allen Spätaufstehern in gewissem Sinne mißtrauen, sie haben immer etwas nachzuholen und werden darum gewaltsam. Es gehört zu den die Monarchie erhaltenden Eigenschaften, daß die Fürsten Frühaufsteher sind. Das Sprichwort weiß,

warum es »früh aufstehn« geradezu für »klug sein« gelten läßt. Und hierzu kommt noch, als Ursache und Wirkung, daß Frühaufstehn das beste Mittel zu einer guten Verdauung ist.)

Indem der Landmann mit seiner Arbeit, seine Arbeit mit seinem Tage eins ist – und zwar sowohl in der physischen als in der seelischen Welt – bleibt ihm nicht Zeit noch Trieb, sich mit Dingen zu befassen, die über seine Person hinausführen. Den Nachbarn und Freund rechnet er dazu nicht, und bringt Hilfe im Haus und Hof und besonders im Stall. Aber seine Welt ist doch sein eigener Hof; eine stolze Gesinnung, ohne Zweifel, aus der indessen mit den Tugenden auch die Fehler seines Charakters treiben. »Unser Anteil an öffentlichen Angelegenheiten ist meist nur Philisterei«, sagt Goethe, und der Bauer ist in diesem, wie übrigens auch in anderm Sinne kein Philister; aber zugleich ist er von einer natürlichen und fast unpersönlichen Selbstsucht, wie kaum ein andrer Stand.

Er hat den sozialsten Beruf von allen, – und ist dabei der unsozialste Mensch von allen. Politisch ergibt sich hieraus die Schwierigkeit, mit ihm zu verfahren, sowohl als mit einem Objekt, wie mit einem Subjekt der Politik. In Dorfhäusern konnte man früher, als alter Hausrat noch in Ehren stand, ein Bild finden, wo eine Treppe hinauf und hinunter die Stände repräsentierten, vom Bettler bis zum Kaiser, jeder mit einem Spruch; unter dem ganzen übrigen Tableau aber der Bauer mit dem seinen: Ich ernähr' euch alle. Das wußte er immer, und weiß es, seitdem er politisch mit Erfolg gesammelt wurde, mit einem Bewußtsein, das seinem Stolz und Hochmut ein paar Enden aufgesetzt hat; nun gar erst seit dem Krieg.

Es ist recht, daß er stolz darauf ist, daß Notwendigste hervorzubringen; und wir müssen es hinnehmen, daß mit diesem Stolz und diesem Rang eine je nachdem mit Spott oder Hohn geladene Aufsässigkeit gegen alle verbunden ist, die ihm als »Nichtstuer« erscheinen. Aber es steckt doch nicht nur etwas Kulturfeindliches darin, sondern etwas Unmenschliches, weil Unmenschheitliches. Der Handwerker weiß, daß er seine größte und wahrste Lust – nämlich Kunst und Meisterschaft – durch Arbeit für die »Nichtstuer« gewinnt, und also respektiert er sie; der Bauer aber glaubt sich in seiner Kunst durch die »Nichtstuer« in keiner Weise gefördert – was im ganzen richtig ist, wenn es auch im besonderen, insofern Chemiker und Maschinenbauer und Gelehrte für ihn denken, irrtümlich ist – und so hat er außer gelegentlichem Erstaunen kein Verhältnis zu diesen andern Menschen; er läßt ihre Arbeit nicht als gleichgepflichtet gelten, sondern erträgt sie mit unbewußter und bewußter Geringschätzung als einen Vorzug des Zufalls und als Usurpation oder Betrug.

Im Reichstag gab es wieder einmal eine scharfe Auseinandersetzung über die Leistung der Landwirtschaft im Krieg; ein zweckloser Streit, denn Lobredner und Tadler sprachen gar nicht von demselben Ding. Jene sagten immer: die Landwirtschaft; diese immer: die Landwirte. Wer den Bauern kennt, der weiß, daß er auch im Kriege seinen Vorteil zäh und schlau verfolgt hat. Der mangelnde Trieb, über seinen Hof hinaus zu denken, läßt ihn gemeinschädliche Taten der Selbstsucht sogar ohne andern als eingebildeten Vorteil begehen, er macht unwahre, zu niedrige Angaben über seine Vorräte. Es ist ihm im Grunde unleidlich, daß man ihm in den Topf und in den Keller guckt und sich in seine Angelegenheiten mischt, und so verfüttert er Korn gegen das Gebot. Man braucht nicht zu fürchten, daß er den Preis für die gelieferten Pferde und Wagen niedrig angesetzt habe. Und doch, selbst wo er plus macht, ist Habgier nicht seine einzige Triebfeder; das feste Grundgefühl spricht mit, daß ihm die Zeit nichts anhaben dürfe. Er, der durch und durch geübt ist, natürliches Schicksal hinzunehmen, warum soll er es nicht nehmen, denkt er, wenn es ihm gut fällt? Seine Söhne sind die schönsten und gesundesten Soldaten vor allen, ausdauernd, tapfer und menschlich; sein Blutopfer greift tiefer und zerstörender in die Familie ein als woanders, weil diese Familie eine Wirtschaftsgemeinschaft ist, eine staatliche Zelle, und als solche verletzlicher als der auf dem Gefühl beruhende Bund bürgerlicher Individuen oder das proletarische Agglomerat.

Sieht man ohne Vorurteil hin, so ergibt sich, daß der Landbauer als Stand sich im Krieg, wie im Frieden, als das Rückgrat des Volkes bewährt; daß er, als einzelner Mann, seine Kriegsschuld mit Leben und Tod bezahlt; und daß er, als einzelner Mann seines Berufes, plus macht, wo er kann; dieses ist ein Fazit, das, ohne Parteiabsicht gewonnen, auch keine Parteiabsicht berühren wird. Und außerdem wird man fragen, ob jetzt die Zeit für müßige Betrachtungen sei. Sie sind aber nicht müßig. Jeder politische Theoretiker – und Praktiker – stellt ja die Regungen des Gefühls der Menschen in seine Rechnung; folglich ist es nicht unpolitisch, auf diese selbst bildend und umbildend zu wirken; folglich auch nicht, sie zu betrachten, um sie zu erkennen.

Man hat das Dorf kulturell sich selbst überlassen und geglaubt, es sei bei der Religion gut aufgehoben. Inzwischen ist es beweglich geworden: das Zweirad, von allen Erfindungen der neueren Zeit sozial die wichtigste, macht Söhne und Töchter, Knechte und Mägde immer kecker und neugieriger; von selbst wird die Landflucht auch durch den Krieg nicht aufhören. Wer da glaubt, mit hohen Getreidepreisen allein sei es getan, der wäre ein zynischer Seelenmörder; das Dorf zu gestalten ist die Aufgabe, und dazu bedarf es der Seelenkunst.

Eine Aufgabe, die schon darum nicht von heut bis morgen zu lösen ist, weil sie den einen gleichgültig ist und den andern überflüssig erscheint. Und darf man überhaupt Poetisches mit Politischem verquicken? Ich glaube, einzig durch diese Verquickung kommt Wirkliches zustande. »Leichter trägt, was er trägt, wer Geduld zur Bürde legt«, heißt es im Kinderreim; aber zehnfach leichter, hundertfach leichter, wer Schönheit zur Bürde legt. Schönheit ins Dorf – ich denke nicht an geistige Gerichte, die ihm vorzusetzen wären, Wandertheater, Konzerte und Vorträge, um es einzuwiegen, zu betrügen und zu bevormunden; ich denke nicht einmal an stilreine Häuser und Möbel. Ein wenig Schönheit, das heißt zuvörderst ein gesteigertes Bewußtsein in die Weite; daraus kann das andre dann keimen und wachsen.

Um aber so allgemeine und, wie manchen dünken wird, ergebnislose Betrachtungen mit einem erzprosaischen und praktischen Vorschlag zu schließen und möglicherweise zu rechtfertigen, sei darauf hingewiesen, daß die Schule, die es am wenigsten sollte, den Unterschied zwischen Stadt und Dorf, und damit das Besondere des Dorfs, gleichfalls verkennt und mißachtet; höchstens, daß sie durch Nachlaß von ihren Forderungen eine falsche Rücksicht darauf nimmt. Sie kann es nicht anders, aus Gründen ihrer Gesamtverfassung. Und diese ist es, die geändert werden sollte; es sollten eigene Seminarien für Landschullehrer geschaffen und diese Landschullehrer sehr hoch bezahlt werden. Wenn die Liberalen das Geld für beide Zwecke bewilligen, so werden sie ganz auf ihre Weise agrarisch sein.

[1915]

Goethe und der Betriebsrat

Goethe als Politiker – eine Verbindung, der man seit einiger Zeit ziemlich oft begegnet. Eben erst hat Hermann Bahr Goethe sogar den »stärksten politischen Kopf« genannt, »der zwischen Friedrich dem Großen und Bismarck unter Deutschen erschien« – wer sich etwas denken kann dabei, bekommt einen Taler preußisch Courant. Der eine Politiker als absoluter Herrscher, einer als konstitutioneller Minister und einer als privater Betrachter: das sind drei Erscheinungen, die man kaum ergiebiger miteinander vergleichen kann, als vergliche man blau, sauer und würfelförmig. Denn nur der Betrachter Goethe kann doch wohl gemeint sein, nicht der Praktiker; als für Weimar, Napoleon gegenüber, Not am Mann war, hat der Kanzler v. Müller die politische Arbeit geleistet.

Doch auch Bahrs Bemerkung können wir immerhin als brauchbar gelten lassen, nämlich als Äußerung des allgemeinen, höchst eigentümlichen, ohne Wanken sichern und doch nicht eindeutig zu begründenden Gefühls, daß wir in Goethe, über den unerschöpflichen Dichter hinaus, einen Lehrer, Lenker und Gesetzgeber haben – wir wissen nur nicht recht, worin, wohin. Der Herrscher über Form und Stil konnte er nicht werden, weil bei ihm selbst, vom Götz bis zur Helena, der Formen und Stile zu gegensätzige sind. Man kann auch nicht sagen, daß er, wie Dante, die Kultur seiner Zeit und seiner Nation zusammengefaßt und dadurch ein Fundament für Jahrhunderte gelegt habe; von dem, was er zusammengefaßt hat, gehört zuviel seiner einmaligen, individuellen Bildung an. Selbst in der Sprache hat ihm die Geschichte nicht Aufgaben gestellt wie Dante, Chaucer

oder Luther; denn Lessing, Winckelmann, Wieland, Herder hatten das Instrument vollkommen ausgebildet. Vollends unmöglich ist es, aus seinem überströmenden Gedankenmaterial Theorien und Dogmen herauszukristallisieren, ohne nach der einen oder andern Seite hin zu fälschen.
Und dennoch dieses untrügliche Gefühl, daß er der heimliche Kaiser ist, dessen Reich in die Jahrhunderte zu wachsen angefangen hat und von dieser Welt sein wird! Ironie liegt heute für uns über der berühmten Zusammenkunft in Erfurt, bei der sich Napoleon wie ein Flegel benahm, weil er auch nicht von weitem ahnte, wer da vor ihm stand; wer? sein und alles Seinigen Nachfolger.
Wenn wir in Goethe – nicht nur ein Vorbild, sondern den Führer zu erkennen suchen, so hilft uns dazu vielleicht die Erfassung eines Augenblicks, in welchem seine stete Führerschaft über sich selbst, zur Lebensentscheidung gezwungen, ihre bedeutendste Erprobung durchmacht; das ist seine Kapitulation in Weimar. In Weimar bleiben oder nicht: die Entscheidung hierüber wurde auch eine über seine posthume Mission. Was Weimar ihn gekostet hat, das liegt auf der Hand; was es ihm eingebracht hat, ist gleichfalls allen wohl vertraut, nur daß es von den einen hoch, von den andern niedrig eingeschätzt wird und also je nachdem als Ausgleich für den wahrscheinlichen Verlust gelten gelassen oder bestritten wird.
Daß er einen kleinen Herzog, einen kleinen Hof und ein kleines Land in musterhafter Weise betreut hat – in einziger Weise, auch wenn man nicht auf Konseilsitzungen und Rekrutenaushebungen schöne Dichtwerke, die an ihrer Stelle hätten werden können, aufrechnet –, ist, Tag für Tag, erwiesen. Ob er aber ohne die örtliche und höfische Einwurzelung revolutionär geblieben wäre und revoltierender auf das gesamte Deutschland gewirkt hätte, könnte zweifelhaft sein, selbst wenn man aus seinem Entschlusse, in Weimar zu bleiben, alles Zufällige wegließe und darin einen Ausdruck seiner innersten Tendenzen erblickte; – denn Tendenzen können sich entweder unmittelbar oder mittelbar manifestieren, und, ob so oder so, darüber entscheidet kein Mensch allein.

Aber in der Tat hat Weimar Goethen etwas gegeben, was einem Deutschen bürgerlicher Herkunft auf keine andre Weise so vollkommen hätte gegeben werden können. Es hat ihm erlaubt, als sozialer Mensch tätig und produktiv zu sein und sich nicht passiv oder kritisch aufreiben zu müssen. Er war in der Lage, auch seine Umwelt zur Produktivität zu zwingen und, was zu dienen fähig war, sich dienstbar zu machen. Bis ins Gespräch hinein, da er die Themen zu bestimmen seine offizielle Autorität zur persönlichen hinzu besaß, konnte er das Negative, das ihm verhaßt und unfruchtbar war, abwehren und jede seiner Stunden zur Fülle bringen. Da der unbedingt produktive Zug der wesentliche seiner Natur ist, so büßt er in Weimar nichts ein, sondern er als einziger erleidet keinen der Verluste, die jedem andern, sogar dem Tapfersten, schmerzvollen Abbruch zufügen mußten. Und wenn auch dieser andre, etwa Schiller, etwa Herder, keine Verwundung erfährt, die nicht schließlich in eine Kraft umgesetzt wurde, so war es für Goethe, als einen ungeheuer inhaltsreichen und sehr guten Menschen, doch der wahre Segen, daß er eine Tugend nicht aus der Not zu machen brauchte, sondern aus der Realität, die dessen auch bedarf. Nicht ein Philister in Goethe blieb in Weimar, sondern der ganz aufs Positive, ganz aufs Produktive gerichtete Mann.

Und diese unmittelbare Produktivität ist es, die unsre Verehrung und den Versuch zur Nacheiferung mit einer Ratlosigkeit, ja einer bis zur Aufsässigkeit gehenden Ohnmacht durchzieht; wir wissen zu gut, daß sie unerreichbar geworden ist. Hundert Jahre gewaltiger Wirtschaftsverschiebung, das Anwachsen der Bevölkerung und, aus beiden Elementen, die Verknüpfung jedes Menschen in ein Netz, gegen dessen Kompliziertheit es kein Sträuben gibt, haben alle Bedingungen des Wirkens verändert. Goethe durfte tun, was er aus seiner Natur heraus mußte: jede Bedingung annehmen, um aus ihr das Gute zu machen; das heißt unter anderm: alle Politik von unten her verwerfen. Eben dieses können wir nicht mehr.

So trennt, scheint es, ein Abgrund Goethes Lebensform von der unsrigen, und wo wäre dann ihr Zukunfthaltiges, von dem wir immer wieder träumen und sagen? Aber die besten Willensregungen unsrer Zeit haben mit dem Lebenssinn Goethes ein Grundgesetz gemeinsam: daß niemand die ihm zugewiesene oder zugeloste Aufgabe nur erleide. Wer sie nur erleidet, ist ein Sklave; erst wer sie tut, ein Mensch. Dieses hat Goethe gelehrt, und hat es mit einer Treue gelebt, daß er ein Recht hätte, sich den ersten Christen seit Christus zu nennen – was er beinah getan hat.

Ein heutiger Beamter, ein heutiger Arbeiter, den es auf diesen Weg gelüstet, hat keine andre Möglichkeit, als politisch bewußt zu denken und zu handeln. Der *patriarchalische* Staat Goethes konnte zentrifugal sein; der zentrifugale *Beamten-* und *Industriestaat* vernichtet Goethes Lebensideal schonungslos. Nur wenn dieser Beamten- und Arbeiterstaat der zentrifugalen eine zentripetale Bewegung mächtig entgegenströmen läßt, kann langsam, langsam der Goethische, nicht nur erleidende Mensch werden, ein Lebendiges, wie denn alles Leben, wiederum nach Goethes einfacher, aber praktisch unendlicher Lehre, aus Ein- und Ausatmen hervorgeht. Und erst indem der einzelne ein tätiges Individuum ist, hört die Despotie auf, die schlimmer ist als der Despot.

Auch eine parlamentarische Regierung ist eine Despotie, wenn sie nicht ein Gleichnis von sich selbst in jeder Zelle der Verwaltung, in jedem Dorf, in jedem Wirtschaftsbetrieb zur Voraussetzung hat. Solange wir die Räte-Republik nur auf russisch zu lesen wissen, werden wir sie und uns mißverstehen. Wir sollten es einmal auf Goethisch versuchen.

[1923]

Agrarisches

Den Gegensatz zur bourgeoisen Lebensanschauung bildet nicht die proletarische, sondern die agrarische.
Die proletarische ist selbst nur, und nicht etwa durch allmähliche Verderbnis, sondern von Hause aus, eine bourgeoise, ein Spezialfall von ihr, enger als sie, unvergleichlich redlicher, von tieferer Leidenschaft und, weil es für den Blinden kein Schielen gibt, vor Heuchelei bewahrt.
Daß das wirtschaftliche Gefüge einer Zeit ihre Ideen bestimmt, ist eine Theorie, die als solche schon durch ihre Fruchtbarkeit gerechtfertigt wird, und um dieser Fruchtbarkeit willen leidet sie weniger darunter, daß Gegner sie bekämpfen, als daß Anhänger sie kompromittieren. Dies geschieht, wenn sie bis zu dem Grade wörtlich genommen wird, als ob die Zeit nur so ein Schneidemesser wäre, das von einem imaginären Stroh die Ideen als Häcksel niederrieseln ließe; wenn sie, zum Beispiel, in mechanischer Direktheit Schopenhauers Pessimismus, mit Verachtung der widersprechenden Chronologie, nämlich mit Vertauschung der produktiven Jahre Schopenhauers und der seines durchgesetzten Ruhmes, als das »geistige Abbild des Bürgertums, das, erschreckt durch den Lärm der Waffen, sich zitternd wie Espenlaub auf seine Rente zurückzog...« erklären zu können glaubt. Das ist ein Quiproquo, durch welches das Problem bis zu Fälschung verschoben wird, und würde eine Unredlichkeit heißen müssen, wenn es nicht selbst ein Ausdruck des selben bourgeoisen Denkens wäre, dem es mit Redlichkeit bemüht war auf die Schliche zu kommen.
Die bourgeoise Anschauung, das ist nicht einfach die kapitalistische, als welcher sich zu entziehen es an Edelmut,

Selbstlosigkeit und Aufopferungsfähigkeit zu keiner Zeit ganz und gar fehlen kann; sondern es ist die, bewußt und unbewußt, von dem Aufschwung der Fabriken, Manufakturen und Industrien hergeleitete. Sie gewahrt mit Erstaunen und allmählichem Triumph, daß viel, daß immer mehr von dem, was den Menschen, einem Volke, einer Gesellschaft not tut, *gemacht* wird; sie erleidet daran eine des Stolzes nicht entbehrende Stärkung, aber auch eine Verholzung des Willens, und sie gibt das Wachstum für den plausibleren Begriff der Vermehrung hin.

Indem der orthodoxe Sozialismus seiner Kritik der Gegenwart und seinem Aufriß der Zukunft die Verhältnisse der Industrien zugrunde legte, war auch er im Banne der neuen bourgeoisen Anschauung und hat sie deshalb nicht besiegen, sondern nur in zwei Äste gabeln können, von denen jeder an dem andern rivalisierend sich kräftigte und üppiger in die Höhe schoß. Bourgeoisie und Proletariat sind nicht die zwei Hälften der Menschheit, sondern sie gehören zusammen, sie machen zusammen erst eine Hälfte aus – und nicht einmal die Hälfte. Jetzt endlich beginnt die Selbstbeschwichtigung der Sozialdemokratie, daß auch, wenn Alles so weit wäre, die Landwirtschaft ins Schema zu bringen und womöglich in die berühmte Expropriation der Expropriateure zu bequemen sein würde, unsicher zu werden; und immer öfter liest man in sozialistischen Zeitschriften Aufsätze, die wörtlich in agrarischen stehen könnten. Das ist eines der wichtigsten und eines der hoffnungsreichsten Zeichen unsrer lebendigen Unruhe – und es ist zugleich das Eingeständnis der sozialdemokratischen Niederlage.

Ein indirektes, versteht sich. Das direkte würde ja schon technisch undurchführbar sein, auch wenn es psychologisch nicht absurd wäre; und überdies braucht eine Niederlage noch nicht den verlorenen Krieg, ein verlorener Krieg noch nicht die verlorene Zukunft zu bedeuten. Für eine so gewaltige Bewegung wie die sozialdemokratische ist nicht weniger als für ein Volk die gute Zuversicht eine Pflicht; für beide sind Niederlagen keine Widerlegung; aber beide müssen sich vor dem verhängnisvollen Irrtum hüten und, wenn es an der Zeit ist, mit kräftigen Mitteln schützen, die Hoffnung immer wieder auf den alten, wohlbekannten, bisher scheinbar einzigen, doch nun verschütteten Weg aussenden zu wollen: und nicht nur Deutschland wird von woanders herkommen, als wohin alle Augen, die stieren und die wahrhaft sehnsüchtigen, ausschauen.

Über dem Hamburger Kongreß, so gewiß er nicht vergeblich war, lag eine nicht zu bannende Melancholie; man las die Berichte in einer Stimmung, als läse man den ›Florian Geyer‹, es war, als ob Alle wüßten, daß die Internationale bestenfalls nur eine Defensivstellung bedeuten würde – und was nun? Die Kunze von der Mühlen nehmen den Schluß des Dramas vorweg und rufen zum Fenster hinaus: »Sassa! Der Florian Geyer ist tot!« – sie werden sich an seinem Schwerte schneiden.

Denn in ihrem Vorwitz sind sie der ungeheuern Paradoxie nicht gewachsen, daß zwar die Sozialdemokratie schwach ist, die Arbeiter aber, als eine ihrer selbst bewußte Klasse, stark sind wie je und eher noch stärker als je. Das sehen und verstehen sie nicht und lassen sich weder warnen noch belehren. Wunders was, glauben sie, habe sich ereignet, daß Theorien und Richtlinien, die auf die Namen Marx und Engels zurückführen, ihre Ohnmacht erleiden, und betrügen sich darüber, daß eine unerschütterte und unerschütterbare Macht, von denselben beiden Männern geschaffen, reale Tatsache ist.

Auch die Arbeiter selbst wissen nicht um diese Paradoxie. Sie stehen verlegen, verwirrt, vertrotzt vor dem Widerspruch, daß sie stark sind in ihrer Einigung und grade von dem Wichtigsten nichts zu leisten vermögen, um dessentwillen ihre Einigung vollzogen wurde. Es wird Kampf und Krampf kosten, von schwerer Art und langen Jahren, ehe sie erkennen, daß es mehr als *einen* Sozialismus gibt.

Durchfliegen wir die Geschichte an dem Leitfaden, den die sogenannte materialistische Geschichtsbetrachtung uns in die Hand gibt und der unter anderen Vorzügen den einzigartigen hat, daß er nicht abreißt, so sehen wir von den zwei Komponenten des modernen Sozialismus die eine als logisch und notwendig, die andre als dogmatisch an. Die Arbeiter treten bewußt als Klasse und mit dem Anspruch der

Klasse auf, das ist logisch und notwendig. Der wirtschaftliche Ausdruck dieser neuen Gesellschaftslage werde der kommunistische Sozialismus sein, das ist ein Sprung ohnegleichen; es ist ein ideologisches Dogma und hat als solches eine grandiose Wirkung getan – nichtsdestoweniger ist es ein Sprung. Die Unterschiede zwischen allen bisherigen, einander ablösenden Wirtschaftsformen sind winzig gegenüber dem, der zwischen der gesamten Vergangenheit und dieser verzückt geschauten Zukunft klafft; ja, es handelt sich nicht einmal um einen Unterschied dem Grade nach. Denn alle jene Wirtschaftsformen und ihre Kämpfe hatten das eine Prinzip gemeinsam: Menschen wollen sich selbst besitzen und wollen Dinge besitzen; – darüber hinaus führt kein Schritt, sondern ein Sprung, und den verweigert auch in diesem Falle die Natur.

Es gibt mehr als eine Art von Sozialismus. Daß, zum Beispiel, unter Umständen der Staat eine ist, konnte man zur Genüge deutlich aus dem Angebot der Industrie erfahren. Ein sehr kluges, ein sehr törichtes Dokument. Was kann geschickter sein als die Einleitung, die durch das einfache Mittel einer überflüssigen und unerbetenen Belehrung den Lenker der Politik deklassiert, zu einem Manne, der Anweisungen empfängt – und was kurzsichtiger als der Schluß, der die Karten aufdeckt! Für Kapitalisten ungebrochenen Triebes ist der Staat nach außen hin ein Beauftragter und im Innern Polizei; alles, was er mehr sein will, galt ihnen früher als störender Zwang im allgemeinen, heute als Sozialismus. Nie werden sie darum Politiker werden; und weil sie es nicht sind, bringen sie es nicht dazu, die augenscheinliche Ohnmacht der Sozialdemokratie mit der ebenso augenscheinlichen Macht der Arbeiter in einen und denselben Blick zu fassen. Von den beiden Phänomenen sehen sie nur das ihnen erwünschte und glauben die Zeit gekommen, es zu benützen. Sie werden sich schneiden.

Die Sozialdemokratie ihrerseits leidet, aus dem entgegengesetzten Grunde, gleichfalls am Staat; sie ist ihm, in der gleichen zentralistischen Tendenz, zu ähnlich. Das macht ihr ein Unbehagen, eine nervöse Scheu vor Mißdeutung, vor Verwechslung und Verwischung, und schon um sich intakt

zu erhalten, braucht sie den Hintergrund der Internationale. Aber nun spürt sie in allen Gliedern die dumpfe Pein, daß die Internationale ihr zum schöpferischen Tun wahrscheinlich nicht helfen wird, und überrascht erlebt sie es in jeder zugespitzten Situation, daß sie zu selbstloserer, hilfreicherer Nationalität gezwungen ist als jede andere Volksgruppe. Was sie aber erlebt, das wird sie über kurz oder lang auch denken müssen, so will es ja ihre eigne Lehre.
Aus dieser Lage erklärt es sich nicht als Zufall, sondern als Symptom, daß immer mehr Sozialisten angefangen haben, agrarische Probleme zu gewahren, ernst zu nehmen und zu behandeln. Dem feierlichen orthodoxen Bekenntnis zum Trotz läßt sich die Einsicht nicht mehr abweisen und abspeisen, daß dieses Volk, in das man hineingeboren ist, kein Provisorium, keine Abzahlung – kein Hindernis bedeutet, sondern das zugewiesene Arbeitsfeld. Wer aber Deutschland sagt, mit welcher Betonung immer, der kann sich nicht blind stellen davor, daß ein Drittel seiner Menschen im Akkerbau lebt. Deutschland, ach was, ist ein Industriestaat – damit ist es im alten Sinne vorbei; nicht zuletzt die Arbeiter wissen heute, was jedes Pfund Brot mehr, im eignen Lande erzeugt, ihnen zugute wiegt. Denken wir an den Kampf um die Schutzzölle zurück, als an ein sehr einfaches und um so lehrreicheres Schema. Der Schutzzoll verteuert das Brot über den Preis des Weltmarkts hinaus, also ist er zu verwerfen; der Schutzzoll ist nötig, um den inländischen Ackerbau bei Gedeihen zu erhalten, also ist er durchzusetzen: ein Dilemma. Der Konsument als solcher hat ein Recht auf das möglichst wohlfeile Brot; doch als Glied der Gesamtheit hat er ein Interesse daran, daß die Landwirtschaft prosperiere: schon löst sich das Dilemma. Der Konsument darf nicht, gegen *seinen* Vorteil, angehalten werden, den Zoll zu bezahlen; doch die Gesamtheit muß es, zu *ihrem* Vorteil. Also bezahlt der Staat den Zoll, und das bedeutet, über leicht zu erkennende Zwischenglieder, die Verstaatlichung des Getreidehandels. Damals noch nicht, aber heute schon ist das Sozialismus – und es wird nicht mehr lange dauern, bis ein neuer Graf Kanitz auf der »linken Seite des Hauses« aufsteht.

Indessen, eine veränderte Taktik gegenüber den agrarischen Verhältnissen würde nichts besagen, eine veränderte Politik wenig. Wessen der Sozialismus bis in Saft und Blut hinein bedarf, das ist ein fast anonymes Element. Wir wollen hier nicht poetisch werden, nichts vom Mysterium des Wachstums sagen, vom Säen auf übermorgen, vom wechselseitigen Durchdringen von Arbeit und Himmelsglück. Andrerseits wollen wir uns sehr in acht nehmen, nicht von Landwirten reden, wenn wir Landwirtschaft meinen, und umgekehrt; diese Volte wird immer wieder geschlagen. Gibt es nicht zu denken, daß kein Beruf in so hohem Grade wie der des Landwirts zur vielseitigen Intelligenz prädestiniert und trotzdem so rückständig ist? Vielleicht wird seine Intelligenz allzu unmittelbar und restlos von der Praxis aufgesogen, so daß kein Überschuß mehr da ist, sich vagabondierend zu versuchen; womit es denn auch zusammenhinge, daß der größte Reformator der Landwirtschaft, Thaer, nicht in ihr geboren, sondern eines Arztes Sohn und selbst Arzt war.

Wem aber klar ist, daß die aufbauende Arbeit von Deutschland langsam und auf lange Sicht zu geschehen hat und durch Beschlüsse und Gesetze von heut auf morgen nicht getan ist, der ist für sein Teil rückständig genug, wenn er die Rückständigkeit »des Landes« nur immer wieder, mit Erbitterung oder Resignation, konstatiert. Insbesondere sollten die Sozialisten, von ihrer eignen Geschichtsauffassung her, aus ihrem notgedrungenen Nationalismus, ohne innern Widerstand lernen, daß das bourgeoise Vorurteil gegen »das Land« Tatsachen mißachtet, wie jeder andre Vogel Strauß. Der Gegensatz zwischen Stadt und Land ist zu sehr Tatsache, als daß man hoffen dürfte, ihn durch den Primat der Stadt zu entscheiden – den Primat der Fabrik, des zentralen grünen Tisches und der Bureaukratie. Nachdem seit den Steinschen Reformen vom Anfang des neunzehnten Jahrhunderts, trotz der Aufhebung der bäuerlichen Erbuntertänigkeit, die Entwicklung der Städte unsre Zivilisation bestimmt hat, ist die Lage von Grund aus verschoben. Die Stadt von heute ist nicht mehr die von damals. Sie ist mit sich selbst so ins Gedränge gekommen, daß sie in ewiger

Asymptote nur immer Fehler durch Fehler verbessern kann. So wenig wie ein Berliner Pfarrer Seelsorge treiben kann, sondern entweder ein Agitator wird oder durch das Grammophon ersetzbar, so wenig kann die große Stadt, und sie ist das Modell für jede, eine neue Schule, eine neue Rechtspflege schaffen.

Vom Dorf her ist die neue Schule, die neue Rechtspflege und der eine Strom, von zweien, der neuen Verwaltung, möglich; hierzu müßte jeder Sozialist Verwandtschaft fühlen, der von den Betriebsräten praktischen Sozialismus erhofft und erwartet. So abenteuerlich es sich anhören mag: Dorf, Betriebsrat und – Goethe, diese drei ziehen am selben Strang; vielleicht ziehen sie einmal die Glocke in Schwung.

[1923]

4 Politik für Unpolitische

Ein Weg zur Politik für die Unpolitischen

Es scheint jetzt schon erwiesen, daß die Forderung des Reichstagswahlrechts für Preußen unsern Liberalen mehr eine Fahne als einen strategischen Punkt bedeutet hat; – und was ist eine Fahne für aufgeklärte Menschen andres als ein Stück Tuch an einem Stock? Da es den Nerv einer Partei ausmacht, mit Kraft und gutem Gewissen zu fordern, so ist's kein Wunder, daß das deutsche Bürgertum bei jeder politischen Probe Verlegenheit sehen läßt. Es weiß nichts Rechtes zu fordern, weil es gerade so viel erreicht hat, wie nötig ist, den Willen abzuspannen. Selbst das letzte, das uneingestandene Ziel aller politischen Gleichheitsbestrebungen, nämlich den Staat nicht etwa nur der vordrängenden Klasse, sondern den Mittelmäßigkeiten dieser Klasse bequem zu machen, hört auf, verstockte Begeisterung anzufachen, wo überall Mittelmäßigkeit keine Entschuldigung und keine Schonung nötig hat. Das Geld klingt im Kasten; hohe Orden, auch außerhalb der Kronen- und Rotenadlerhierarchie, Ministersessel und übermorgen Gesandtschaftsposten, z. B. in Washington, bezeugen einen Sieg, der groß genug ist, daß man's dem Adel noch eine Weile gönnen kann, die Offizierstellen der Gardereiterregimenter festzuhalten und bei Hofe vorzutanzen.

Aber dieses Bürgertum, das durch seine Erfolge viel zu sehr ins Private zersplittert ist, als daß es sich zur Einheit zusammenfassen könnte, soll doch noch nicht die letzte Ebbe einer großen Flut sein. Immer wieder und in sehr verschiedenen Lagern ist der Wunsch laut geworden, es als Kernmaterial für eine zu gründende große deutsche Kulturpartei zu gewinnen. Eine zweite Verlegenheit. Kultur schaffen heißt:

Tatsachen zum Dienste zwingen; aber Wirtschaft, die an die Deichsel gehörte, sitzt auf dem Kutscherbock, und der Mann im Wagen schaut, zwar etwas unsicher, doch recht vergnüglich, durch die Scheiben. Das Abendland hat einen neuen Gott entdeckt, der mächtig wie das alte Fatum ist und zur fatalistischen Ergebenheit zwingt wie Mohammeds Allah; es nennt ihn Entwicklung und weiß noch nicht, daß auch dieser Gott, soll er nicht zum Götzen hinabsinken, Anbetung *und* Auflehnung verlangt, um seine Arbeit zu tun. Der falschen, neuen Frömmigkeit kam überdies der Tatsachensinn zu Hilfe, den das vorige Jahrhundert durch das gewaltige Anwachsen des Tatsachenbestandes unserm Volke anerzog. Zwar ist es unverkennbar, daß der Realismus die Geister schamhaft gemacht hat; aber die Schamhaftigkeit kann unfruchtbar machen. Wir sollten uns nicht scheuen, Ideologie zu treiben, wenn wir das Herz dazu haben; es ist unsre beste und schließlich stärkste Form, Politik zu treiben.

Fürchten wir etwa die Ideologie, weil wir den Spott der Geschichte fürchten? Es braucht uns nicht zu kümmern, daß die Dinge immer einen andern Weg laufen, als die ihnen vorwaltende Idee zu bestimmen schien, und durchaus ist dem Besserwisser Erfolg der Satz entgegenzuhalten, worin Kant seine und Platos Meinung ausspricht, »daß unsre Vernunft natürlicherweise sich zu Erkenntnissen aufschwinge, die viel weiter gehen, als daß irgendein Gegenstand, den Erfahrung geben kann, jemals mit ihm kongruieren könne, die aber nichtsdestoweniger ihre Realität haben und keineswegs bloß Hirngespinste seien«. Bismarck, durch den die Realpolitiker ohne Mandat, die Propheten *ex eventu* mit Vorliebe ihre Kleingesinntheit decken wollen, ist ein Beweis gegen sie. Er wurde die große, heroische, mythische Gestalt insofern, als er den Auftrag der deutschen, bürgerlichen Ideologie ausführte; was er nach 1871 getan hat, blieb, trotz seiner unverminderten Kraft und seiner gesteigerten Weisheit, innerhalb der unmittelbaren politischen Nöte und wirkte nicht formgebend und aufbauend ins Volk. Noch in einer andern, einer sehr philiströsen Form äußert sich oder versteckt sich die Furcht vor der Geschichte und untergräbt die Naivität. Eitle und zaghafte Menschen wollen sich um keinen Preis anders verhalten, als eine spätere Zeit möglicherweise von ihnen verlangen wird. Sie reden sich ein, daß die Gegenwart unter demselben Maße stehe, das in den Abkürzungen der Bücher an die Vergangenheit gehalten wird. Weil Goethes Werther unsterblich ist, meinen sie, daß die historische Lotte und der historische Albert mit entzückter Bereitwilligkeit in die poetischen hätten aufgehen sollen. Aber Lotte und Albert wären es nicht wert gewesen, daß ein großer Dichter sich mit ihnen beschäftigte, wenn sie es ohne Widerspruch sich hätten gefallen lassen. Nicht dieser Widerspruch ist philiströs, sondern der Vorwurf dieses Widerspruchs ist es. Und wenn der Historizismus so viel beklagt wurde, weil er uns das Erbe der Vergangenheit auf die Schultern gewälzt hat, so verdient er in seiner Umkehrung, die uns die Gegenwart schon als eine Zukunft und unterm Richterblick fühlen läßt, noch größeren Argwohn.

Ist es also nicht nötig, sich davor zu scheuen, Ideale zu vertreten, so bleibt doch der Zweifel an der Kraft, Ideale zu bilden. Aber trotz der Erschütterung aller Gewißheiten und trotz der Zertrümmerung aller Dogmen braucht keine Ideologie leer zu sein. Vor jeder Generation steht ein Lehrer des Menschheitswillens auf: die neue Generation, die Kinder, die wir erziehen, die uns erziehen. So verschieden und unsicher auch der Wille sein mag, der das Kind zu formen unternimmt, und so sehr auch die Erziehung in den Wirbel des Problematischen mit hineingerissen ist, so gibt es doch hier den einen festen Punkt. Wenn ein Kind sich beklagt, daß es von einem andern geschlagen sei, wird kein Vater, er sei denn ein unheilbarer Vegetarier, etwas andres sagen als: schlage wieder. Stark, nicht gut will jeder sein Kind machen, besonders aber der Gute. Die Kraft will man dem Kinde geben, die Güte soll es sich erwerben. Überlieferte Güte ist Schwäche, erworbene ist eine Kraft über alle Kräfte. Es ist im Kleinen wie im Großen, daß Kultur die Fähigkeit zur Kultur erlahmen macht. Der tapfere Mann tötet die Löwen, der schwache wohnt in dem sicheren Land. Prüfen wir uns noch genauer, so finden wir, daß wir das Kind am liebsten auch auf eigene Faust nicht in einen dauernden Zustand von Güte möchten gelangen sehn; es soll tüchtig sein zu seinem Geschäft, des Aufschwungs fähig und nur in der Feierstunde des Aufschwungs teilhaftig. Es soll sich von der Güte nicht unmittelbar führen lassen, und sie soll ihm ein Stern zu einem Aufblick, aber nicht ein Leuchtfeuer auf einem Turm oder eine Laterne an einer Straße sein.

Und so, wie wir's im Kinde wünschen, lebt das Religiöse in Wirklichkeit in uns, und wir gehen irre, wenn wir es nach der einen oder nach der andern Seite gewaltsam entscheiden. Alles Religiöse will erworben sein. Christ sein, heißt: Christ werden. Und wenn das religiöse Gefühl, sei es als christlich persönliche Gotteskindschaft, sei es als spinozistische Hingegebenheit an die Allnatur, die rätselvolle Macht ist, die die Gefangenschaft der Individuation bricht und uns Teilwesen von der mitgeborenen Ahnung des Allwesens durchfahren läßt, so wissen wir, daß seine Wahrheit nicht länger als einen Augenblick dauert.

Die Ewigkeit ist nicht die endlos lange Zeit, sondern ist: keine Zeit, ist das Gegenteil von Zeit. Kein zeitlicher Sinn nimmt sie wahr, kein zeitliches Wirken wirkt sie aus.

»Wie lange der Mensch in Gebet oder Begeisterung dort oben verweilt? So lange als der Blitzstrahl hier unten.« Das hat Hebbel geschrieben, das leugnen die Priester, das bekennen wenige, und das leben alle. Selbst der Heilige kommt ohne ein Zeremoniell nicht aus, mit dem er das Feuer des Blitzes als ein kümmerliches Altarfeuer wachhält; und wir andern Menschen werden gegen unsern Willen Heuchler oder Knechte der Gewohnheit, wenn wir unser irdisches Geschäft mit unsrer Religion in stetiger und gleichgerichteter Vereinigung glauben oder glauben machen.

Ein moralischer Vorwurf ist zu leicht erhoben, als daß man ihn nicht im Zügel halten müßte. Zu urteilen, daß die Menschen durch Jahrtausende Heuchler gewesen seien, ist anmaßend und selbstgefällig. Freilich scheint uns »Helm ab zum Gebet und bis fünfzig zählen« ein so rohes Symbol, daß es fast zur Lüge wird; aber heuchelt Bismarck, der Paris bombardieren will und auf seinen Nachttisch die Bibel legt? Er hat in jungen Jahren gegen die orthodoxen Verwandten seiner Frau die Epistel des Jakobus verteidigt, die Luther im paulinischen Zornmut einmal die stroherne nennt; es war der Politiker in ihm, der die Werkgerechtigkeit nicht dem reinen Glauben opfern konnte; der exemplarische Mensch, der sie nicht opfern wollte; der Menschenkenner, der die Forderung des Opfers als unreal erkannte. In einer derartigen Natur, in der es von Tatkraft gewittert und deren religiöse Erregbarkeit doch von ernstester Wahrhaftigkeit ist, muß ein Seelenzustand herrschend werden, für den wir keine Bezeichnung haben, weil wir in unsrer Sprache kein Wort für die dem Laster der Heuchelei entsprechende Tugend besitzen. Der religiöse Augenblick ist ein Strahl der Zeugung; wir leben durch ihn, nicht von ihm. Das ist die durch die Geschichte der Menschheit bezeugte Tatsache; nur Pfaffen wissen und wollen es anders.

Also wären Pfaffen die wahren Ideologen? Nein, sondern sie sind die falschen. Die Realität des Lebens läßt sich nicht unmittelbar meistern, wie denn alle Unmittelbarkeit subaltern ist. Erkenntnis muß als Mittler dazutreten; sie muß aus der Realität das Ideal herausreißen, und nur dieses Ideal kann wieder in die Realität wirken. Wir müssen die Zustände schaffen, die schon sind.

Irreligiöse Gesinnung und Gleichgültigkeit haben die Trennung der religiösen Dinge von den staatlichen verlangt; mit größerem Recht, mit ursprünglicherer Pflicht verlangt dasselbe die religiöse Gesinnung. In unsrer Zeit hat ein Christ, Tolstoi, aus Christlichkeit den Staat in allen seinen Formen bekämpft; aber seine Kritik hat nur einen negativen Wert. Er hat helfen mißtrauisch machen, das bleibt sein Verdienst; aber er mißt an der Religion Dinge, die kein gemeinsames Maß mit ihr haben. Er hat mit seinen hellen, empörten, durchdringenden Augen vieles gesehn, nur das eine nicht, daß die Religion ihrem Wesen nach antisozial ist. Sie verbindet nicht die Menschen miteinander, sondern sie verbindet jeden einzelnen Menschen mit Gott. Sie ist etwas völlig andres als Moral. Ein moralischer Mensch kann irreligiös sein, ein religiöser unmoralisch. Dostojewski sah diesen Widerstreit, er kannte den Freigeist und den Sünder, sein Herz blutete, und er unternahm es nicht, zu lehren. Insofern

Tolstoi mehr ein Moralist als ein religiöser Mensch ist, verliert seine Kritik des Staates an Gewicht, und es ist kein Zufall, daß dort, wo seine unmittelbarsten Lehrer sind, in China, der Staat ein eisernes Gefüge hat. Die Moral findet innerhalb des Staates, ja zuweilen durch ihn alle ihre Bedingungen; die Religion hat nichts mit ihm gemein. Jede soziale, d. h. zwischenmenschliche Ausdeutung und Ausbeutung der Religion ist ein Fehler, der sich an ihr selbst und an den Menschen rächt; denn wenn zwei Menschen von demselben religiösen Gedanken ergriffen werden, so sehen sie nicht einander an, sondern in dieselbe Ferne hinaus. Das Leben der Menschheit ist dem Sammet vergleichbar, dem Gewebe, das eine horizontale und eine vertikale Anordnung hat; jene das verbindende Netz, diese die zahllosen, unverbundenen Einzelfäden; die eine das soziale Prinzip, die andre das Individuelle im Gleichnis. Wohl bilden sie eine Einheit; – denn ernsthaft einen Dualismus auszudenken, ist nicht mehr möglich; die tollkühnsten, bis zur Absurdität gesteigerten Versuche dazu – sie sind gemacht worden – müssen zuschanden werden. Was sich als Dualismus ausgeben möchte, sei es aus Altertümelei, sei es aus Eitelkeit, ist schließlich doch immer nur ein Monismus auf Umwegen; ist ja auch der christliche Teufel, der die Sünder straft, ein Funktionär Gottes, also auch er keine dualistische Konzeption, sonst müßte er's den Bösewichtern, auf seine Weise, in der Hölle lustig machen. Also nicht die Einheit Religion und Gesellschaft soll geleugnet werden, sondern es gilt, ihre Vermischung zu bekämpfen.
Beide haben den Schaden von dieser Vermischung.
Die Religion kann nur dann in ihrer Wesensreinheit leuchten, wenn sie nicht zur sozialen Funktionärin erniedrigt wird; und der Staat wird sich zu der harten, reinen und schönen Kunstform, die in seiner Idee liegt, erst entwikkeln, wenn er sich von der religiösen Vormundschaft frei macht. Die von Philosophen mit wütendem Hohn angegriffene Staatsidee ist die mächtigste, am meisten künstlerische und am meisten konstruktive der heutigen Menschheit. Sie ist stärker als die Nationalität, stärker sogar als die Rasse; das sehen wir so gut an dem Verhältnis zwischen Japan und

China und England und Deutschland, wie an dem zwischen Rußland und Frankreich. Eine solche kühne, kühle, intellektuale Kraft unsrer eignen Natur mit Mißmut anzusehn, bringt uns um ein Lebensgefühl von Stolz und Selbständigkeit.

Wir müssen der beiden Richtungen unsres Wesens innewerden und uns entschließen, jeder nur in ihrer Art Genüge zu tun; müssen fromm sein in der Ewigkeit und wirkungskräftig in der Zeit, als Heuchler mit gutem Gewissen.

Wie unfrei macht das schlechte Gewissen! Es ist schwer verständlich, daß die Könige es mit ihrem Stolz verträglich finden, an der Spitze nachgemachter Theokratieen zu stehn; und es ist nur allzuleicht verständlich, daß die Prediger der Religion durch den Widerspruch zwischen dem, was sie sind, und dem, was sie zu sein vorgeben und was man ihnen nur glaubt wie auf dem Maskenball, längst jede Würde verloren haben. Unsre evangelischen Geistlichen wirken nur dann, wenn sie ihre Pflicht versäumen; sobald sie ihre Pflicht tun, ist's mit ihrer Macht zu Ende. Da kommt in eine Dorfkirche ein Brautpaar zur Trauung, das nicht ganz so ist, wie es sein sollte; der Geistliche will sich nicht mit Redensarten zufrieden geben und schlägt auf die Gewissen; – sogleich ist die Feierlichkeit zu Ende, die Gemüter verstocken sich, und der Prediger muß sich an die Fälle erinnern lassen, wo Unsittlichkeit durch den höheren Steuerzettel nachsichtig bedeckt wurde. Man ist bereit, sich mit ihm einzuleben, aber er soll die Spielregeln respektieren. Daß der Katholizismus auch bei uns eine so viel stärkere Gewissensmacht ausübt als der Protestantismus, rührt daher, daß er freier vom Staate ist; er selbst wird darin von den ganz freiwillig zusammengeschlossenen Sekten übertroffen. Wo eine Religionsgemeinschaft sich mit dem Staate zu identifizieren strebt, ist es ihr um irdische, nicht um göttliche Herrschaft zu tun; und ihr Anspruch trübt beide. Erst wenn der scharfe Schnitt der Trennung gemacht ist, kann die Religion ein privates Ereignis und der Staat ein soziales Kunstwerk werden.

Konservative Leute, die den Dr. Karl Peters durch einen Vergleich mit Warren Hastings decken wollen, trennen die

Kirche vom Staat so gründlich, daß das Eingeständnis davon ihnen nur noch dazu verhelfen würde, ihre Argumentation zu säubern. Aber sie gestehen es nicht ein. Sie glauben immer noch, die Religion als Polizei nötig zu haben; sie übersehen, daß der Mensch das wilde, nur durch überirdische Angst und Betrug zu lenkende Wesen nicht mehr ist; manche sagen ja, daß er allzu zahm geworden sei. Was ihm aber an Unfreiheit zum Zwecke der Zucht und der Kultur immer wieder aufzuerlegen ist, das würde der Staat aus eigner Souveränität sichrer und nobler durchsetzen, als wenn er den Vollziehungsbeamten eines Priestergottes macht. Ist die Religion nicht mehr Polizei, so wird die Polizei eine religiöse Würde zurückgewinnen, und der Bürger wird sie nicht als einen Gegner umgehen, sondern als den sichtbaren Ausdruck des Bürgerwillens anerkennen. Wir könnten uns leicht darüber einigen, daß das Urteil des Paris auf keine Postkarte und die *Aphrodite Kallipygos* nicht ins Schaufenster gehören, wenn wir nicht die Pflicht hätten, der scheelsüchtigen Priestermoral keine Handbreit nachzugeben.

Wir müssen unsre Orthodoxen davor stellen, zu bekennen, ob sie ihre und einer Kirche Macht oder die Macht der Wahrheit und Gottes wollen. Wollen sie diese und glauben daran nur so fest wie der Chemiker an seine Gesetze, so müssen sie den Versuch, die Kirche und den Staat zu trennen, mindestens dulden. Ist die Gewalt, die sie verkünden, eine Realität, dann sind überhaupt Zustände unausdenkbar, in denen sie nicht lebte und schaffte; ist sie ein Menschenerschleichnis, so wird sie nicht als erste ins Exil gehen.

Deutschland wird nicht eher eine Kultur haben, als bis es einig ist, und wird nicht eher einig sein, als bis es seine konfessionelle Spaltung überwunden hat. Das aber kann auf keine andre Weise gesehen, als daß der Staat beide Kirchen abdankt. Dieser Weg ist zu brechen, dieser Wille zu entfesseln. Es stehe der Rufer zu diesem Streite auf, und die Tausende, die es nach Freiheit und Form gelüstet, werden ihrer bedrückten Eigensucht ledig werden und sich zu einem kampffreudigen Heere sammeln, das mehr und besseres hätte als eine Fahne.

[1908]

Aphorismen über Politik

Trotz ihrer oft behaupteten und oft dargestellten Rückständigkeit könnte die Politik eine *Schule* des Geistes sein von einem so hohen Rang, daß kaum eine andre ihr gleichkäme. Denn sie ist imstande, den Menschen zu zwingen und also auch zu lehren, seine Stellung zu den Dingen in der rechten Mitte zwischen der Flüchtigkeit und der Ewigkeit des Lebens zu nehmen; zu lehren, daß wir nicht, wie die Hunde auf eine Fährte, die Nase auf den Tag niedergedrückt halten, noch mit ausgelassener Schwärmerei uns in den leeren Raum eines tausendjährigen Reiches verlieren sollen; zu lehren also, zwischen Journalismus und Chiliasmus in kluger Fahrt hindurchzusteuern. Der politische Blick ist es, der einen Philosophen und Religionsstifter befähigt, den Menschen sich überhaupt nur zu bewahren, nicht aufgelöst durch die Zelle und nicht erdrückt durch die Sterne; sondern als Wirklichkeit, so klein, daß man über ihn walten kann, und so groß, daß es sich lohnt, über ihn zu walten. Und auf diese Weise zum Philosophen ausgebildet werden, das heißt nichts andres, als zum Menschen ausgebildet werden, zu seiner einzigen ächten Weisheit – unbeschadet der beiden Tropfen Blei und Gold, Gewöhnung und Sehnsucht, die in unsern Adern rollen. Die ewige Unentscheidbarkeit der Gegensätze, die ewige Gefahr der Wahl, das ewig Künstlerische der geistigen Welt wird sehr deutlich in dem Lichte, mit dem die Politik das Leben untersucht. Gäbe es qualitative Entscheidungen, gut oder böse, richtig oder falsch, lügnerisch oder wahr, so würde die Welt im Laufe der vielen Jahrtausende längst zur Klarheit und zur Ruhe gekommen sein. Die Frage: ob die Tugend erlernbar, oder ob sie nur angeboren sein könne – diese Frage, die nicht nur die griechische Geschichte fast ganz und gar ausgemacht hat und die, in hundert mehr oder minder durchsichtigen Verkleidungen, in jeder unsrer täglichen Zeitungen bald so, bald so beantwortet wird, sie wäre längst zur Ruhe gekommen, wenn die Wahrheit ganz in einer der beiden Antworten steckte. Aber da die Frage qualitativ nur logisch gestellt ist, von der Wirklichkeit aber quantitativ, nämlich: inwieweit ist die Tugend erlernbar? – so wurde das Antworten darauf zu einem Kampf ohne Sieg und Frieden; und es erwies sich, daß alle unsre großen moralischen Wahrheiten den Sanduhren gleichen, die, wenn sie abgelaufen sind, müssen umgekehrt werden.

»Die Wahrheit liegt in der Tat zwischen zwei Extremen; aber nicht in der Mitte.« Indem die Politik uns erzieht, in diesem Sinne die Wahrheit aufzufassen und uns in einer Art von Freiheit übt, macht sie uns in einem höheren Grade lebendig als andre Geistesbetätigungen. Den Genuß davon, das muskulöse Gefühl von Existenz und Unsicherheit bezahlen wir mit dem Genuß der Eitelkeit; was, ganz wie beim Künstler, weder gleichbedeutend ist mit dem Verzicht auf Feuer, Leidenschaft und Rausch, noch zur Charakterlosigkeit verpflichtet.

Einen jungen, zwanzigjährigen Menschen hörte ich gegen ähnliche Anschauungen sich mit Verachtung auflehnen; er schrieb sie einer Lockerung der Lebenskraft zu und wollte von keiner Einsicht etwas gelten lassen, die nicht der Ausdruck des einfachsten und ein für allemal gerichteten Willens wäre. Und der alte, von vielen Stürmen gezauste Strindberg entscheidet aus der Erfahrung ebenso wie jener vor der Erfahrung. »Welche Ansichten muß ich denn haben? – Die du hast! Stehst du unten, so siehst du von unten; stehst du oben, siehst du von oben. – Wenn sich aber meine Stellung ändert, ich nach oben komme? – Dann bekommst du einen neuen Gesichtspunkt. Das heißt ja Ansichten ändern; aber dir ist nicht bange, wie immer genannt zu werden. Behältst du dagegen den alten Gesichtspunkt bei, auch nachdem du einen neuen Standpunkt erreicht hast, so siehst du schief; bekommst eine schiefe Stellung, arbeitest dir selber und deinen Interessen entgegen. Das kann recht uneigennützig aussehen, erregt aber niemals Vertrauen. Solche Verschiebungen im Wachstum machen Krüppel.«

»Denn Recht hat jeder eigene Charakter,
Der übereinstimmt mit sich selbst; es gibt
Kein andres Unrecht als den Widerspruch«,

sagt die Gräfin Terzky.

Aber so einfach liegen diese Dinge nicht. Ohne Zweifel: teilhaben wollen am Ganzen, das ist es, was den Menschen aus seiner Persönlichkeit, aus seiner Form, aus seinem Glücke wirft – und doch ist es ein Trieb wie alle andern Grundtriebe und von den Demiurgen vielleicht der oberste. Wohl möglich, daß man dabei zwischen zwei Stühlen zu sitzen kommt, aber das ist in Wahrheit der anständigste Platz, den es gibt. Und statt mich von Strindberg einen Krüppel schelten zu lassen, erinnere ich mich lieber, daß die edle Diotima aus Mantinea die Philosophierenden diejenigen nennt, die zwischen den Weisen und den Unweisen in der Mitte stehen. Etwas fremd sein, ist zudem ein guter Standpunkt. Etwas fremd sein, befähigt zur Abstraktion und zu der Gewaltsamkeit, die ein Bestandteil der Idealität ist. Oft sind es Fremde gewesen, die die Nöte und Notwendigkeiten eines Staatswesens besser erkannten als die Einheimischen. Ein nassauischer Reichsfreiherr, nicht ein märkischer Junker, reformierte Preußen. Und auch Bismarck, wie seine Geschichte erwies, war im Grunde ein Fremder in seiner Kaste – er war genial.

Wir hörten kürzlich den Strindbergschen Gedanken aus dem Munde des Reichskanzlers als das Wort von den »gottgewollten Abhängigkeiten«. Es stand schon Bismarck nicht gut an, dieses Wort, und dem modernen Philosophierenden erst recht nicht. Denn ihm trauen wir nicht wie jenem einen Kampf mit Gott auf der Basis der Gleichberechtigung zu. In Bismarcks Munde war das Wort eine Gotteslästerung; Napoleon hätte es 1813 sagen können; es heißt so viel wie: *Dieu c'est moi*. Der Philosophierende gar kann es nur obenhin und zum Prunken gedacht haben, denn sonst würde die Absurdität des Ausdrucks ihm nicht verborgen geblieben sein. Gott ist auf beiden Seiten der Gleichung; er will die Abhängigkeit und will die Empörung. Wo auch steht geschrieben, was Gott gewollt hat? Menschen haben es geschrieben, immer nur Menschen, immer steht ein Mensch zwischen Gott und den Menschen. Gott ist nicht beweisbar, sondern kann nur geoffenbart werden; und darum darf jedermann an eine gottgewollte Abhängigkeit glauben, insofern sie ihn selbst verpflichtet, niemals aber, daß er daraufhin von andern irgend etwas fordere. Gottgewollte Abhängigkeit, das ist die Lehre des vom Blute Servets unsühnbar geröteten Calvin, angewandt auf diese Erde. Und wir verwerfen diese Lehre aus Herzenskraft. Selbst wenn sie wahr ist, kämpfen wir gegen sie. Selbst wenn sie wahr ist, dürfen und müssen wir gegen sie kämpfen. Sie hat ihren Willen, wir den unsrigen; nehmen wir aber den ihrigen an, so wird die Kraft der Welt um etwas geringer. Keine Lehre braucht unsern Willen zu lähmen, auch die wahrste nicht. Die Schönheit aber der gottgewollten Abhängigkeit, die gleicht dem goldenen Ruder, mit dem Nietzsche einen Fischer das Wasser des in Abendglut stehenden Sees aufregen sah; zu Hause fressen diesen königlichen Fischer vielleicht die Läuse.

Die gottgewollte Abhängigkeit wurde von der linken Seite des Hauses unfreundlich aufgenommen; man schien dort nicht zu ahnen, daß man zu diesem Geiste der Finsternis ein rechtes Geschwister dumpf und gläubig verehrt: man nennt es Entwicklung. Auch sie ist ein Götze, dem wir opfern, dem wir unsern Willen, unsern Geist, unsre Tapferkeit und alles das in unsrer Seele opfern, worin sich das Leben, als unbegreifbar und unmeßbar, warnend anzeigen möchte. Dieser Götze Entwicklung hat die Menschen, die ihn ohne Mißtrauen anbeten, so an das Leben gewöhnt, daß sie es nicht mehr kennen und verstehen. Er hat einen Optimismus der harten Haut geschaffen und eine abgöttische Frömmigkeit des Erfolgs. Unversehens wird aus der Entwicklung die Entwicklung zum Guten. Aber dieses so bürgerlich freundliche Wort Fortschritt ist, weit entfernt davon, eindeutig und beruhigend zu sein, vielmehr voll einer dunkeln und gefährlichen Paradoxie. Wenn Fortschritt der Sinn des

Menschenlebens wäre, wer könnte, schlimmer noch: wer möchte dann noch leben? Wer hielte es dann aus vor Mitleid mit den Geschlechtern, die vor uns dahingesunken sind, und wer vor Neid gegen die aus der Zukunft heraufkommenden? Und ist Fortschritt nicht der Sinn unsres Lebens, wer hielte es dann aus vor Langeweile? Wir können niemals glauben, daß irgendeine Generation von Menschen auf Erden nur provisorisch gelebt hätte; und dürfen doch nicht glauben, daß die unsrige nicht auch nur ein Provisorium sei.
Es ist ein Fehler, den naturwissenschaftlichen Begriff der Entwicklung mit unmittelbarer Analogie auf den Menschen anzuwenden. Das Individuum ist ein schlechter Kausalitätsleiter; in demselben Sinne, wie der eingeschaltete Kohlefaden ein schlechter Elektrizitätsleiter ist und dadurch zum Glühen und Leuchten erregt wird. Gottgewollte Abhängigkeit und Entwicklung sind fast immer entweder Phrasen, oder sie sind Quietive. Man braucht sie als Beweismittel im Kampf am liebsten, wenn man keine andern hat. Ja, diese andern widersprechen ihnen. Denn indem jeder mit seinen Beweisen überzeugen will (oder doch so tut, als ob er überzeugen wolle), gesteht er ein, daß er die intellektuelle Lage des Gegners nicht für bestimmt durch seine natürlichen Verhältnisse, sondern für bestimmbar durch ideelle Erwägungen halte. Wer wirklich an Entwicklung und gottgewollte Abhängigkeit glaubt, müßte von einer Toleranz ohnegleichen sein; aber nirgends sehen wir diese Toleranz.

Der Handelnde ist, es sei dahingestellt, ob gewissenlos, wie Goethe meint, zumindest in der Lage, die Bismarck gekennzeichnet hat: es sei oft nötig, daß überhaupt etwas gemacht werde, selbst wenn im Augenblick nicht gleich das Rechte gemacht werden könne. Sobald aber auch der Handelnde sein Tun zu rechtfertigen hat, hört er auf, ein eigentlich Handelnder zu sein und wird ein Betrachtender und ein Bewertender; er bekommt ein Gewissen, er wird aus der Historie in die Moral hinüber versetzt. (Das war Bismarcks Schicksal, im Vergleich mit demjenigen Napoleons; es war fast wörtlich der Geier, der an seiner Leber fraß; es vergrößerte seine Arbeitslast um das Hundertfache und ist seine eigentümliche Tragik, weil es aus der Natur seiner Stellung, nicht aus ihren Zufällen herstammt.) Der Betrachtende und Bewertende kann sich nie begnügen, daß Etwas geschehe, sondern will immer, daß das Notwendige, sogar, daß das Rechte in abstracto, das Reine, Gute geschehe. Was aber das Gute sei, das vermag selbst der naivste Ostelbier nicht mehr so klipp und klar zu definieren wie sein altrömisches Ebenbild, ganz unmoralisch, als das, was den Herrschenden dienlich und gemäß ist: Ein guter Mann, ein Konservativer; ein schlechter Mann, ein Liberaler. Das Christentum hat schuld, daß es so einfach nicht mehr geht, das Christentum mit seiner Freiheit des Christenmenschen, mit seiner Aufhebung der gottgewollten Abhängigkeit, mit seinen so zarten wie kühnen Begriffen von gut und böse über das Nationale, ja über die soziale Moral hinweg. Dieses Christentum durchdringt alle Parteien; die Konservativen wissen nicht, wie sehr es sie lähmt, die Sozialdemokraten nicht, wie sehr es sie befeuert. Eine fast versöhnliche und beinah komische Äußerungsform davon ist, daß keine Partei der andern ein relatives Recht zuzuerkennen geneigt ist; sondern jede glaubt von der andern, daß sie gewillt sei, ein Bösewicht zu werden. Wenn zwei Diebe sich im Hader trennen, sagen sie zu- oder voneinander: Schuft, so moralisch ist die Welt. Die Parteien möchten eine jede sich in der Reinheit ihrer Ideen insinuieren, auf die gegnerische aber nach der Insuffizienz und Gebrechlichkeit ihrer jeweiligen zufälligen Erscheinung mit Fingern weisen. Trotz vieler Böswilligkeit – natürlich bei Menschen, die sich um Dinge kümmern, die sie nichts angehen – steckt Ehrlichkeit im Verkennen der Gegner. Man glaubt nicht, daß der andre irre, sondern daß er schlecht sei; und weil man nichts voneinander weiß, beurteilt man den Gegner als eine homogene Masse. Das ist er aber so wenig, daß z. B. die Sozialdemokratie auf dem Lande viele und beklagenswerte Verheerungen in den Gemütern der ihr Verfallenen angerichtet, sie leer, eitel und herzenskalt gemacht, und in den großen Städten ihre Anhänger zu einer zuchtvollen, bildungsfähigen und humanen

Klasse erhoben hat, als Erzierherin so viel erreichend, wie Kirche und patriarchalisches Regiment irgendwann erreichten.

Jede Partei, und am bereitwilligsten immer die, die sich auf ihren Patriotismus etwas Besonderes zugute tut, läßt sich die Mitläuferschaft des Pöbels gefallen. Die Usurpatoren und Revolutionäre, von unten wie von oben, rechneten immer mit ihm so zynisch wie mit den andern Elementen der politischen Lage. Und in der Tat ist der Pöbel für die Ausfechtung der inneren Politik dasselbe wie ehemals die Söldner für die der auswärtigen. Vielleicht ist er schon im Begriff, sich ebenso zu verwandeln, wie die Söldner sich in Volksheere verwandelt haben.

Wenn man täglich des Morgens in den Zeitungen liest: Deutschland hat dieses getan, und Rußland das, und England jenes, und abends durch ein Dorf geht und fühlt, wie wirklich und wie schwermutvoll einsam jedes Haus dasteht und in »die einsame, blindäugige« Nacht versinkt – dann kann es einem geschehen, wenn man sich überhaupt an den Tag erinnert, daß man sich fragt: wer ist das, was ist das, Deutschland, Rußland, England? Ich verstehe das, wenn ein Shakespearischer König »mein Bruder Frankreich« sagt; aufs Heute angewendet, verstehe ich es nicht ohne weiteres. Ich verstehe, daß den Fürsten der Ubier Hermann, der Cherusker, folgendermaßen bescheidet:

»Ich weiß, Aristan, diese Denkart kenn' ich.
Du bist imstand' und treibst mich in die Enge,
Fragst, wo und wann Germanien gewesen?
Ob in dem Mond? Und zu der Riesen Zeiten?
Und was der Witz sonst an die Hand dir gibt;
Doch jetzo, ich versichre dich, jetzt wirst du
Mich schnell begreifen, wie ich es gemeint:
Führt ihn hinweg und werft das Haupt ihm
nieder!«

Und ich nenne mit Marbod die Lektion gut und glaube mit Fust: »Was gilts, er weiß jetzt, wo Germanien liegt?« Aber die neue deutsche Nation macht es mir nicht so leicht und

sicher. Wo ist heute der Nationalismus, zu dem es von den Standesbestrebungen einen direkten Weg gäbe, weil er sie umfaßte?
Der Adel ist auf Herrschaft aus; der Arbeiter will seines Leibes und Lebens freie Sicherung und Gestaltung; was der Bürger diesen beiden Bestrebungen an Realität Ähnliches an die Seite zu setzen hätte, schämt er sich zu sagen; denn er müßte sagen: Prosit. Einst war er der Träger des Nationalismus; aber es hat sich herausgestellt, daß dieser Nationalismus nur die verlängerte Kette war, das Versprechen des Kosmopolitismus. Ein sehr großes Vaterland, das ist beinahe kein Vaterland mehr. Was haben wir jetzt von der stärkeren Realität unsrer Anschauungen, von all der »Realpolitik«, die populär geworden ist? Etwas Zynismus und eine Vertiefung unsrer Kannegießerei, nicht unsres politischen Lebens, Instinktes und Willens. Man hat von den darwinistischen Lehren sich die Entwicklung adaptiert, als eine Befreiung von der Pflicht, zu wollen. Man hat vom Sozialismus so viel für sich erschlichen, daß man seines guten »schlechten Gewissens« ledig werden konnte. Weiß man nicht, wie flüssig alle Theorieen sind? Weiß man nicht, daß Theorieen Wahrheit nur sind in der ersten, frischen, enthusiastischen Kraft ihres – Irrtums? Nicht weil die wirtschaftlichen Mächte das *primum mobile* des menschlichen Lebens sind, glaubt man es, sondern weil man es glaubt, sind sie es. Eines Tages – sei es auch nur für dreißig Jahre – wird man aufhören, es zu glauben, und dann werden sie es nicht mehr sein; – die Erde dreht sich um die Sonne, erst seit Kopernikus es gelehrt hat. Man weist mit Stolz auf den Aufschwung unsrer Zivilisation hin. In jedem Kaffeehaus spielt eine Zigeunerkapelle, und kein Berliner trägt zum Frack eine schwarze Krawatte. Aber es ist wohl Sklavenart, sich's gut ergehen zu lassen, ohne Freiheit. Sklavenart, sich auf die Wirtschaft zurückzuziehen, ohne die Macht des Herrschens und der Politik in Händen zu haben. Was wäre Venedig, wenn die Kaufleute nicht Herren gewesen wären, sondern bloß Händler! Es ist Sklavenart, das Leben an Geld und Genuß zu messen. Und die heimliche Macht der Industriekapitäne und

Bankiers – diese realste Realpolitik – steht nicht höher im Rang als die der Eunuchen, Lieblingssklaven und Kurtisanen an Höfen des Orients und Okzidents. Die Macht ohne den Schein der Macht, das kann eine große Wollust sein; aber die Macht ohne die Form der Macht führt schließlich zum kleinen Zynismus.

Fast eher noch glaube ich, daß die Konservativen liberal, als daß die Liberalen Politiker werden. Aber doch zeigt es sich immer wieder, daß sie ihre Situation nicht verstehen und sich ihre Waffen aus den alten Rüstkammern holen, statt aus den neuen. Immer wieder glauben sie, bekenntnisstark und irreligiös wie sie sind, die Religion als Polizei nötig zu haben; – in einem Lande, das, dank der Sozialdemokratie und nur dank ihr, frei ist von anarchistischen Attentaten; in einer Zeit, die so voll Zucht und Selbstbeherrschung ist, daß die Sozialdemokraten in Scharen von Hunderttausenden durch die Straßen und Gärten einer Stadt marschieren, ohne eine Fensterscheibe und eine Blume zu vernichten; in einer Zeit, wo die Sozialdemokraten sich abgewinnen, was alle Predigten aller Pastoren nicht haben durchsetzen können: die Verminderung des Trinkens; wo täglich Feuerwehrleute Heldentaten von Bravour und Besonnenheit tun, die schwerer wiegen als militärische Taten, weil sie ohne Rausch und Pfauenschwanzruhm geschehen. Sie kommen nicht hinaus über die Bäuerin meiner Heimat, die am ersten Mai ihre Speckseiten im Garten vergrub. Sie spüren es nicht, daß sie es nicht mehr nötig hätten, geistig reaktionär zu sein, um herrschen zu können; daß es die Möglichkeit zu einem neuen Aristokratismus und Konservatismus gibt, wofern er kulturell und unkirchlich ist und seine innere Freiheit und Verwegenheit, seinen geistigen Zynismus nach außen walten läßt – denn wenn der Konservative Geist hat, so ist das eine sehr besondere, souveräne, spielende und künstlerische Art von Geist, der des Liberalen durchaus überlegen. Die bürgerliche, rationalistische Kritik vom achtzehnten Jahrhundert her schien mit dem Aristokratismus fertig geworden zu sein; in Spielhagens Romanen kann man das Fazit dieser selbstgerechten Rechnung lesen. Aber im neunzehnten

Jahrhundert wurde der unterhöhlte Boden neu fundamentiert. Darwin, Gobineau und, diese Ideen mit dem Flackerschein amerikanischer Riesenreklamen an den Himmel werfend, Nietzsche gründeten eine Rangordnung der Menschen auf einer neuen Basis, so, daß der Humanismus davor erschrak und sich blind stellte.

Daß er bald die Augen auftun wird, dafür haben Literaten zu sorgen angefangen, die seit kurzem allerlei aristokratische Gelüste, Wünsche, Forderungen und Eitelkeiten in die Zeitungen bringen. Von ihrer Grundgefahr abgesehen – die Entwicklung als Verrat, so daß sie auch mit der Wahrheit zu lügen lernen; denn was ist Verrat? eine zu schnelle Entwicklung – befinden sich diese Männer fast alle insofern in einer schiefen Lage, als sie von der Kunst, von der Poesie her kommen. Es ist aber im Künstler, im Dichter Etwas, das der rein und historisch aristokratischen Durchgestaltung des Lebens immer widersprochen hat – ein Geist der Natur, der Erneuerung, des Zwiespalts – das Unsoziale; und eine Vornehmheit darin, die von höherem Rang als die historische ist. Die Kunst schmeichelt nicht nur einer Vornehmheit, wie van Dyck; sie schafft auch eine, wie Rembrandt – und dieser allein beugen wir uns ohne *ressentiment*. Ja, sie ist eine recht wahrhaft christliche insofern, als sie vom einzelnen Menschen verlangt und erzielt, den ganzen Ring der Menschheit, von der Natur bis zur Form, in sehr einsamem und sehr ernsthaftem Kampf ohne Schutz und Vormundschaft zurückzulegen.

Die Leute aber mit dem historisch aristokratischen Ideal erkannten ihre Propheten nicht, und warfen die drei, zumindest zwei von ihnen, zu den Teufeln. Auch den dritten machten sie unschädlich, indem sie ihn in die Konventikel verwiesen, weil sie seine Rückständigkeit, den wörtlichen Bibelglauben, nicht von ihm ablösen konnten, so wenig wie sie ihn immer noch von sich selbst ablösen können.

Alle Wochen hören wir von Gerichtsurteilen, die uns das Blut kochen machen. Man spricht überall im Lande, wenn man unter sich ist, unumwunden von Klassenjustiz. Hätten wir nur eine rechte Klassenjustiz! Daß junge Leute, Studenten, die der Hafer sticht, Scheiben einschlagen und Lokomotiven zur Entgleisung bringen, das ist so schlimm nicht; aber daß, vor Gericht gestellt, jeder von ihnen dasselbe Sprüchlein herbetet und sich auf sinnlose Trunkenheit hinausredet, das ist schmachvoll für sie und für uns. Da war es Zeit, Klassenjustiz zu üben, und d. h., daß gemäß dem Anspruch *ihrer* Klasse die jungen Helden hätten erfahren müssen, daß ihre Entschuldigung ihr Vergehen zu einem Verbrechen machte. Es läßt sich schließlich jedes Regiment ertragen, aber Ungerechtigkeit läßt sich nicht ertragen. Kein Gefühl politischer Gegnerschaft, ja wütenden Hasses kommt dem nah, das im Blute aufflammt gegen Ungerechtigkeit. Dieses ist doch, rühmt man sich, das Land des Michael Kohlhaas und des Erbförsters! Die Bürger sollten sich nicht begnügen, die Hand in der Tasche zu ballen oder ihrem Groll in den Zeitungen Luft zu machen. Sie sollten, an der Redensart von der Unabhängigkeit der Richter nicht mitspielend, eine Einrichtung durchsetzen, wonach das ungerechte Urteil eines Gerichts zum Gegenstand der Beratung und Untersuchung in den Parlamenten gemacht werden könnte; nicht bloß bei den Etatsberatungen, sondern als selbständiger Zweck und Gegenstand. Dann aber sollten sie sich nicht, wie jetzt so oft, von den Ministern und Räten durch formale Erledigungen ihre materialen Beschwerden mit fiat hokus pokus aus der Hand schlagen lassen. Mehr als einmal erinnerten Parlamentsverhandlungen an den biederen Landmann, dem man gewisse dunkle Praktiken bei einem Grundstückskaufe vorwarf. »Aber«, verteidigte er sich, »da müßte ich ja ein Schuft sein, wenn ich das getan hätte«, und auf diese Weise machte er die Widersacher stumm.

Kein Börsengesetz und keine Steuervorlage ist so wichtig, wie daß einem Manne sein Recht geschieht. Und das Volk würde lernen, mit ganz andern Augen auf die großen Schwatzhäuser zu sehen, wenn es wüßte, daß gegebenenfalls sein Schicksal unmittelbar, nicht bloß durch das Kanalsystem von Gesetzen dort beraten würde. Aber der Bürger unsrer Städte lebt eine zu schattenhafte Existenz, als daß er etwas Wirkliches und Unmittelbares ergriffe. In jenen berühmten Novembertagen, wo der Kaiser sich von seiner Aktivität durch eine sogenannte Volksbewegung abdrängen ließ – wir haben beiläufig in unsrer Geschichte manches Beispiel von dem Kampf zwischen Jorcus und Zivilles bei Siegfrieds Hochzeit, wo jeder nur solange angriff, wie der andre floh – in jenen Tagen stand in einer offiziösen Zeitung ein verstecktes Angebot, einem Ausschuß des Parlaments Einblicke in die äußere Politik zu geben; es wurde nicht einmal angenommen, geschweige denn, daß man es von selbst gefordert hätte. Ein demokratischer Politiker, mit dem ich mich darüber unterhielt, stellte sich gänzlich kalt gegen die Idee; denn, meinte er, es käme nicht auf Einrichtungen an, sondern auf Männer; in England, wo es mehr politische Begabung gebe als bei uns, wüßte man sich der rückständigsten Maschine zu freiheitlichen Handlungen zu bedienen. Das ist gewiß richtig, – und beweist doch nur, daß man sich bei uns noch durch die realpolitischsten Erwägungen zu unpolitischer Handlungsweise überredet. Wenn in einer ständigen Kommission unsres Reichstags über auswärtige Politik Unsinn geredet würde, so beweist das nicht, daß in ihr auch nach zehn Jahren noch Unsinn müßte geredet werden. Auch der Grundsatz *men, not measures* hat seinen Punkt, wo er dumm wird, genau wie der umgekehrte. Zu lernen weiß man doch bei uns, und es hätte vielleicht in zehn Jahren ein paar Männer gegeben, die sich von den Diplomaten der Zunft nicht brauchten abspeisen zu lassen.

Es ist für alle, die nicht unmittelbare Macht haben, immer doch noch besser, am tausendjährigen Reich zu arbeiten als an dem Tag, »der nur Verworrenes im Verworrenen spiegelt«. Der Realpolitiker ohne Mandat friert an seinem eigenen Froste. Für den aber, der am Menschen arbeiten will, wird immer wieder die Politik zum Rätsel. Er fühlt die Gefahr einer Gesinnung, die infolge der Betonung der inneren Politik die äußere verwirft, und der andern, die infolge der Betonung der äußeren Politik die innere unfrei macht.

Das Problem stellt sich ihm am Ende so: ob es ihm möglich sei, den Begriff einer Gesamtpolitik zu konzipieren, innerhalb welcher zwar die äußere Form den Primat habe, die innere aber trotzdem das wahre Ziel vorstelle. Und das ist das Problem der Erziehung.

[1910]

Neuer Nationalismus

Während der Hochflut des Krieges hatten wir in Deutschland eine Auseinandersetzung über den nationalen Staat, die so leidenschaftlich und erbittert, wie paradox war. Wir hatten Annexionisten, das heißt Leute, die den deutschen Staat auch um eine große nichtdeutsche Bevölkerung spannen wollten, und hatten ihre Gegner, die die Staatsgrenze unbedingt mit der Volksgrenze identisch verlangten; aber jene, die also ein übernationales Deutschland erstrebten, waren zugleich die Nationalisten von Gesinnung, und die andern, die das reinnationale Deutschland verfochten, waren das nicht, in mannigfacher Schattierung von der Lässigkeit bis zur bittersten Feindschaft. Wenn die Moral und die Gefahr nicht dazwischen gekommen wären, hätte es ja eigentlich umgekehrt sein müssen. Die Paradoxie ging scheinbar noch weiter, so weit, daß sie sich auflöst und erklärt. Denn die meisten von denen, die den deutschen Charakter des Staates durch Eroberungen nicht verwischt sehen wollten, hatten zu ihrem nationalen Eifer andre als nationale Antriebe; wessen aber konnten die eigentlichen Nationalisten sich versehen, welche Gefahr für ihr Ideal wagten sie außer Rechnung zu setzen, wenn sie Belgier, Franzosen, Polen, Litauer und was etwa noch drum und dran hing, in ihr reines Deutschland einzubeziehen trachteten? Nun, sie waren auf Herrschaft aus; und sie sagten sich, daß Herrschaft, als ein unumgängliches Prinzip nur erst einmal nach außen hin etabliert – ein besseres sahen sie nicht, versuchten und übten sie nicht –, auch nach innen neu befestigt dastünde.

Ein anderer Nationalismus als diese beiden Abarten hat im ostrheinischen Europa gesiegt; kein historischer mehr, son-

dern ein ethnographischer. Ja, Europa hat einen Rückfall in die Ethnographie erlitten, in die Naturwissenschaft, ins Untermenschliche. Schon hören wir, daß die Slowaken sich gegen die tschechischen Brüder zu sammeln anfangen; und der Prozeß der Zerteilung vermöchte in sich selbst nicht eher ein Ende zu finden, als bis auch die Nüancen innerhalb eines Volkes ihre Feindschaft, diese verbissenste von allen, ausgerast hätten. Alle die Kriege, Wanderungen und Kulturkreuzungen der Menschheit hatten den Sinn, die Grenze zu zersprengen, die Völker wollten aus ihrer Haut heraus; jetzt schlüpften sie wieder hinein. Friede kann daraus nicht werden. Jeder Gedanke, der ein gutes Gewissen hat, wird intolerant; da er sich als die Wahrheit fühlt, muß er herrschen wollen. Wenn also Nation ein Gedanke wird, so wird auch sie intolerant. So lange die jung-berauschten, mit sich selbst beschenkten Völker kein andres Wort zum Weltgeist emporzuschicken haben, als das der Kinder: »Ich ich – hab', hab'«, so lange wird die Wildheit der frühen Zeiten wieder durch Europa fiebern, und die Tugendwächter des Erdballs werden mit strafbereitem Wohlwollen zusehen.
Deutschland ist nicht wild von Natur; es ist stark von Natur, und das Schicksal verbietet ihm obenein seine Stärke für lange Jahre: was hat es dem rasenden, drohenden, dreisten Nationalismus, der einstweilen überall triumphiert, entgegenzustellen? Denn zu aller aufgezwungenen Schwäche leistet er sich eine freiwillige noch dazu: es träumt schon wieder den alten Traum der Internationale. Aber nur für das deutsche Volk, loyal und gutgläubig gegen Ideen wie es ist, bereit, sie wörtlich und als eine Realität zu nehmen, ist dieser Gedanke eine Gefahr, eine Hemmung und Hinderung; für kein andres, auch für das russische nicht; denn diese alle, als Völker, wissen darauf zu spielen wie auf einem Instrument. Dennoch – um seine Widerlegung brauchen wir nicht zu sorgen; die Feinde selbst werden ihn uns verbieten. So wie wir jetzt unsre Telegramme nach Washington schicken und die Antwort darauf aus Paris und London bekommen, so werden wir sagen: Freihandel, Völkerbund, Solidarität der werktätigen Klassen, und das Echo wird uns klingen wie: Irland.

So bliebe, auch für Deutschlands schöpferische Gesinnung nur der eine geistige Befehl des Nationalismus, der ethnographischen Bescheidung und Versteifung? Und wir haben doch die Erfahrung gemacht, daß gerade Deutschland aus Gründen seiner besten Wahrhaftigkeit, am tiefsten verlogen wird durch einen falschen Gedanken; daß es, weil metaphysisch gerichtet, der metaphysischen Heuchelei verfällt, die schlimmer, zehrender ist als die vielberühmte moralische der Engländer. Wenn die Deutschen Gott suchen, so werden sie einen deutschen Gott finden; wenn sie aber einen deutschen Gott suchen, so werden sie – nichts finden, oder Schlimmeres als nichts, einen Teufel.
Aus diesem Dilemma scheint es keinen Ausweg zu geben. Aber nein; je schärfer, je klemmender es ist, um so lichter ist der Weg, der hinausführt. Es ist nichts weiter nötig, als daß wir unsre wesentlichen Entscheidungen nicht erleiden, sondern tun. Alle Kraft hat ihre Bitterkeit; alle Kraft hat ihre Heiterkeit. Es wäre an der Zeit, erwachsen zu sein, und das heißt, daß man lernt, die Welt anzuschauen – ohne »Weltanschauung«, will sagen ohne ein übereiliges und kurzschlüssiges System. Goethes wunderbarster, tiefster Lebenssatz gilt auch hier: Dieses – daß wir schon bei jedem aufmerksamen Blick in die Welt theoretisieren – »mit Bewußtsein, mit Selbstkenntnis, mit Freiheit und, um uns eines gewagten Wortes zu bedienen, mit Ironie zu tun und vorzunehmen, eine solche Gewandtheit ist nötig, wenn die Abstraktion, vor der wir uns fürchten, unschädlich und das Erfahrungsresultat, das wir hoffen, recht lebendig und nützlich werden soll.« Auf eine solche, auf Goethische Art Politik zu treiben, das wäre die Aufgabe Deutschlands, es wäre auch seine Rettung. Wir müssen frei und, um uns des gewagten Ausdrucks zu bedienen, ironisch genug sein, den Nationalismus als praktische, nicht als ideelle Tendenz zu erfassen. Dann erst und dann wieder können wir aus ihm alles Nötige an Kraft gewinnen, ohne eine Gefahr für die Seele. Dann endlich könnten wir wieder ein Vaterland haben.

[1918]

Psychologie in der Politik

Die folgende Betrachtung möchte selbst am liebsten akademisch und also im Schreibtisch bleiben, aber sie wird leider aller paar Tage bei uns aktuell.
Man wirft den Deutschen bekanntlich vor, daß sie es in der Behandlung anderer Völker, womit gesagt ist: in der gesamten Führung ihrer auswärtigen Politik, an Psychologie fehlen ließen. Der Vorwurf ist sehr plausibel, – er ist nichtsdestoweniger falsch; und zwar in doppeltem Sinne falsch. Er fordert nicht nur etwas Verkehrtes; sondern er fordert es gerade von denen, die als einzige, zu ihrem Schaden, es immer zu leisten versuchen. So ist es nämlich, und nicht anders; so paradox es erscheint, nur die Deutschen, jedem Ideenfang eine zu leichte Beute, bemühen sich um diese Psychologie und hören nicht auf, an einer falsch gestellten Gleichung herumzurechnen.
Wie das gemeint sei, wird am besten aus einer kleinen Geschichte deutlich. In einem Roman von Turgenjew gibt es eine Verschwörung junger Revolutionäre, die ohne Umsicht vorbereitet, ohne Konsequenz durchgeführt wird und ohne Ertrag auseinanderfällt. Die Teilnehmer stieben in alle Winde, einigen gelingt die Flucht ins Ausland, andere wandern ins Gefängnis, wieder andere finden sich, klug oder schwach, mit mimikryhafter Anpassung in die bürgerliche Gesellschaft zurück. Der Führer selbst, ein unklarer Romantiker, stirbt einen romantischen Tod durch Selbstmord. Unter den ins Ausland Verbannten ist eine Frau, namens Thekla Maschurin, ein altes Mädchen, häßlich, plump, rauh, Aschenbrödel, Hebamme von Beruf; sie hat den schönen jungen Romantiker geliebt und war damit für den

Leser zwar immer rührend, aber immer lächerlich. Nach vielen Jahren tritt sie, die immer noch Verbannte, zu einem der still Untergekrochenen ins Zimmer. Er ist aufs äußerste überrascht und fragt, wie und wo sie über die Grenze gekommen sei. Über die rumänische Grenze, mit einem falschen Paß. Er sieht sie bedenklich an, weder ihm noch dem Leser scheint ihre skurrile Gestalt mit irgendeinem fremden Signalement vereinbar. Was für ein Paß das gewesen sei, fragt er. Der einer italienischen Gräfin. Er muß einmal schlucken, ehe er weiter zu forschen wagt, ob das ohne Zwischenfall gegangen sei. Nein, lautet die Antwort, es sei da ein Gendarm oder so etwas an sie herangetreten, um zu fragen und zu quengeln; sie habe ihm aber einfach gesagt: »Scher' dich weg, du Schwein!«, und da habe er sich getrollt. »In welcher Sprache haben Sie denn das gesagt?« – »Auf russisch natürlich.«

Bedarf es einer Erläuterung? Wir kennen die Nation, die vor allen andern es wie Thekla Maschurin macht und auf englisch, das heißt auf russisch sagt: scher' dich weg! Der Deutsche aber in derselben Lage würde italienisch zu sprechen versuchen, und damit wäre er, hundert gegen eins, »geklappt«. Ganz gleichgültig, ob der Grenzbeamte italienisch kann oder nicht; eines hört er heraus: das Tappende, die Unsicherheit, die Unnatürlichkeit.

Man könnte einwenden, daß mit der versuchten Errechnung des Partners Unsicherheit nicht notwendigerweise verbunden sei. Und in der Tat bringen ja schließlich alle Menschen ihre Geschäfte für eine Weile zustande, die einen für fünf Minuten, die andern für fünf Jahrzehnte, und alle scheitern ebenso »schließlich«; jeder erreicht eine gewisse – winzige oder große, flüchtige oder dauernde Annäherung an den objektiven Sachverhalt, an die Möglichkeit einer Wechselwirkung zwischen seinen Kräften und allen übrigen. Aber das Maß dieser Annäherung wird am stärksten durch den Grad der inneren Festigkeit des Menschen bestimmt, und soweit Psychologie des Gegners dabei wahrnehmbar ist, werden wir sie bei genauerer Prüfung nie als eine Stütze des glücklichen Temperamentes finden, sondern als eine seiner Äußerungen.

Man hat Bismarck gerühmt, daß er seine Gegenspieler durchschaute und ihre erkannten Eigenschaften in die Rechnung setzte; das Beispiel ist in einem andern Sinne lehrreich, als man vermutet. Psychologie ist ein letztes, unfaßbar schwebendes Resultat; nur endigen läßt sich damit, aber nicht anfangen. Auch Bismarck hätte einen Partner niemals als Menschen so zu erkennen vermocht, daß er darauf hätte weiterbauen dürfen; vielmehr mußte er – und das gehört zum Wesen des Politikers – mit unerschütterlichem Zynismus diesen Menschen als solchen sogar aufheben, seine Einheit zerstören und ihn zu einer Summe von Eigenschaften mechanisieren – was alles dasselbe ist, wie ihn entseelen. Erst damit gewann er die Freiheit gegen ihn, sich der Frage – einer Gewissensfrage – nach seinem wirklichen Wert und Wesen zu entschlagen und ihn ausschließlich nach der Brauchbarkeit für *seine* Zwecke zu bewerten. *Und auf diese Zwecke kommt es an,* auf die Deutlichkeit und Instinktsicherheit der Zwecke. Es ist etwas Ähnliches, wenn Napoleon für den Strategen die, wie er sie bezeichnet, malerische Phantasie verwirft und eine mathematische empfiehlt; mit der malerischen, nämlich wenn jedes Bataillon aus Menschen besteht, muttergeborenen von Fleisch und Angst, würde vielleicht auch er es nicht bei seinem Handwerk ausgehalten haben, er machte aus dem Bataillon eine Ziffer.

Was für die Psychologie eines Individuums gilt, das gilt vielfältiger, gefährlicher und verhängnisvoller für die eines Volkes. Auch sie kann immer nur ein Resultat und letztes Urteil sein, mit dem stärksten Fragezeichen der Vorsicht ins Zweifelhafte gestellt. Schon indem ein Volk noch lebt, schlägt es ja immer neue Wellen aus seinem dunklen Grunde. Zwar gibt es eine wertvolle Psychologie der Massen und eine mit großen Ehren zu nennende Wissenschaft Völkerpsychologie – eine Wissenschaft! Wer sie intus haben will, behält nicht viel Zeit zur Politik. Eine Wissenschaft – das will besagen: Gegensätze kämpfen miteinander so lange, bis die braunen Haare weiß werden, und ehe das Gras wuchs, war das Pferdchen tot. Wissenschaft vom Menschen! Im günstigsten Falle eine Sammlung und Ordnung von Resultaten bis zu einem willkürlich gesetzten Schlußpunkt. Je lebendiger das Objekt, je näher es uns in der Zeit, im Raum und im Interesse rückt, um so widerspruchsvoller – und für das unmittelbare Leben nicht zu brauchen – ist ihre Lehre. Wissenschaft ist herrlich! Aber wer sie hat, den hat auch sie. Und außerdem ist sie so schwer, daß sogar, als Politiker, die Professoren nicht immer fähig sind, aus ihren eigenen Büchern zu lernen – würden sie sonst in Scharen hinter Kleon herlaufen? (In ihren Büchern sind sie nämlich gegen Kleon, den »Gerber«, den Kriegshetzer, den Demagogen.) Und wer also ihrer selbst nicht mächtig ist – als Politiker von Beruf, als Laie, als Volk – und sich schämt, ihren siebenten Abguß zu schlürfen, dem bleibt als Quelle der Psychologie eines anderen Volkes nur noch die Inspiration oder das Wissen vor dem Wissen – aber so viele Genies gibt es nicht. Psychologie, das heißt immer: falsche Psychologie. Sie ist kein Unglück, schon, weil sie ein Vergnügen sein kann; aber mehr darf sie nicht sein. Sie spielt zu gern herüber und hinüber in wechselseitigem Mißverständnis mit der Politik als einer »Kunst des Möglichen« – welches Schlagwort auch zu oft mißbraucht wurde, als daß es länger unangefochten bleiben sollte. Kunst des Möglichen, eine teufelsmäßig heimtükkische Variable: leicht wirft sie ihr Duckmäusertum ab. Sie kann ein Volk in der starken Stunde, und das ist möglicherweise der schwache Augenblick, verführen, etwas zu unternehmen, was ihm erreichbar scheint, ohne daß es ihm nötig wäre. Sollte man Politik nicht lieber ein für allemal entschlossen als die Kunst des Wirklichen fassen? Oder ist man so unkünstlerisch, nicht zu wissen, daß es eine *Kunst des Wirklichen* gibt? In der Politik hat sie ein einziges, einfaches, klares Grundgesetz: daß man weiß, was man will – nicht wünscht, nicht träumt, sondern was man wirklich bis zu Ende will; selten, ja vielleicht nie wird man das nicht wollen dürfen. Man erfährt es, wenn man nur auf sich selbst sieht, nicht auf die andern, nicht auf das Mögliche; wenn man kein Dilettant ist; wenn man sich nicht auf Psychologie einläßt. Mehr Mut gehört dazu als zu jedem anderen Mut, und öfters wird eine Form dieses höheren Mutes Entsagung sein.

[1921]

Brief eines Monarchisten an einen andern

Geehrter Herr und Freund!

Eine Reise in Angelegenheiten meines Sohnes hat mich eine ganze Woche ohne feste Adresse umgetrieben, und ich habe Ihr Schreiben erst gestern abend zu Händen bekommen; nicht also, weil ich mit meiner Antwort hätte zögern müssen, expediere ich sie später, als Sie erwarten durften. Weder mein Gewissen noch mein Verstand wurde durch Ihre Ermahnung in Unruhe versetzt; und was mein Gefühl betrifft, so erlauben Sie mir noch eine Weile, aus Ihrem bittern und heftigen Ton vor allem die Sympathie herauszuhören, die Sie immer gegen mich bewiesen haben und die ich von Herzen erwidre. Wenn ich, woran Sie mir kaum noch einen Zweifel lassen, mich von meinen bisherigen Freunden trennen muß, so sind Sie es allein, von dem der Abschied mir eigentlich nahegeht; darum freut mich, daß gerade Sie es sind, der mir das entscheidende Wort abverlangt. Zu Ihnen kann ich sprechen, ohne mich dümmer zu machen, als ich bin; ohne mich klüger zu stellen, als ich darf; und ohne mich auf die Unmündigen einzurichten, die leider keine Unmäuligen sind.

Alle Ihre Vorwürfe gehen von dem einen aus und münden in ihm, daß ich mich als unsichern Kantonisten verraten hätte und nur ein Monarchist aus Nützlichkeitsgründen sei. Gut. Aber sind denn Nützlichkeitsgründe nicht auch Gründe? Mir scheint sogar, daß es keine andern gibt. Die meisten Menschen haben ihre Gründe vergessen oder verhehlen sie vor sich selbst; ich bin außerstande, allen diesen eine ausgezeichnet ritterliche Natur, einen eingeborenen Adel zuzuerkennen, der über meinem eignen stünde. Worauf es bei der

Nützlichkeit und den aus ihr gewonnenen Gründen ankommt, das ist die Weite ihres Ziels und Wurfs. Wenn Einer simpel nützlich auf ein ganzes Jahrhundert vordenkt, den will ich schon gern einen Idealisten nennen; und ich selbst nehme es darin, ohne Ruhmredigkeit, noch mit Manchem auf, der sogar etwas mehr im Sinn hat als die Privilegien des Besitzes, der Macht und der Repräsentation.
Ich bin aber doch wohl ruhmredig, scheint mir; ich merke, daß ein heimlicher Ärger noch immer an mir zehrt. Weg damit, wo ich selbst es merke, und wieder zur Sache!
Als Politiker, der ich bin und an den Ihr Appell sich richtet, bin ich durchdrungen davon, daß wir es immer und überall mit praktischen Dingen zu tun haben. Praktisch, beiläufig, nenne ich alles, was mehr als einen einzelnen Menschen angeht; also auch die Religion, insofern sie Kirche ist, und zwei Menschen sind schon eine Kirche. Praktische Dinge müssen entschieden werden, und dieses wird in den meisten, vermutlich in allen Fällen früher zu geschehen haben, als bis sie auf ihren letzten Tropfen ausdebattiert sind. Es muß also ein bestimmter Augenblick eintreten, in dem die Gründe und Gegengründe zum Schweigen verwiesen werden und ein Wille entscheidet. Wo aber findet sich ein Wille, der den Namen verdiente? Niemals in Vielen; nicht einmal in Zweien; sondern nur in einem alleinigen Menschen. Hier haben Sie meinen Monarchismus und zugleich meinen Begriff von Gottesgnadentum.
Ich sehe Ihren Einwand voraus und nehme ihn lieber gleich selbst weg. Dieser Begriff von Gottesgnadentum ließe sich, so meinen Sie, am Ende auch mit einem Präsidenten ausfüllen? Und in der Tat, ich würde einem Cromwell, durch den wir ein Deutschland, würdig des Deutschlands, das einmal fast identisch mit Europa und Christentum war, das freilich versunken ist, aber sich auf dem Grunde des Meeres nicht halten ließ und wieder auftauchte in Erschütterungen – durch wen mir dieses Deutschland noch einmal geschenkt würde, dem wollte ich dienen, wie ich bisher, die Wahrheit zu sagen, noch niemals gedient habe, trotz meiner vierzig gehäuften Jahre an Dienst. Mehr noch: wenn ich anders dächte, so würde ich glauben, den Namen eines Deutschen

mißbräuchlich zu tragen. Wie dürfte ich mir herausnehmen, irgendeiner Internationale zu zürnen, wenn ich selbst, bei Licht besehen, nur das Deutschland mir zusammenwünschte, das meiner Stellung, meinem Adel und Vermögen ihr Recht – ihr Vorrecht aufs neue garantierte?! Als die Emigrierten die Solidarität ihrer Kaste über das Vaterland stellten und gegen Frankreich zu Felde zogen, als ein König sich gefallen ließ, gegen sein eignes Volk Beistand von der Solidarität der Könige zu erhalten – eine Internationalität, zu der wir Versuche und Versuchungen in unsern eignen Tagen gesehen haben –: da wurde, zur Gegenwirkung, der moderne Nationalismus geboren, der unsrige; denn auch wir, verehrter Freund, wir Nationalisten stammen aus der Saat der französischen Revolution, so höllisch paradox ist das Leben. Jener große Philosoph und Kritiker, welchem man uns auf die Rechnung stellen will – zuviel Ehre für uns! –, hatte einen guten Instinkt, als er den Nationalismus und die Revolution mit demselben Haß anfiel.

Und glauben Sie nicht, daß die meisten von unsern Freunden einen Cromwell, dessen sie sicherer wären als er ihrer, doch noch lieber an der Spitze sehen würden als den legitimen Herrn? Ich wenigstens glaube es, ohne daß ich eine Brücke zwischen ihnen und mir erwartete und wünschte.

Ich brauchte soeben den Ausdruck vom »legitimen Herrn«. Wir würden einen Schritt zur Klarheit vorwärtskommen, wenn ich Ihren Gegensatz zu mir als den des Legitimisten zum Monarchisten feststellen dürfte. Jedoch Sie sind keine Legitimisten, meine Herren, denn Sie wollen einen preußischen König, der Hannover, Kurhessen und Nassau behält, und werden für Reuß und Lippe nicht Feuer fangen. Sind wir aber nicht mehr Legitimisten, so sind wir sofort Monarchisten aus Nützlichkeit, dagegen hilft uns kein frommer Augenaufschlag. Ich, für mein Teil, bediene mich dieser Hilfe nicht; ich finde, daß wir nun erst rechte Monarchisten sind, daß wir nun erst uns unbedingt gezwungen fühlen, aus unsrer Deckung herauszukommen. Manchem von unsern Freunden wird das sehr unbequem sein.

Prüfen Sie sie genau, und es wird Ihnen nicht entgehen, daß sie gar noch nicht die Monarchie wollen, sondern den Monarchismus, und das ist ein ander Ding. Sie wollen den gezückten Degen, nicht den zustoßenden; dieser, fürchten sie, möchte im Leibe des Gegners steckenbleiben und sie vor dem nächsten Angreifer waffenlos dastehen, indessen der gezückte, drohende ihnen Bewunderung und Macht sammelt. Wäre es nicht so, so müßten sie eine klare Antwort ohne Klauen und Zähne auf die Frage sagen: welche Monarchie? Monarchie, jawohl! Aber welche Monarchie, welche? Man würde sehr stumpf sein, wenn man die Unsicherheit ihres dynastischen Bekenntnisses überhörte. Sie schämen sich der Unsicherheit, die zudem der Agitation einigermaßen hinderlich ist – sie brauchten sich nicht zu schämen. Man muß ja nicht päpstlicher sein als der Papst. Die Völker halten ihre Dynastien immer für sicherer als diese sich selbst. Wir gehen für die Könige »bis in die Vendée«, indes die Könige, in allen Reichen und zu allen Zeiten, bei großen Kriegen oder andern historischen Prüfungen sehr schnell von dem Zweifel heimgesucht wurden, ob sie und ihr Haus die Niederlage überstehen würden. Wagen Sie, als Kandidaten für den Thron einen Nachkommen zum Beispiel Bismarcks so geeignet zu finden wie einen der Hohenzollern, und ich werde Sie echte Monarchisten nennen.

Erschrecken Sie nicht noch lachen Sie über mein »zum Beispiel«. Wir werden nichts getan haben, wenn wir eine Monarchie restaurieren; wir müssen uns zutrauen, eine zu gründen. Das Konservative liegt vor uns, nicht hinter uns. Was davon doch in der Vergangenheit uns teuer sein darf, das ist auf dem Blatt zu lesen, auf dem die von uns versäumten, von uns durchkreuzten, von uns verbogenen Möglichkeiten aufgezeichnet sind. Noch haben wir nichts getan, uns auf eine große Zukunft vorzubereiten; noch sind wir Hörige des Tages, wie die andern. Und nachdem ich vorhin festgestellt habe, daß wir von unsrer Monarchie erst sprechen dürften, wenn wir ohne Zögern und Vorbehalt, mit Überzeugung und Feuer, den Namen unsres Monarchen in die Welt rufen könnten, so füge ich jetzt hinzu: auch dann nicht. Uns bleibt auch dann noch die Frage zu beantworten, welch eine Art von Monarchie, von welchem Umfang, welcher Gliederung und Gestalt wir meinen.

Die vom 18. Januar 1871? Es liegt mir nichts daran, Ihnen eine Verlegenheit zu bereiten. Meine Bewunderung Bismarcks ist seit den letzten Jahren außerordentlich gestiegen; die Endlichkeit seines Werks, der Zusammenbruch selbst hat mir ein Zusammenschauen seiner Leistung möglich gemacht, das mir bis dahin durch die vertrauensvolle Gewöhnung an das Providentielle seiner Sendung erschwert war und das mir das Geniale seiner Natur wie in einem überhellen Licht offenbarte. Die Dämonie seines Charakters ist erhaben darüber, daß der Professor von ehemals, daß die Geschichte selbst vor ihm recht behielte. Die Geschichte übrigens, wenn auch nicht der Professor, läßt mit sich reden; verwechseln wir sie nur nicht mit den »neuesten Nachrichten«. Was im 18. Jahrhundert in Preußen und durch Preußen geschah, war, von Deutschland aus gesehen, etwas viel Ungeheureres, als unsre Schule uns gelehrt hat; es war beinahe so, als wenn Karl der Kühne gegen Ludwig XI. reüssiert hätte. Eine solche Verlegung des Schwerpunkts einer Nation würde allein genügen, die politische Aufgabe, weil das politische Schicksal, aufs höchste zu komplizieren, und dazu muß man ja noch die geographisch-historische Lage Deutschlands hinzurechnen, neben welcher die entsprechende Italiens oder Frankreichs ein Kinderspiel war. Bismarcks Lösung, daran halte ich heute mehr als je durchaus fest, war die rechte; nicht die einzig denkbare, aber die einzig mögliche; und ich stütze diese Überzeugung so wenig auf den Erfolg, wie ich sie mir durch den Mißerfolg erschüttern lasse.

Für den Politiker ist nur das nötig, was mindestens möglich ist. Von den Voraussetzungen, die Bismarck vorfand, ist keine mehr die unsrige, und seine Lösung zurückzuwünschen, ist ebensoviel Romantik, als wenn wir das Reich der Hohenstaufen erhofften. Eine so starke Armeemacht, wie Preußen war, so gelegen in Europa, hatte nur die Wahl, zu kümmern und zu ersticken oder zur Großmacht aufzuwachsen. Wir haben diese Macht, wir haben dieses Preußen nicht mehr; auch das unwiederholbare Individuum Bismarck nicht; das bedeutet, daß wir die Elemente und Materialien nicht besitzen, mit denen Bismarck bauen durfte.

Inmitten starker, zentralisierter Staaten auch unserseits ein starker, zentralisierter Staat zu werden, ist nicht mehr in unsre Hand gegeben. Es ist nicht gut, mit hundertfältiger Mühe eine Fassade zu putzen und zu verklammern, hinter der die Ruinen, dem Blick entzogen, weiterbröckeln. Und Sie, als Soldat, werden so gut wissen wie ich, daß ein militärischer Befehlshaber, der eine unhaltbare Stellung länger hält, als das Oberkommando ihm vorgeschrieben hat, die ganze Schlacht so verhängnisvoll umwirft, wie der, der sie früher verläßt.

Schwer ist auch mir diese Einsicht geworden, doch verzweifelt bin ich nicht länger. Ich sehe etwas. Der Föderalismus ist mir allmählich mehr geworden als eine speziell deutsche Theorie. Er tritt mir in der heutigen Familie entgegen, die sich vom Autoritären abgewendet hat, doch vor dem Sturz in die Anarchie zurückschreckt; er ist der Leitgedanke in den Verfassungskämpfen der Wirtschaft; und ohne ihn könnten nicht einmal die Träumer über die Vereinigten Staaten von Europa psalmodieren. Er lebt in allen Nationen, nicht nur in England. Eine Bewegung, gegen die man so verbissen vorgehen muß wie gegen die katalonische eben jetzt Spanien, ist sicherlich voller Kräfte; und wenn Katalonien einmal aufstehen sollte, so wird Paris um seine Provence Sorgen haben.

Unser deutscher Föderalismus gilt mir als eine Vorschule des umfassenden, großen. Können wir nicht mehr Grenzen verrücken, so können wir dazu wirken, dazu verführen und am Ende dazu zwingen, sie elastisch zu machen. Frankreich hat außer der Provence auch das Elsaß. Deutschland kann noch einmal siegen, durch sein Beispiel; und sein oft beklagtes, nur ganz selten gerühmtes Wesen, der Hang zur Zersplitterung, wird seine Heilung, seine tiefe Rechtfertigung erfahren; es wird nicht gegen seine Natur, sondern durch sie politisch schöpferisch sein.

Dieses sind meine Gründe, nicht die Ihrigen, warum ich, wie Sie, die deutsche Verfassung noch nicht gegeben glaube. Oh, bei weitem nicht! Es ist an der Zeit, den Ruf nach einer neuen Nationalversammlung zu erlassen. Seien wir glücklich, daß unsre Loyalität, mit der wir stehen oder fallen wer-

den, uns zu der Politik zwingt, deren erster nächster Gedanke diese neue Nationalversammlung ist. Machen wir uns endlich an die mächtigen Lasten der nötigen Vorarbeit! Wie soll, um nur das Nächstliegende zu erwähnen, die Nationalversammlung zusammengesetzt, wie gewählt sein? Unsre Methoden des Wählens sind mir ein Greuel: denn ich bin und bleibe ein konservativer Mann.
Sie finden das nicht; Sie sagen mir zum Abschied, daß ich ein Monarchist sei, der einem Republikaner so ähnlich sähe, wie... welcher Vergleich Ihnen immer beliebt. Nun, ich bin es zufrieden.

[1923]

5 Deutsche Judaica

Jüdische Polemik

Herr Martin Schreiner, Dozent an der Berliner Hochschule für jüdische Wissenschaft, hat in einem Buche die jüngsten Urteile über das Judentum kritisch untersuchen wollen.* Er hatte dabei, mit seinen eigenen Worten zu reden, »nicht nur einen wissenschaftlichen, sondern auch den praktischen Zweck, Vorurteile gegen das Judentum zu zerstören und sein Recht zur Geltung zu bringen«. Diese Absicht kündigt er an, nachdem er unmittelbar vorher festgestellt hat, daß vorgefaßte bewußte oder unbewußte Tendenzen imstande seien, das Urteil zu trüben und der Wahrheit zu schaden. Herr Schreiner braucht über den Widerspruch nicht zu erschrecken: vorgefaßte bewußte oder unbewußte Tendenzen hat jeder Mensch, und jeder Autor, sofern er kein Unmensch ist. Freilich ist es schwer, zugleich der Wissenschaft und der Leidenschaft zu dienen, es gehört ein ganzer Kerl dazu; fehlt der, so kommt ein so haltungsloses Ding zu Wege, wie das Buch Schreiners. Zwischen Wissenschaftlichkeit, Apologetik und Polemik wackelt er hin und her; streut an Stelle der Wissenschaft eine Hand voll Notizen hin; wo er verteidigen will, greift er den Tadler an; und wo er angreifen soll, hat er einen verstockten, verschnupften Ton, der seinen Gegner bange macht.
Es wäre gewiß ein Verdienst, Irrtümer und Fehler zu verbessern, wo immer sie gefunden werden. Es könnte nichts schaden, wenn *in margine* der Werke Lagardes aufgezwungene Korrekturen stünden; sie würden den Hohn dämpfen, mit dem er Fehler und Irrtümer bei anderen aufstöberte,

* Berlin. Verlag von Siegfried Cronbach. 1902.

und das Pathos des großen, unglücklichen Mannes würde reiner in uns eindringen. Es könnte nichts schaden, wenn Herrn Houston Stewart Chamberlain recht nachdrücklich gesagt würde, daß um die Religion wissen noch nicht Religion, um Metaphysik wissen keine Metaphysik sei; daß um viele guten Dinge wissen, wohl ein gutes Ding, aber kein schöpferisches heißen kann. Man könnte dem Essayisten Eduard von Hartmann, der über die Judenfrage geschrieben hat, die Litteraturschminke aus dem Gesicht wischen, und würde keinen Philosophen darunter finden. Welch ein Fressen aber für einen Polemiker gäben erst die Theologieprofessoren ab, die nachgeborenen Pharisäer, die das Geheimnis Christi von Hörsaalswegen innehaben und hochmütig verkündigen! Der gute Schreiner rennt sie mit eingelegtem Federhalter an und sticht sie durch die Rockzipfel. Was ihn so wesentlich ohnmächtig macht, ist, daß er von der Welt seiner Gegner nichts weiß, es sei denn von außen und sehr von ferne. Vor dem, was er unter der Sozialanthropologie begreift, bekreuzt er sich, – oder vielmehr, da diese Gebärde in seinem Ritus nicht enthalten ist, er setzt es in »Gänsefüßchen«. Über das Wesen des Christentums läßt er sich von dem und jenem Professor unterrichten, weil er nicht einmal ahnt, wie wenig ein ganzer Wald von Professoren bedeuten würde gegen die eine kleine Wiese mit den weißen, roten und blauen Blumen der Beglaubigung persönlichen Erfahrens. In der dicken Haut seines *rationalismus vulgaris* fühlt er sich sicher und froh. Was Seelen-, Geistes- und Gewissensnöte sind, weiß er nicht und glaubt zuversichtlich: was in *actis* ist, ist auch in *mundo*. Und so verfährt er, wie es Lagarde schon formuliert hat: daß »die Juden sich vom Schulchan Aruch auf den Talmud, vom Talmud auf einzelne, beliebig ausgewählte Sprüche des Talmud, von diesen auf den Aristoteliker Moses Maimonides oder auf etwelche, nach Bedarf aus dem Zusammenhang der Geschichte und der Texte herausgerissenen Verse der Bibel berufen.« Mit dieser Methode läßt sich alles beweisen oder widerlegen, was zu beweisen oder zu widerlegen es einen guten oder schlechten Willen treibt; und darum ist sie wertlos, man sollte sie endlich aufgeben.

Die Juden können sich darauf berufen, daß auch ihre Gegner sie anwenden. Sie können sich mit der Not entschuldigen, in die sie immer wieder gedrängt werden. Es gehört ein sehr reiner Wille dazu, der durch Vorgänge wie die erst jüngst wieder in einem Prozeß zur Sprache gekommenen Konitzer Wirrnisse nicht abgelenkt wird. Aber es ist doch an der Zeit einzusehen, daß das Tiefste, das Wesentlichste des menschlichen Innern jenseits steht von Politik, Taktik, Polemik. Wo das Wort »Religion« gefallen ist, genügt es nicht mehr, einen Gegner zu überreden oder zu übertölpeln; jeder Sieg der Art wäre unnütz, um wievielmehr eine Niederlage. Zudem gilt die Wahrheit – die praktisch erwiesen ist und sich theoretisch erweisen ließe – daß eine Meinung, Urteil, Wertschätzung nicht notwendig vernichtet wird, auch wenn alle ihre Gründe vernichtet werden. Die Juden sollten lernen, sich eine Judenfrage ganz rein vorzustellen, so, als ob es keinen Antisemitismus und keine Antisemiten gäbe, ja, als ob es nur Juden von Geburt und Glauben auf der Welt gäbe. Das, was ein auf die einsamste, unzugänglichste Insel verschlagener Jude noch als »Judenfrage« anerkennt, das einzig ist sie. Und stellt man sie so, so wird man auch eine Antwort finden, für sich und Andere. –

[1902]

Judentaufen*

Ein Zeitgenosse, Dr. A. Landsberger, hat an eine Anzahl von Männern drei Fragen gestellt; die erste, welche Folgen vorauszusehen wären, wenn sämtliche Juden, sei es durch die Taufe, sei es durch Mischehen sich ihren »Wirtsvölkern« assimilierten; die zweite, welche Folgen vorauszusehen wären, wenn die zionistische Idee sich verwirklichte; die dritte, was geschehen würde, wenn weder die Assimilation noch der Zionismus einträte. Alle drei zusammenfassend, begehrt er zum Schluß zu wissen, welche der drei Eventualitäten wünschenswert erschiene, ob die Assimilation, oder der Zionismus, oder keines von beiden. Mit Recht hat Prof. Sombart in dieser vierten, eingeschlichenen Frage den Sinn des ganzen Unternehmens erblickt; denn einzig sie richtet sich an etwas Wirkliches, den Willen, die andern drei an die Gabe der Prophetie.

Eine Enquete hat einen Wert, nur insofern sie Tatsachen sammelt; einen geringern schon, wenn sie auf Erfahrung aus ist, einen sehr geringen, wenn sie nach Meinungen und Urteilen geht; das heißt, ihr Wert verringert sich in dem Grade, in dem ihr Gegenstand sich dem Gewissen nähert. Eine Enquete von dieser letztern Art ist nicht viel anderes als ein Beispiel für das Sprichwort, daß ein Narr mehr zu fragen vermag, als zehn Weise zu antworten. Zwar will ich im vorliegenden die Antwortenden nicht unbedingt Weise nennen; und sie haben ja auch geantwortet.

Es ist für einen ausgewachsenen Menschen nicht ganz leicht, Unsinn zu schreiben. Dieselbe Welt fließt durch aller

* A. Landsberger: Judentaufen. Bei Georg Müller in München, 1912.

Menschen Herz und Geist; in allen ist ungefähr derselbe Inhalt; und seine Verschiedenheit, und etwa seinen Rang bekommt ein jeder nicht nach den Dingen, die in ihm sind, sondern nach der Reihenfolge, in der sie ihm wichtig sind. Wer demnach auf Fragen, wie die vorliegenden, erst antwortet, wenn er gefragt wird, der hat uns nichts Wesentliches zu sagen, auch wenn er das Richtige sagt. Hat er aber, schon bevor man ihn persönlich anging, sich mitgeteilt, so wäre es ein gutes und Dank verdienendes Stück Arbeit, aus den spontanen Mitteilungen einen Beitrag zur Geistes- und Kulturgeschichte zu machen; die Enquete ist ein zu leichter Fingersatz.

Doch Enquete hin, Enquete her. Die Antworten sind da, und es steht Beachtenswertes genug darin. Am wenigsten leider von denen, die die Sache am meisten anginge, von den Juden. Prof. Ludwig Geiger legt den Unsinn in der Formulierung der Landsbergerschen Frage dar, – worin wir ihm beistimmen; aber was er dazutut, dem stimmen wir nicht bei. Hört man ihn, und zum Beispiel auch Prof. Maybaum, so müßte man denken, es sei alles in bester Ordnung, zumindest auf bestem Wege. Wir brauchen die Assimilierung durch ein Bekenntnis oder durch Blutmischung nicht mehr zu wünschen, da wir eine ausreichende durch Bildung (es ist die Bildung, die »uns von den Ziegenhirten unterscheidet«) schon durchzumachen im Begriffe sind, oder wohl gar schon durchgemacht haben. Der Zionismus ist eine Utopie. Wir sind Realpolitiker genug, um die Unmöglichkeit einer jüdischen Staatsbildung zu beweisen, und lieben den nicht, der Unmögliches begehrt. Das ist die Stellung des deutschen Staatsbürgers jüdischen Glaubens; eine würdige, offizielle Stellung, recht für die Majorität; nur schade, daß sie mit dem Vorwitz auch jede edlere Unruhe abweist. Die heutige temperierte Synagoge spricht aus dem Munde dieser Männer, und die Gemeinden aller mittleren Städte mit Bildungsvereinen werden an diese Meinung von ihren Rabbinern hinlänglich gewöhnt sein. Immerhin ist das alles besser, als was sich jüdischerseits in dem Buche origineller und persönlicher gebärdet. Israel Zangwill ist ein Zionist. Wenn die Juden nach Palästina zurückkehren, dann werden sie den

Grundstein zu einem Staate legen, der in einem Jahrhundert oder in zweien den Glanz des alten Griechenlands und die Größe Roms wird auferstehen lassen. Das ist sehr viel Glaube in Israel; das ist so bequem, wie es leer ist; damit ist nicht das geringste anzufangen. Von einem andern Zionisten aber, einem Vorkämpfer noch dazu, setze ich den Anfang seiner Herzenserleichterung hier wörtlich her: »Meiner Antwort auf Ihre werte Zuschrift haben sich fast so viele *fata* und *numina* entgegengesetzt, wie der Landung des Dardaners Äneas in Italien: zuerst eine wahrhaft mörderische Uberbürdung mit Arbeit, dann als Folge dieser Erkrankung und –« und so weiter.
So zwitschert das feuilletonistisch darauf los, – und ist oder war ein Führer der Zionisten. Der und Herzl – welcher, auf tausend Postkarten, mit dem Gebetsmantel angetan, im Tempel zu Jerusalem die Thorarollen erhebend, bis in das letzte kleinrussische Dorf eine Idee propagierte, aber dabei nicht aufhörte, seine netten Theaterstückchen zu schreiben – das waren Führer von Menschen, die eine neue Sehnsucht, einen neuen Willen, ein neues Opfer darzubringen hatten, und in ihrer Instinktlosigkeit nicht einmal ahnten, daß sie schon in dem Augenblick *widerlegt* waren, als sie sich solche Führer nahmen. – Fühlt sich der Synagogenjude kalt und der nationalistische kühl an, so ist der Eigenbrödler – Fritz Mauthner ist nicht kalt und nicht kühl, er ist klamm. Dieser Philosoph – der immer nur in der gerade vorliegenden Äußerung mittelmäßig ist – glaubt, auf die Klarheit seiner Begriffe stolz, an keine Geschichtsphilosophie; aber er selbst fühlt sich im Besitze seines »historischen Instinktes«, der ihm zum Beispiel sagt, daß »die Errichtung eines Judenstaates irgendwo in einem angeblich herrenlosen oder geschenkten Lande eine Rettung wäre für die unglücklichen russischen Juden..., daß aber der abendländische Jude von nur Viertelskultur nicht daran denken wird, zugunsten eines solchen Judenstaates auszuwandern«. Welch ein Instinkt! Und dieser Philosoph begreift nicht, »wie etwa deutsche Juden, denen Kant und Goethe und Beethoven die besten Erlebnisse ihres Daseins geschenkt haben, dennoch, aus Prinzipien heraus, zionistisch empfinden können«.

Wenn er noch sagte: aus dem Blut heraus, oder aus der Leidenschaft heraus; aber warum nicht aus Prinzipien heraus? Es ist eine sehr dürre Philosophie, die das nicht begreift, und die sich aus ihr selbst nicht erinnert, wenn sie sich nicht aus der Geschichte erinnert, daß es Ideenkreuzungen gibt, ganz in demselben Sinne von Ernst und Tatsächlichkeit, wie die Physiologen von Blutkreuzung sprechen. Aber damit würde er freilich zugeben, daß die Ideen etwas *sind*, und das geht ihm wider die Philosophie. Welch eine Philosophie!

Um es kurz zu sagen: was uns hier vom Stockjuden und vom Unjuden zukommt, das ist zum Einpacken oder zum Verzweifeln. Kein Wille dringt daraus, kein Wort des Gewissens in die Zukunft, und sogar statt eines Traumes nur Selbstgerechtigkeit oder Phantasterei. Wollen wir erfahren, wie es um uns steht, so dürfen wir wieder einmal nicht auf unser Eigen hören und, im Verfolg davon, auch auf die Freunde weniger als auf die eingestandenen oder uneingestandenen Unfreunde. Die Freunde machen es uns zu leicht.

Sie geben, mit der unangefochtenen und noch in der wohlwollendsten Klugheit oberflächlichen Heiterkeit alles guten Rates, den guten Rat: tretet heraus aus der Enge, zersprengt sie, die euch drückt, verlaßt die Gemeinschaft, in die ihr wider Willen geboren seid. Schön; aber wohin sollen wir treten?

Lagarde, den man ja doch nicht immer nur antisemitisch zu zitieren braucht, erklärte – wie es kleemüden Boden gebe – so für eine Zeit religionsmüde geworden zu sein infolge seiner »Odyssee durch die Kirchlein«. Das kam daher, daß er die Dinge ernst nahm; – wer sollte sie ernster nehmen, als der zu *wählen* hat? Derselbe Lagarde, der es wissen konnte, sagte: »Die protestantischen Geistlichen aller Schattierungen sind nichts als theologisch angefärbte Projektionen politischer Velleitäten: Maden, welche die Farbe der sie fütternden Frucht annahmen.« Sollen wir also katholisch werden, nicht bloß im figürlichen Sinne dieser Redensart? Wenn wir uns wollen taufen lassen, so kommen wir um die Frage nicht herum, wohin wir uns taufen lassen. Daß die Taufe überhaupt nicht recht gelingt, wie der eine oder andre

Christ spöttisch zu bedenken gibt, braucht uns freilich nicht zu bekümmern. O, sie gelingt recht gut; sie macht nicht bloß neue Christen, sondern macht sogar Aristokraten. Die meisten unsrer deutschen aristokratischen Gesichter sind physiognomisch mehr durch die Geringschätzung andrer Menschen geformt als durch das reine Selbstgefühl, als durch die Hochformung der eignen Seele und die Gesetzgebung über sich selbst; diese Sorte von Aristokratie hat den andern nötig, den sie verachtet; und die lernt sich bald. Nichts lernt sich leichter als Genießen; nichts leichter als Befehlen; nichts leichter als Verachten. Aber wenn der Prozeß dieser Assimilierung zu Ende geschehen ist, dann hat er sogar *sein* bißchen Sinn verloren. Hier ein Lebenslauf in aufsteigender, absteigender Linie: heute noch ein Jude mit einem Vater im Synagogenvorstand; morgen wird er getauft; übermorgen ist er Kirchenrat. Seine Kinder laufen als wahre Malvolios mit einer steifen Würde von Antisemitismus und Religiosität herum; aber seine Enkel sind – nichts mehr; sie sind verschwunden im Nichts, wie Tropfenperlen von Wasser im See, sie können nicht einmal mehr mit Geräusch getauft werden. Es geschieht für die Kinder, so lautet regelmäßig die Entschuldigung. Doch das ist Selbstbetrug: für die Kinder ist, wenn es nur erst geschehen ist, nichts damit geschehen. Ein Jude kann nicht Leutnant werden, er läßt sich taufen, – aber wird dann der *Jude* Leutnant? Es wird ja ein ganz anderer Leutnant, als der es werden wollte. Welch eine verächtliche Wiedergeburt! Die Taufe ist, wie die meisten andern Selbstmorde, ein Irrtum über den zu erreichenden Zustand; den Selbstmord wollen fast alle Selbstmörder, aber nicht das Totsein. Ich halte es mit Sombart – der uns, glaube ich, nicht wohl will, aber recht hat damit, daß die Getauften vom schwächeren Charakter sind. Was wollt ihr mit unserm Abhub? Aber den habt ihr immer willkommen geheißen.

Nun gibt es indessen einen plausibleren Ausweg, und von denen, die ihn empfehlen und beinah fordern, spricht Richard Dehmel, wie immer, am meisten konsequent und der Verantwortung bewußt. Nach ihm hätte die Forderung an den Juden nicht zu lauten: werde Katholik oder Protestant!

sondern werde Dissident! Er selbst ist Dissident, und »ein massenhafter Zudrang intelligenter und energischer Juden zur dissidentischen Bewegung würde ihr frischen Schwung beibringen und so auch deutsche Freigeister mitreißen, männliche wie weibliche«. Ich lasse dahingestellt, ob dieser Dissidentismus, außer seinem negativen Willen, noch etwas mit sich vorhabe. Aber es ist in dem Worte Dehmels selbst etwas eingeschlichenes Wahres, woran es zunichte wird. Dieses nämlich: daß wir nichts um unsrer bloßen Not willen tun sollen, sondern für ein Ziel und eine Zukunft; daß wir uns in Wahrheit nur dann helfen, wenn wir damit auch andren helfen. Und hier übersieht Dehmel, daß ein Jude niemals auf dieselbe Weise Dissident wird wie ein Christ. Bei diesem ist es ein Angriff, bei jenem eine Flucht. Und eine Flucht wovor? In Westeuropa nicht einmal vor einer schweren Bedrängnis – ganz abgesehen davon, daß eine antisemitische Revolte die Dissidenten nicht verschonen würde; eine Flucht vor Unbequemlichkeiten, vor Pflichten, oft vor nichts anderem als vor den Steuern der Gemeinde. Dissident zu werden, ist also für den Juden keine Tat, die des Rühmens wert wäre; und um Dissident zu sein, müßte er immer wieder fragen, *was* er damit ist, daß er Dissident ist. Dehmel meint, daß es keinen aufgeklärten Juden gebe, »der nicht im Sinne des Evangeliums ein ebenso guter oder schlechter Christ wäre wie irgendein andrer moderner Europäer«. Er irrt hierin, er muß es mir aufs Wort glauben, und irrt vollständig. Das gebildete Lyzeumschriftentum geschwächter Juden ist nichts nutze. Dehmels Irrtum ist ein perspektivischer Irrtum; der Dichter sollte sich nicht selbst vergessen, wenn er philosophiert, und es immer wissen, daß Gott ein Weg ist und kein Ziel.

Wenn ich also gefragt werde, ob ich mich taufen lassen will, oder Dissident werden, oder sonstwie als Jude verschwinden, und darauf mit nein antworte; und weiter gefragt werde, ob ich demnach der Jude der Synagoge und Gemeinde bleiben will, und darauf wieder mit nein antworte; – ist das überhaupt noch eine Antwort? Es scheint nicht so; und doch gibt es, in unsrer vorliegenden Enquete, von nicht jüdischer Seite, Auseinandersetzungen, die die Möglichkeit einer solchen Antwort zum Grunde haben. Professor Niebergall untersucht, wohin der eigentlich will, der sich taufen läßt. Es ist die Kirche, die ihn aufnimmt; und gerade dort hinein will er erfahrungsgemäß am wenigsten. Scheidet man die leichtfertigen und die Renegatenfälle des gewöhnlichen Kalibers aus, so will der Täufling am öftesten an die allgemeine Kultur des Volkes erklärtermaßen angeschlossen sein. Und Niebergall möchte nicht nur dieses ohne die Taufe ermöglicht wissen, sondern er geht noch den Schritt weiter, daß er auch die Glaubensgemeinschaft ohne die Taufe erreichbar möchte sein lassen. Der Akt der Taufe selbst sollte immer nur in die Kirche besonderer Form, besonderer Konfession und besonderer Verpflichtung führen.

Um dergleichen zu ermöglichen, dazu gehört die Bereitschaft der Kirche, des Staates und des Volkes. Und dazu gehörte, daß der Staat und das Volk sich zu ihren Kirchen in ein andres Verhältnis setzten, als in dem sie heute stehen. Vorläufig ist davon nichts zu erwarten. Aber an der Niebergallschen Untersuchung ist etwas uns wertvoll: daß sie keine Lösung als möglich hinstellt, die nur die eine Seite zur Handlung treibt, die andre aber liegen, besitzen und schlafen läßt. Wir, wir Juden, sehen aus solchen Erscheinungen, daß, wenn wir uns nur wirklich regen wollten, wir nicht überall auf das Unbewegbare stoßen würden; und daß es sich bei uns regt, ist eine Tatsache. Es regt sich, nicht von einer äußeren Not aufgescheucht, sondern von einer inneren. Es gibt unter den Juden heute nicht wenige, die der christliche Gedanke in andrer Weise unruhig macht, als Dehmel ahnt, und wenn sie an Dissidentismus denken, so geschieht es nicht, um sich selbst aufzugeben.

[1912]

Jüdische Kunst

Es gibt jüdische Künstler; das sind Künstler, die Juden sind; oder Juden, die Künstler sind. Jeder Fall der Art ist ein einzelner Fall. Die Kunst selbst – die nach dem wahren Sprichwort lang, indessen das Leben kurz ist – hat göttliche Macht genug, dafür zu sorgen, daß jeder, der ihr verfällt, vollauf damit zu tun hat, ihr Gebot zu erfüllen. Wenn die Stunde des Ermattens Zaudern, Zweifel und schlechtes Gewissen bringt, so wird der Künstler daraus, daß er Jude ist, sich das Gift so gut saugen wie aus jeder andern Tatsache seines Schicksals, und wird auch dieses Gift, wie ein andres, zu einem heilsamen oder einem zerstörenden machen, je nach dem Glück und der Kraft seines Geistes. Immer bleibt es ein einzelner, ein besonderer Fall. Wie sehr der zuschauende Müßiggang oder die ungebetene Wissenschaft es zu einem generellen Fall machen möchte, der Künstler selbst wird niemals damit einverstanden sein. Er wird nie erlauben, daß ein ewig unentscheidbares Verhältnis von kurzer Hand entschieden werde, das nämlich zwischen dem einzelnen Willen des Künstlers und seiner unendlichen Verpflichtung gegen die Jahrtausende, die ihre Sprache, Fertigkeiten und Verwandlungen in das große Element geleitet haben, das ihn trägt.

Hiergegen sich wehren, heißt den Fluß bergan treiben – eine Beschäftigung für Don Quichote, der übrigens ein ehrenwerter Mann ist. Kein jüdischer Künstler von heute hat eine so allgemein als rassig anerkannte Physiognomie wie Liebermann; aber wenn er malt, hat er ein »treu holländisch« Auge. Wer in seinen Bildern den Juden sieht, Bartels von hüben und Bartels von drüben, betrügt sich wie der Lichtenbergsche Neunmalkluge: Wenn man weiß, daß einer blind ist, glaubt man, man sieht es ihm von hinten an. Hebbel, der über jedes Ding auf Erden, das ihn angeht, spricht, spricht von keinem so wenig wie von seinem Dithmarschentum; das blieb seinem Landsmann vorbehalten – wir wollen uns vor derlei Landsmannschaft hüten.

Aber lassen wir die Beispiele, und lassen wir die *Künstler*. Die junge jüdische Bewegung sorgt um das *weitere* Problem, sie diskutiert eine jüdische *Kunst*. Fragen wir uns also, ob eine solche möglich sei, das heißt: welches Merkmal ihr zukäme.

Nicht der jüdische Stoff an sich würde ihr den Charakter geben; der altjüdisch-heroische nicht, der Gemeingut aller Literaturen ist; aber auch der moderne nicht, der die betreffenden Werke immer nur zu Spezialfällen einer sozialen Kunst zu machen imstande ist. (Auch ein Thorarollenschreiber von Israëls ist nur eine besondere Art von altem Manne.) Die Form wiederum manifestiert, so bald und so lange die nationale Gebundenheit nicht mehr eng ist – das gilt nicht bloß für Juden, sondern allgemein –, in so hohem Grade das bloße Individuum, daß sie kein Kriterium für die Nationalität abgibt. (Wenn man von sonstwo wüßte, daß Hebbel ein Jude sei, so würde man in seiner Form nichts als Bestätigung dafür lesen; und bei Wagner erleben wir es ja, daß er für die einen der Uberdeutsche ist, während er für die andern schon »judenzt«, je nachdem, ob man die bekannte Hypothese über seine Abstammung glaubt oder nicht.)

Junge, provisorischer und unklarer Zustände überdrüssige Juden haben die unausbleibliche Paradoxie der jüdischen Kunst eingesehen. Unter den Heilmitteln, auf die sie verfielen, ist das kühnste und auf den ersten Blick radikale, daß sie nun hebräisch auch lernen, um hebräisch zu schreiben. Die Frage ist, ob man in einer erlernten Sprache anders als künstlich, nachahmend, ja unbewußt travestierend dichten kann; oder ob die Sprache stark genug ist, ihr Gesetz, ihren Willen und ihre Vergangenheit über alle sonstige Vergangenheit siegen zu lassen. Sie müßte in diesem Falle sogar noch imstande sein, den Pinsel des Malers so gut wie den Meißel des Bildhauers und die Höhlung eines Saiteninstrumentes zu verändern. Vielleicht könnte sie das sogar; und außer denen, die sie erst lernen müssen, gibt es ja längst die vielen, die sie von Hause aus beherrschen und, wie die Sachverständigen uns belehren, immer lebendiger sprechen und schöpferischer schreiben; aber auch diese alle mitgezählt, hätten wir zwar eine hebräische Literatur, doch immer noch keine jüdische Kunst. Schließlich: als die Juden aramäisch und griechisch sprachen, ging ihre besondere Produktivität nicht verloren; die verlorne wiederzufinden, wird es nicht ausreichend sein, hebräisch zu sprechen.

Denn der Gehalt der Kunst wird durch Stoff und Form nicht ausgemacht. Es ist in ihm noch ein besonderes geistiges Element, das mehr darin besteht, zu wem die Kunst spricht, als über was und wie sie spricht. Zu wem also würde eine jüdische Kunst zu sprechen haben? Zu Juden natürlich. Aber, wenn ein heutiges Theaterpublikum nicht nur zu neun Zehnteln, sondern vollständig aus Juden bestünde, wenn alle Schauspieler, alle Textverfasser nebst dem Komponisten der Operette Juden wären, so würde das doch hoffentlich nicht eine jüdische Kunst ergeben. Die würde sich nicht an zufällig zusammengelaufene, sondern an notwendig zusammenhängende Menschen wenden. Und solche finden sich ausschließlich im geordneten, durch Festtage eingeteilten Leben der Gemeinde. So wie allein im Schutzbezirk des Gemeindelebens der Jude sich nicht am fremden Werte mißt und keinen Haß und keine Verachtung zu verderblicher oder heilsamer Verwirrung in die einzelne Seele dringen läßt, so kann einzig die jüdische Gemeinde die Realität sein, zu der eine jüdische Kunst sprechen, und also existieren könnte. Vom schlichtesten und schläfrigsten Sonntagskirchentag eines kleinen Dorfes bis zu den großen Chorwerken von Bach gibt es immer noch eine Verbindung. Ein jüdischer Musiker könnte aus dem Sabbatabend und dem Versöhnungsabend Gebilde schaffen, die wiederum ihren Ursprung heiligten. (Es genügt nicht, eine synagogale Melodie für das Cello zu verarbeiten.) Die Thorarollen sind mit Schmuck und Stickereien geehrt – da sind Aufgaben für das Kunsthandwerk. Es wäre zu denken, daß ein jüdischer, für das Drama begabter Mann das Purimfest zum Anlaß

nimmt, Stücke zu dichten, die aus der Lebens- und Maskenfreude des Tages geboren sind und ihr anheimfallen.
Ich sage den jüdischen Künstlern nicht, daß sie dieses alles tun sollen. Aber all ihr Theoretisieren wird unnütz sein, solange sie es nicht tun. Nur auf diese Weise könnte es eine jüdische Kunst geben; andernfalls haben wir immer nur einen mehr oder weniger umstrittenen, mehr oder weniger wertvollen Anteil der Juden an der Kunst.

[1913]

Zionismus und Politik

Daß der Krieg, unter anderem, auch eine Angelegenheit – und demnach vielleicht eine Gelegenheit – des Zionismus werden könnte, das haben politisch gerichtete Zionisten vom Anfang an gespürt. Die ersten Aufstellungen sind inzwischen durch die so schnell nicht erwartete Erschaffung eines neuen Polens und darnach durch die russische Revolution sehr stark verschoben worden, am meisten aber durch das verdächtige Interesse der Entente. Es ist begreiflich, daß dem einen oder dem andern bange davor wird; daß besonders diejenigen, denen ein inneres Zion mehr am Herzen liegt als die Reiche dieser Welt, es mit Sorge und Kummer sehen, wie nun auch ihr zukünftiges Palästina, ihr neues Jerusalem in den »Wirbel von Länderverteilungen und Eroberungen« hineingerissen wird. Von Max Brod haben wir diese Klage im Septemberheft der Neuen Rundschau gelesen, Buber hat ihr in seiner Zeitschrift ›Der Jude‹ Ausdruck gegeben, und beide haben damit nichts andres ausgesprochen, als was offenbar vielen Unruhe und Beschwernis macht.

Indessen werden doch auch diese nicht die Augen davor verschließen können, daß der Zionismus mindestens zu einem Teile ein politisches Problem ist. Mögen seine Gründe, Wurzeln und Motive noch so religiös, seine Ziele noch so ideologisch sein und seine Methode sich dementsprechend bemühen, rein zu bleiben, immerhin handelt es sich darum, daß in einem bestimmten Lande Menschen zu einer bestimmten Art von gemeinschaftlichem Leben sich ansiedeln wollen, also einen Grad von staatlicher Unabhängigkeit, ob er nun hoch oder niedrig sei, anzustreben haben

und auf diese Weise mit andern, schon vorhandenen, schon zu Formen hingebildeten, im Besitze, im Rechte befindlichen Gruppen und Staaten in Beziehung treten müssen. Rechtsgrenzen werden zu ziehen sein, und solche werden morgen zu Machtgrenzen, und diese wiederum, übermorgen, zu neuen Rechtsgrenzen; denn zwischen allem, was Staat und dem Staate ähnlich ist, gibt es nichts andres als Gegnerschaft, als wovon Freundschaft und Feindschaft nur die nach den Umständen wechselnde Erscheinung sind. Selbst wenn der Zionismus sich ganz und gar und mit unbedingter Ausschließlichkeit religiös besänne und ein Mönchstum, ein Berg Athos zu sein begehrte, so würde seine Niederlassung eine politische Seite haben, die er als solche, als eine politische betreiben müßte.
Ich verstehe nicht, warum er sich dagegen innerlich sträuben sollte; ich hoffe, er verträgt die Säkularisation; es scheint mir, daß man andernfalls nicht an den Ernst seines Glaubens glauben, sondern an dem Ernst seines Willens zweifeln müßte. »Wer nach den neuentdeckten Inseln fahren will, nutzet die Winde, wo sie wehen«, sagt Florian Geyer. Gerade weil für die Stellung der Juden nicht klar und einfach auszumachen ist, ob der Begriff der Rasse oder der Nation oder der Religion oder eine Mischung davon zu irgendwelchen Teilen sie bestimmt, ist alles willkommen zu heißen, was dazu zwingt, die zarten Dinge praktisch zu nehmen; im Praktischen ist alles Anfaßbare sogleich faßbar, und praktisch und politisch – ist Maus wie Mutter, wie man's heißt.
Etwas andres wäre es, wenn die Einstellung des Zionismus in die Politik nicht sowohl prinzipiell, als in der gegenwärtigen Zeitlage heikel empfunden würde; für Menschen, auf die ohnehin unfreundlich aufgepaßt wird, als eine Verlegenheit darum, weil die vorausgesetzte Einheit der Juden inmitten der einander bekriegenden Völker – wie andre die Grenzen überfliegenden Einheiten, zum Beispiel die der Religion – einstweilen mit leidlichem Vertrauen hingenommen wurde, in dem Augenblick aber höchst verdächtig werden konnte, wo sie von einer der beiden gewaltigen Parteien politisch angespannt und ausgenutzt zu werden drohte. Was

aber hülfe es in diesem Falle, den Kopf in den Sand zu stekken? Man muß ihn vielmehr nun erst recht erheben, schon weil das die des Kopfes einzig würdige Haltung ist.
Ich weiß nicht, ob es meine Kompetenz verstärkt oder erschüttert, daß ich nur so ein Zionist in *partibus* bin, aber allerdings einer bin, solange ich denken kann und ehe das Wort an mein Ohr schlug. Jedoch nicht von weitem wurde mir das zum Widerspruch, nicht einmal zur Beunruhigung des Bewußtseins, daß ich auf deutscher Erde geboren bin und daß mir alles, was ich zu vernehmen imstande war, die deutsche Sprache gesagt hat; selbst dann nicht, als der gehässige Leichtsinn der Schule das noch wehrlose Gefühl hätte entzweien können. In meiner Kindheit waren wir, die einzige jüdische Familie im Ort und nach der Strenge des Ritualgesetzes uns verhaltend, in unsre christliche, deutsche Umgebung vollkommen in- und hineingelebt *durch* unsre jüdische Gegensätzigkeit, nicht trotz ihrer. Ist das mein besondrer Fall, so kann ich nichts wider ihn; ist er heute nicht mehr möglich, so trägt die Schuld daran nicht eine etwa neu erstandene Strenge der Idee auf beiden Seiten, sondern die Vergröberung, ja der Zerfall alles Anonymen, Ruhesamen im Gemüt. Aber ich glaube das nicht; sondern vertraue darauf, daß mancher Jude mich hier versteht, und nicht minder ein Deutscher, der sein Volk belauscht hat und es wirklich, daß heißt nicht bloß durch seine Repräsentanten kennt. Es ist nichts Unnatürliches darin, seine Bahn mit zwei Mittelpunkten zu laufen; einige Kometen tun es und die Planeten alle. Unvereinbar Scheinendes zu vereinen, darin besteht im Grunde das ganze geistige Geschäft; sind doch selbst das private, individuelle Leben und das der Gemeinschaft, auch der nationalen und auch sogar der religiösen, Gegensätze. Wie es keine Lage des Menschen gibt, die er sich nicht in Schande; keine, die er sich nicht in Ehre verwandeln könnte, so gibt es auch keine, die nicht Schwäche werden kann oder Kraft.
Und so, als Jude deutsch »orientiert« – um diese Redensart einmal zu gebrauchen, hier wo sie am widersinnigsten klingt –, habe ich den Zionismus von jeher *auch* als ein deutsches Interesse gedacht. Palästina, zugleich Vereinigung

und Trennung, Brücke und Kluft zwischen Afrika und Asien, müßte, so schien mir, wenn es durch die jüdische Kolonisation von einem neuen Leben angefüllt wäre, genug, um einen neuen, gebürtigen Willen in die Welt zu setzen, mit zum Hindernis werden können, daß die beiden Ströme der englischen Macht, der indische und der afrikanische, zusammenflössen. Wenn jetzt von Amerika her dem Zionismus rattenfängerisch gepfiffen wird, und wenn man damit etwas andres will, als unbedenklich Unbedenkliche ködern, wenn man es also verhältnismäßig ernst und ehrlich meint, was ich auch »verhältnismäßig« nicht glaube, so täuscht man sich. Nehmen wir einmal an, Amerika, das heißt England, vermöchte es, durch diesen Krieg den Zionismus in Palästina zu etablieren, so wäre es ja dazu doch nur imstande, wenn es in einem so hohen Grade siegte, daß es auch auf jede andre ihm beliebige Weise Palästina in seine weiten mazedonischen Pluderhosen stecken könnte. Dann aber wäre für das deutsche politische Interesse eine zionistische Kolonie dort immer noch ein Vorteil; ein kleiner, vielleicht ein winziger Vorteil, doch ein Vorteil; denn es wäre in die englische Kette immerhin ein Element von wahrscheinlicher Unruhe eingeschaltet. Es scheint mir nicht einmal allzu phantastisch, sich vorzustellen, von welcher Art die Unruhe sein würde: von der religiösen. Der Boden, der mehr als einmal geborsten ist, könnte leicht wieder trächtig werden; und durch christliche Sekten, Islam und zionistisches Judentum, zwischen denen es kochen wird, könnte noch einmal der synkretistische Sturm fahren. Eine politische Gefahr würde das immer nur für eine Macht bedeuten, die eine geographische Kontinuität ihrer Herrschaft zu bewahren hätte; für keine andre.

Aber England wird nicht in die Lage kommen, sein Geschenk zu machen. Denn ein Geschenk wäre es doch, nicht wahr? Wenn es auch Narren gibt, die von einem Recht der Juden auf Palästina reden; als ob sie das Land nicht durch dieselbe Macht verloren hätten, durch die es gewonnen war, nämlich durch Krieg, Raub und Eroberung. Ein Geschenk in jedem Fall, würde es aus Englands, des alttestamentarischen, bibelfesten Englands Hand zu einer Parodie seiner selbst. Und das wissen die Zionisten bei uns, wahrscheinlich aber auch die in Amerika; sie wissen, daß die Entwicklung, auf die sie hoffen, nur unter dem Halbmond so viel ideelle Freiheit gewinnen kann, wie ihr großer Gedanke braucht und verdient, mögen auch die materiellen Bedingungen für eine Weile noch gedrückt und gefahrvoll sein.

Es ist sehr gut, daß der Krieg den Zionismus mit politischen Versuchungen bedrängt hat. Nichts kann ihm förderlicher werden, als daß er sich immer deutlicher bewußt wird, etwas Praktisches, Gestalter eines Stückes Leben, bedingt, begrenzt zu sein und nicht dazu da, ein Weh und Ach aus einem Punkte zu kurieren. Ich rechne es nicht hoch an, daß er dadurch auch einer gewissen überfeinen Kritik ledig wird, die ihn als romantische Rückständigkeit verwirft. Immer wo etwas getan wird, sind auch die Leute nicht weit, die hoch darüber hinaus sind und doch so hoch leider nicht, daß sie ihres erhabenen Weges gingen, unbekümmert um die sich in der niedrigeren Region Abmühenden. So gibt es unter Juden freie Geister, die den Zionismus als einen Verrat am selbigen, von Staat und Volk und ähnlichem Gespenstwesen freien Geist zu verachten und zu verhöhnen wissen. Wären sie nur recht von allen Fesseln frei! so würden sie auf die Fessel nicht speien. Aber sie kommen mir vor wie ein Mensch, der einmal dem Düngen und Pflügen und Säen und Mähen zusieht und aller sonstigen Mühsal, bis das Korn zu Mehl und das Mehl zu Brot wird: er zuckt die Achseln, er weiß es besser, man braucht nur in den nächsten Bäckerladen zu gehen und kauft eine Semmel. Wie manche Gedankenwelt, bestrickend, unentrinnbares Netz, solange das Buch aufgeschlagen ist, versinkt in den Abgrund, sowie es zugeklappt wird! Denn die Natur und die Not sprechen dann sogleich wieder ihre vernehmliche, weise und unwiderlegbare Sprache, mächtiger als die des edlen Müßiggangs der Gedanken, geschweige des unedlen. Der Zionismus, Urbarmachung eines Stückes Erd- und Menschenboden, Arbeit, Entsagung, Hingebung, Vertrauen und verschwenderische Saat in die Zukunft, – es gehört schon die grinsende Verwesung dazu, andre Gefühle gegen ihn zu haben und zu erweisen, als die der bewundernden, verehrenden, helfenden, nacheifernden Teilnahme.

Aber freilich, nur als Tat ist der Zionismus ein vollkommener – Gedanke. Insofern er Weltanschauung oder Philosophie oder Religion sein will, gibt es eine einzige kleine Tatsache, die jeden, der nicht viel Zeit hat, der Mühe überhebt, sich mit ihm auseinanderzusetzen. Es ist dieselbe Tatsache, die ihn zu einem praktischen, einem politischen Ding macht; die nämlich, daß er fragmentarisch bleiben muß. Brod führt eine Schätzung von Ballod an, wonach die Gesamtkapazität Palästinas (an Menschen) ungefähr sechs Millionen betrage; er hätte – fast bin ich versucht, zu sagen: ehrlicherweise – hinzufügen müssen, daß andre Schätzungen weit niedriger greifen; Professor Philippson, zum Beispiel, glaubt sogar, daß noch für lange Zeit die ganze Türkei nicht was Rechtes an ackerbauenden Menschen werde aufnehmen können, und um solche handelt es sich beim landbesiedelnden Zionismus zuerst. Aber selbst die sechs Millionen Professor Ballods angenommen, so sind sie noch nicht die Hälfte aller Juden; da sie sich in eignen Sitzen mindestens so stark vermehren werden, wie in russischen Pogrom- und in polnischen Elendsbezirken, so wird aus Palästina auch wieder ausgewandert werden; es ist des Goluß kein Ende. Über das Dilemma des kleinen Landes und der zu großen Menschenzahl hilft kein Brückenschlag hinweg, am wenigsten ein jüdisch-imperialistischer Traum. Näher kommt den voraussichtlichen wirklichen Verhältnissen die Anschauung, daß in Palästina sich ein vorbildlich vorbildendes Muster jüdischen Lebens, die vielgesuchte innere Einheit des heute nicht nur äußerlich unendlich zerklüfteten Judentums ausformen werde. Doch auch dann wird alles auf die nachbildende Kraft und den Willen der in der Welt zerstreuten Juden ankommen; und es bleibt dabei, daß der Zionismus zwar für einen, den kleinern Teil der Juden das Problem löst, es für den größern aber verschärft.

Auch dieses ist ein nicht hoch genug zu schätzender Vorteil und rechnet zu den Verdiensten des Zionismus. Er ist damit das Gegenspiel zu der andern Verschärfung, die durch den

Krieg und durch einige seiner politischen Folgen gemacht wurde.
Als unsre Heere Polen eroberten und sich ausdrücklich, mit Worten der Selbstverpflichtung, als Befreier bekannten, fühlten die deutschen Juden, daß ihre Lage ein neues Gesicht bekommen könnte; und einige fühlten es, man mag es verachten (ich tue es trotzdem nicht), mit Beklommenheit. Sie wußten sich leidlich assimiliert in Kleider- und Lebenstracht, und nicht zum wenigsten durch ihre geringe Zahl, ein knappes Prozent der gesamten Bevölkerung Deutschlands. Nun schien mit einem Schlage die mühsam durch Leid und Schuld und Arbeit geschaffene Situation aufs neue bedenklich zu werden.
Diese Sicherung der westlichen Juden durch bürgerliche Ähnlichkeit und geringe Zahl war ja gewissermaßen eine ästhetische; sie schien fallen zu müssen, wenn ihre Bedingungen fielen; das heißt für die deutschen Juden, wenn Millionen anders gearteter und anders bebarteter Menschen, Menschen zudem der tiefsten Armut, von einer hierzu immer bereiten öffentlichen Meinung mit ihnen auf gleich und gleich gestellt würden. Gelüste der Distanz, wenn auch verkleidet, regten sich; – denn es ist längst nicht mehr so unzweifelhaft entschieden, was Schopenhauer als ein jüdisches moralisches Dilemma aufstellt und löst: »En englischer Jude«, so nimmt er mit einem Redner des englischen Parlaments an, »kommt nach Lissabon, woselbst er zwei Männer in äußerster Not und Bedrängnis antrifft, jedoch so, daß es in seine Macht gegeben ist, *einen* von ihnen zu retten. Persönlich sind ihm beide fremd. Jedoch ist der eine ein Engländer, aber ein Christ; der andre ist ein Portugiese, aber ein Jude. Wen wird er *retten*? – Ich glaube, daß kein einsichtiger Christ und kein aufrichtiger Jude über die Antwort im Zweifel sein wird.« Ich glaube, daß heutzutage die Antwort in mehr als einem Falle anders lauten wird, als Schopenhauer erwartet. (Aber ist das etwa, auch von einem einsichtigen Christen, zu rühmen? Man konstruiere den Fall, und bleibe sich des Bedenklichen solcher hypothetischen Versuchungen bewußt, mit einem Bayern und einem Preußen! Wenn Schopenhauer hinzufügt, daß die Antwort auf seine

Frage »den Maßstab für die den Juden einzuräumenden Rechte« abgebe, so hat er eine Goldwaage aufgestellt, und wägt Säcke voll Kartoffeln darauf.)

Die Furcht vor einer schärferen Anspannung des Antisemitismus war es, die solche treulosen, snobistischen Gefühlsregungen hat aufkommen lassen. Sie hat auch andern Unruhe gemacht, und darunter manchem, der, aus deutscher Empfindung heraus, die Schädlichkeit des Antisemitismus für das deutsche Volk einsieht. Der Antisemitismus, und wir können das heut am deutlichsten beobachten, lenkt die moralischen Regungen von ihrem natürlichen Ziel, welches immer die eigne Brust ist, geflissentlich ab und auf einen Prügelknaben, einen Sündenbock, hin; er verhindert ein ganzes Volk, zu beten wie der Zöllner, und verführt es, sich zu rühmen wie der Pharisäer. Darum ist er auch das ungeeignetste Mittel, den Juden, selbst durch den berechtigten Tadel, zu nützen. Nicht weil sie verstockt sind! Sondern weil das Wort: »das ist jüdisch« jedes moralische Zuendedenken für beide Teile unmöglich macht. Mit einer so vorschnell gezogenen falschen Summe ist für beide Teile der Ernst, die Verpflichtung und die Unverbrüchlichkeit des moralischen Gesetzes sogleich aufgehoben. Und daß die summarischen Urteile gerade immer die Individuen treffen, für die sie nicht gelten (weil sie ohnehin ein allzu waches Gewissen haben), und an denen vorbeigleiten, auf die sie passen (weil sie ein dickes Fell haben), das haben die Juden besonders leibhaftig erfahren.

In Wahrheit aber würde die Einbeziehung der polnischen Juden in den westlichen Kreis den Antisemitismus nicht bloß stärker gemacht haben; sondern auch, für die deutschen Juden, förderlicher und kräftigender. Nicht die Feindschaft wäre gewichen, wohl aber das Verkleinernde, Besudelnde, Erniedrigende der Feindschaft; das Problem wäre größer geworden; die leichte Verletzlichkeit, die jedes Urteil fälscht, würde aufhören. Und zudem: haben wir nicht den gewaltigsten Haß an der Arbeit gesehen und genug daraus gelernt, um ihn als einen tüchtigen Sporn zu nehmen? Hat nicht der *consensus omnium*, dieses bewährte Streitwort gegen die Juden, ganz Deutschland getroffen

und also seine Beweiskraft eingebüßt? Die tatsächliche, auch die durch plumpeste Zufälle herbeigeführte Feindschaft erzeugt, bei der heuchlerischen Natur des menschlichen Intellekts, sehr leicht die ideelle.
Durch die Erschaffung eines Königreichs Polen scheint das Problem der polnischen Juden für die deutschen wieder in eine nebelhafte, ungefährliche Ferne gerückt. Aber es scheint nur so; das Problem rückt auf einem andern Wege wieder nah, in der Frage, wie es mit der Einwanderung zu halten sei, ob man sie verbieten oder erlauben oder unter Bedingungen erlauben solle. Auf diese Frage gibt es eine ganz klare Antwort nur vom Prinzipe der Staatsbürgerlichkeit und ihrer Freiheit her. Alles was von dem staatsbürgerlichen Prinzip abweicht, mag es sich auch mit sehr einleuchtenden oder tiefsinnigen Gründen einführen, steht – auf diesem Gebiet wie auf andern – mit Recht unter dem Verdacht der Reaktion; was ein furchtbarer Schaden ist.
Hier ist es, daß der Gedanke des Zionismus eingreift, und ihm kann die staatsbürgerliche Lösung nicht die rechte sein. »Wir wollen«, lese ich bei einem Zionisten, »die Rettung unsres bedrohten Volkstums.« Aber nur allzu gut weiß er ja, daß es nicht zum wenigsten durch die Assimilation bedroht ist; und zwar sowohl durch ihre halbschichtige Abart, die da sagt: wir werden Geld in die Kasse zahlen, Zeitschriften und Vereine gründen, damit andre nach Zion wandern; als durch die schnelle, oberflächliche, streberische, die auch den deutschen Juden schlecht bekommt: die Sanatorien wissen ein Lied davon zu singen. Es läge durchaus in der Konsequenz des Zionismus, wenn er die polnische Grenze gegen Westen dichter wünschte, als der staatsbürgerliche Gedanke es darf. Aber dann hätte er ein Recht, mit Nachdruck daran zu erinnern, daß die Deutschen, als ihre Heere den polnischen Boden betraten, ein Versprechen gegeben und eine Verpflichtung auf sich genommen haben; und daß beide, Versprechen und Verpflichtung, weder durch den Untergang des Zarentums noch durch die Errichtung eines selbständigen Polens in Wirklichkeit gelöst oder gar hinfällig geworden sind. Das Wort eines Volkes, in solcher Schicksalsstunde gegeben, verträgt kein Drehen und Deu-

teln. Wagt man die relative Abschließung der polnischen Juden – ein Wagnis auch im kältesten politischen Sinn –, so kann nur eine mit ungeheurem Ernst gemeinte Sorge und Hut den Eingriff in das Staatsbürgerliche ausgleichen. Eine über die Kultusgemeinde hinausgehende Selbstverwaltung wäre zu fordern, mit einem Minister für die jüdischen Angelegenheiten (das hat es schon einmal gegeben); Schulen wären zu gründen; Hausindustrien zu schaffen; Versuche innerer Kolonisation mit Hilfe deutschjüdischer Ackerbauer zu machen; und mit allen sonstigen Mitteln ein Leben zu fördern, das aus sich selber spielte und seine Talente für sich selber zu Wachstum und Fruchtbarkeit gewönne, statt, wie jetzt, sie zum größern Teil zu verlieren.
Ist so viel guter Wille bei irgendeiner Staatsmacht zu träumen? Ich fürchte: nur zu träumen. Wenn aber eine derartige Lösung versucht würde, und wenn sie gelänge, so würde trotzdem der Zionismus sich wieder gestehen müssen, daß sie nur partiell sei, wie die in Palästina. Und wenn er dann erst recht, erst richtig nach seiner Einheit begierig wäre, wo fände er sie? Nicht im Volk; das lehrt ihn die nicht aufzuhebende Zerstreuung. Nicht in der Rasse; denn die ist eine natürliche Bedingung des Lebens, wie andre, und kann sein geistiges Ziel nicht sein. Bei Carolath gibt es eine Linde, die mit dem Wipfel in den Erdboden gepflanzt und mit dem Wurzelstock in den Himmel gestellt wurde; sie wuchs und treibt Blätter, aber ihre Krone ist ein Geflechte widrig wie Schlangenknoten und ohne Ähnlichkeit mit der grünen Wolke des ehrlich gewachsenen Baumes. Keine natürliche Bedingung des menschlichen Daseins kann ungestraft zu seinem Ziele gemacht werden; alles, was gegen dieses Gesetz sich unterfängt, ist schlechter, schlecht verkappter Materialismus. Mögen wenigstens die neumodischen jüdischen Chamberlains sich das gesagt sein lassen.
Und so bliebe als drittes nur die Religion; und damit hat die Politik ein Ende. Es ist der Zionismus, der diese Forderung stellt, und der sie nicht etwa als schon erfüllt ansehen kann. Ihm kann Religion nicht genügen als das ethnographische Gebilde, das wir kennen; nicht als die ästhetische Befriedigung, die sich mit frömmelndem Augenaufschlag einfindet,

daß es doch so schön und erhaben und jeder Verdauung förderlich sei, zu glauben. Die Einheit der Juden durch Religion, die aus der Mahnung des Zionismus folgen muß, liegt nicht in der Vergangenheit; sie ist eine Aufgabe; eine Aufgabe auch als Form, – vielleicht als Kirche.

[1917]

Holitschers »Reise durch das jüdische Palästina«*

Nachdem ich dieses Buch (erschienen bei S. Fischer) gelesen hatte, nahm ich auch Holitschers Reise durch Rußland wieder vor, und dann blieb es nicht dabei, und ich las auch die amerikanische Reise, von der ersten bis zur letzten Zeile. Immerhin ein Lebensbogen von fast einem halben Menschenleben, und die ungeheuren Jahre des Krieges und der Umwälzung darunter, eine Zeit, die wohl schneller raste und zäher starrte als jede andre. Nicht aus einem Zweifel, ob es denn auch wirklich mit diesem Manne stimmen würde, betrachtete ich seinen Reiseweg, der in diesem Falle der Lebensweg ist, sondern in der Zuversicht, daß es in ungewöhnlich hohem Maße stimmen würde. So war es denn; und die nicht betrogene Hoffnung durfte sich am Anblick einer Entwicklung freuen und erheben, deren gesetzhafte Konsequenz, Elastizität und diese Elastizität ermöglichende vibrierende Inkonsequenz verdienten, ein Vorbild zu sein; das Positive seiner Leistung und der Widerspruch in seiner Natur, beide sind in ihm und für ihn Instrumente der Wahrheit.
Der Widerspruch beginnt schon in seinem Temperament. Er ist ja von Haus aus ein Raunzer, trotz jedem Hofrat der abgesungenen k. k. Monarchie; er liebt den sauren Ärger derer, die zum bloßen Betrachten der Dinge verurteilt sind und deren Gewissen sich damit nicht zufrieden gibt. In jungen Jahren schon sich einer bescheidenen Selbständigkeit erfreuend, war er ein Reisender durch die europäischen Länder mit einer kurzen englischen Pfeife, saß in den litera-

* Berlin 1922

rischen Cafés von Rom, Paris, München und Berlin, wob mit an dem ästhetischen Nebel, der über ihren Tischen aufstieg, – und sah durch diesen Nebel hindurch, sah ins Leben, ließ sich das Leben nicht verdecken vom eigenen Gespinst, sondern wartete auf seinen Tag. Langsam und mühsam rangen sich seine Erzählungen, seine Dramen aus der Stimmung elegischer, zuweilen ins Ironische aufblinkender Abseitigkeit; bis er endlich jenes trübe, unerbittliche, durch die echte Bewältigung aber erlösende Werk schrieb: »Worauf wartest du?« Er hatte ja zur Verzweiflung gesagt, und damit hatte er sie gebannt, damit erst war der Dichter in ihm frei geworden. Was man auch ist, und wenn man Minister ist, man ist es immer um einige Grade besser, wenn man ein Dichter obenein ist. Holitscher begann auf eine andre Art zu reisen; er wurde ein Journalist; er war ein Dichter.
Und wo war nun der Raunzer geblieben? Durch seine drei Reisebücher stürmt, bekennt und schafft ein Optimismus, eine Zuversicht ohne Selbstblendung, eine Jugend des reifen Mannes. Von jedem der drei Bücher zum nächsten wächst die musikalische Spannung zwischen einem zukunftgläubigen Herzen und einem unbestechlichen Auge. Mehr als einmal ist er ein umgekehrter Bileam, einer, der auszieht, um zu segnen, und fluchen muß. Die selbstempfundene Pein dieses Widerspruches nimmt von Mal zu Mal im Adel der persönlichen Stimmung zu. Sein Zweifel in Amerika hat noch eine flotte, frotzelnde Heiterkeit; in Rußland schlägt's ihn schwerer, bis zu einem inneren, auch den Untergang nicht scheuenden Trotzalledem; und in Palästina durchströmt ihn ein jubelnder Lyrismus mit einem Tropfen Bitterkeit auf dem Grunde.
Man könnte sich vielleicht wundern, wie gerade er nach Palästina gekommen sei, der doch vor gar nicht langer Zeit aus dem jüdischen Gemeinwesen ausgetreten ist. Aber was er verlassen hat, war eine Welt, die für ihn nichts als Vergangenheit bedeutete; und wohin er suchen ging, dort war Zukunft, Menschheitszukunft, die ihm in jeder Form heilig ist. Er also, der es nicht länger ertrug, Jude zu sein, durfte und konnte auf seine Art Zionist werden. Damit ist schon ausgedrückt, daß seine Art eine für sich ist, eine von den

leider auch schon unzähligen; und nun würde es sich fragen, ob sie vielleicht die so tief konzipierte ist, daß alle andern oder wenigstens viele andern oder doch einige andre in ihr aufgehen könnten. Der Zionismus, als umfassender, wenn auch enger Begriff, wird eine solche Möglichkeit ohne weiteres ablehnen, und mit Recht; er muß, wessen der einzelne Mann Holitscher sich entschlagen darf, durchaus eine Zukunft suchen, die aus einer zugehörigen Vergangenheit stammt, einer ungeheuren und vielfachen Vergangenheit; er würde sich selbst aufheben, wenn er sich zu der einen Aufgabe sammelte, die Holitscher ihm zuweist: einem Sozialismus von konsequenter Praxis und religiös verdichtetem Menschheitsgefühl Pionierarbeit zu leisten, Beispiel und Anfang zu sein.

Vielleicht freilich wird er sich in der Tat aufheben müssen, aber aus andern Gründen, als um der Forderung Holitschers zu genügen. Seine Krisis, schon lange spürbar, bricht jetzt verräterisch überall durch, und doppelt verräterisch an Stellen, die alles andre als eine solche Wirkung vermuteten, geschweige denn planten. Vor mir liegt die letzte Doppelnummer der ›Jüdischen Rundschau‹ vom eben verflossenen Jahr, mit einem Text, der bis auf einige Notizen ganz der Ehrung des hebräischen Dichters Bialik gewidmet ist, gelegentlich seines fünfzigsten Geburtstags. Bialik ist ein Mann, einer der wenigen, zu dem die Juden, die von ihm wissen und die ihren Kopf nicht nach Vogel-Strauß-Art in der deutschen Staatsbürgerschaft jüdischen Glaubens versteckt halten, mit enthusiastischer Liebe hinschauen, mögen sie sonst auch zum zionistischen Gedanken und innerhalb seiner zum Hebräischen als der möglichen und nötigen Einheitssprache eher auf der zweifelnden Seite stehen; was in seinem Festartikel Robert Weltsch folgendermaßen bezeugt: »Von der Linken bis zur Rechten, von Jerusalem bis New York und Warschau neigt es (scil. das jüdische Volk) in dankbarer Verehrung das Haupt vor dem Dichter.« Ein paar Seiten später lesen wir, daß die jüdische Gemeinde in Berlin es abgelehnt habe, ein Glückwunschtelegramm an Bialik zu unterschreiben. Das braucht nichts zu bedeuten, das könnte in die Reihe der Bouvardiana gehören, zu denen wir jüngst bei Hauptmanns sechzigstem Geburtstag in Deutschland Beispiele hatten. Aber auf derselben Seite der ›Jüdischen Rundschau‹ steht eine Stelle aus einem Trinkspruch, den Achad Haam in Tel Awiw (in Palästina) auf einem Bankett gehalten hat, das dem Präsidenten der zionistischen Weltorganisation, Dr. Weizmann, gegeben wurde. (Die zionistische Politik wird mit derselben Technik gemacht, mit der die europäische zugrunde gerichtet wird, mit Banketten, Trinksprüchen, überreichten Blumensträußen ... und mit Memoiren besiegter Generäle. Können Juden, sonst so empfindlich für den »Ton«, die Tagebücher Herzls wirklich ertragen? Spüren sie nicht, wie hier einmal eine wundervolle Sache von ihrem eigenen Gründer heillos diskreditiert wurde?) Achad Haam also, der Schöpfer der Ideologie für den ganzen westeuropäischen Zionismus, zwar immer noch unerschüttert und unerschütterbar treu in seiner Arbeit, aber doch wohl schon lange ein Märtyrer, spricht von sich: wie er, sogar in der schönsten Hoffnungsfreudigkeit der Jugend, doch nur geglaubt habe, daß längst das Gras auf seinem Grabe wachsen würde, ehe der Messias käme; denn eine messianische, das ganze jüdische Volk ergreifende – das heißt, eine vorbereitende – Bewegung hätten er und seine Gleichgesinnten zu entfachen unternommen: »Jetzt, wo die Lage unsres Volkes schlimmer ist als je, sehen wir, daß die Herzen nicht immer mit uns und die Taschen leer sind. Dr. Weizmann braucht Gelder, er hoffte Herzen zu finden. Ob er die Herzen gefunden hat, mögen Sie allein beurteilen. Ich glaube, er hat sie nicht gefunden. Nun geht er demnächst nach Amerika. Ich hoffe, er wird dort die nötige Geldsumme bekommen. Vielleicht, wenn er dann zu uns zurückkommt, wird er mit Hilfe der Gelder dann auch die Herzen finden.« Es gehört kein sehr empfindliches Ohr dazu, herauszuhören, daß hier etwas weint.

Fast mehr noch als die bedrückten machen die optimistischen Äußerungen bedenklich. Der offizielle Zionismus ist längst in jenes Stadium geistiger Bewegungen getreten, das zum Beispiel an der Philosophie die Galle Schopenhauers überlaufen ließ. Neben denjenigen, die für ihn leben, stehen schon zu viele, die von ihm leben; zu viele, als daß das wahre

Kräfteverhältnis nicht verhüllt würde. Er hat eine Presse, hat Diplomaten und Politiker, er hat eine übergroße, geschäftige Nichtstuerei. Es mußte neulich darüber Klage geführt werden, daß gerade seine reichen und an Einfluß mächtigen Bekenner die Steuer nicht bezahlen. Und schon regt sich erfreulicherweise eine jüngste Jugend in ihm, die das alles weiß und es sich nicht länger will gefallen lassen. Vielleicht wird in dieser jüngsten Jugend erst die Entscheidung darüber ausgekämpft werden, ob es Zionismus gibt.

Dem Auge Holitschers ist keine der Schwierigkeiten, Bedenklichkeiten, keiner der Risse und feindseligen Gegensätze entgangen, von denen der Zionismus gefährdet wird. Neben dem Dichter, der sich an einem jungen und leidenschaftlichen Leben sympathetisch mitentzündet, neben dem Künstler, der die wechselvollen Bilder einer von vieltausendjähriger Geschichte zeugenden Landschaft mit seinem feinen und unzerreißbaren Sprachnetz fängt, steht der nicht einzuschläfernde, nicht zu betörende Kritiker; Dichter und Kritiker zusammen sichten die Zukunft. Die Poesie des Zionismus, die Freude eines Einzelgängers über eine unerwartet und spät ihn mittragende Gemeinschaft vermöchten ihn schon deshalb nicht unbesonnen zu machen, weil in diesem Romantiker die Redlichkeit immer das Mißtrauen gegen Romantik wach halten wird. Aber Palästina ist ihm auch, und vor allem andern, ein Versprechen, wie Moskau es war, über das Jüdische hinaus, über das Russische hinaus.

Und so sind, von allen Arten der Zionisten, seines Herzens Lieblinge die Chaluzim, die Jungmannschaft, Mannschaft auch weiblichen Geschlechts, die die kapitalistischen Schiffe hinter sich verbrannt hat und ihr Leben auf eine neue Art in die Schanze schlägt. Diese Jugend, möge ihr sogenannter Erfolg sein, wie er wolle, ist ein Stolz und ein Trost unsrer Zeit; wer, der ein Herz hat, fühlte es nicht! Und sind sie nicht Pioniere irgendeines Dämons von Gedanken, so sind sie doch Pioniere ihres eigenen Lebens, bewundernswert, beneidenswert. Sollte aber sogar das Unmögliche Wort werden und nach tausend Kämpfen schließlich in das Bett, das sie gegraben haben, jeder Nebenstrom des Zionismus münden, so würde auch daraus keine bleibende Einheit entstehen, – denn schon lauern andre Entzweiungen auf sie, die des Sozialismus selbst. Holitscher sagt: »Für die große Gemeinschaft aber spricht, mit der Notwendigkeit der Bebauung und Bepflanzung ausgedehnter Gebiete, vor allem *der Geist dieser Zeit*, der die Menschheit vom Privateigentum zum Sozialismus, von der kleinen Familiengruppe zur großen Kooperative führt, in der das Eigentum des Einzelnen in das der Allgemeinheit aufgegangen ist.«

Wenn das alles ist, was für die große Gemeinschaft spricht, so können wir die Summe davon leicht ziehen; sie heißt Null. Wenn alle Realitäten für die kleine Gruppe, und für die große Gemeinschaft nur der Geist dieser Zeit spricht, so wird der Geist, gleichgültig nach wieviel Jahren oder Jahrzehnten, ein Hauch sein, der in einem Sturm ertrinkt. Gerade Holitscher, als Kenner des heutigen Rußlands, hätte die Umsicht haben müssen, von einem angefaßten Gedanken, und sei er, in ihm, von höchster idealer, religiöser Inbrunst, auf agrarische Verhältnisse nicht zu prophezeien. Freilich hat es noch nicht einmal die deutsche Sozialdemokratie begriffen, eine wie gefährliche Barre ihrem Strome vorgelagert wurde, als der Bund der Landwirte sich gründete; – und er wird diese Barre nicht durchbrechen, er muß sie auf andre Weise »nehmen«. Beiläufig, auch der Österreicher hätte etwas darüber wissen können, wie wenig das Bauerntum bei allgemeinen politischen Umlagerungen geneigt ist, an der Stange zu bleiben, sondern im passenden Augenblick mit Wilhelm Busch sagt: »Wat geiht meck dat an?« Von der österreichischen Revolution des Jahres 1848 hatten den großen und bleibenden Profit die Bauern; ein halbes Jahr nach dem März hat sich ihr Vorkämpfer, Kudlich, einen wahrhaft kaiserlichen Undank von ihnen geholt, als er sie um Hilfe für Wien anflehte.

Holitscher könnte einwenden, daß es mit einem von vorn anfangenden Siedlertum anders stehe als mit einer historisch gewordenen Klasse. Fassen sie aber Fuß und gründen sich fest, die tapferen Chaluzim, so werden sie arbeiten und danach denken, wie die Erde ihnen befiehlt, aber ganz gewiß nicht, um einen Kommunismus zu erfüllen. Vielleicht mit der Zeit nicht einmal, um einen Zionismus zu erfüllen. Vielleicht wird gerade in ihnen die Realität übermächtig werden, und sie werden es satt haben, zu hören, daß es ein »Recht« auf Palästina, daß es einen jüdischen Gedanken gibt, einen jüdischen Gott und dergleichen; dafür aber werden sie es klarer haben als irgendwer, daß es Juden gibt und Jugend. Beides leben werden sie lernen auch woanders zu versuchen, meinetwegen in Argentinien und in Usambara. Zion hat eine bestimmte geographische Lage nur so, wie für die Kreuzfahrer das Heilige Grab. Sollte aber wirklich zwischen Kommunismus und Zionismus eine Auseinandersetzung nötig sein, so ist mir wenigstens der Sieg nicht zweifelhaft: Kommunismus ist ein zu simpler – Kommunismus, als daß er sich lange halten kann, wo höhere Arten von ihm sich erproben.

Es könnte als ein Widerspruch erscheinen, daß ich, wie eingangs, ein Buch höchlichst rühme, hinter dessen beide Gedanken ich das Fragezeichen setze. Aber die Gedanken der Menschen über den Menschen sind alle Stuß, alle, alle. Das Erstaunliche ist nicht, daß infolgedessen so viel Unsinn ins Leben kommt, sondern doch noch so viel Sinn. Wie ein derlei überraschendes Resultat sich herausdestilliert, ist ein Rätsel: Möglicherweise gibt es eine Kraft des Herzens, die, durchs Geschiebe des Denkens hindurchblitzend, so viel Licht in die Welt, gerade so viel Licht in unsre Augen streut, wie wir vertragen; wer hat es nicht schon oft und oft gefühlt, und wenn die Weisesten zu ihm sprachen: es ist alles ganz anders. Holitscher hat ein Herz von solcher Kraft; mehr noch: ist ein Herz, er ist ein Dichter; ihm widersprechen, bedeutet nicht, ihn widerlegen.

[1922]

Jüdische Form

»Merkt es, Juden: Jedes Wort, das auf diesen Blättern steht, ist ein Wort in letzter Stunde, denn nur in letzter Stunde ruft man auf; – Ich rufe auf!« So Emil Cohn in seinem Buche: ›Judentum‹, das bei Georg Müller in München* erschienen ist und das, um es vorwegzunehmen, zu den wichtigsten, ernstesten, zu den auf keine Weise überhörbaren Äußerungen speziell der deutschen Juden zu rechnen ist. Zustimmung und Ablehnung, beide in allen Graden, werden beide ihm seine Wirkung bestätigen.

Es ist, um auch das vorwegzunehmen, nicht jedermanns Sache, sich so »aufrufen« zu lassen. Je älter und gebrannter einer ist, um so weniger ist er geneigt, immer wieder einmal an »letzte Stunden« zu glauben; vielmehr stimmt der Verdacht ihn herab, daß auch hier die »letzte Stunde« Begeisterung und Stimulans eines literarischen Autors sei, der ein Allheilmittel gefunden hat und verkündigt. In der Tat dringt Emil Cohn nicht völlig, nicht immer zum prophetischen Klang der Rede durch, sondern ist unverkennbar von den Spinnwebfäden der literarischen, auf moderne Beweismittel eingeschworenen Bildung umwunden. Schon daß er als ein Mann der »Reue« vor uns hintritt und also von seiner eignen Buße und Wandlung das Recht herleitet, andre in flammendem Stil zu ermahnen, ohne aber dabei direkt und simpel zu erklären, welche schwere Sünde er denn nun eigentlich zu bereuen habe, läßt mehr den etwas peinlichen Eindruck von einem rhetorischen Mittel zurück als eine Mitschwingung des aufgewühlten Gewissens. Es ist der geübte Leser in uns,

* 1923

der merkt, daß der Verfasser vor seiner Um- und Heimkehr ein Abtrünniger gewesen sei, ein Abtrünniger von der Forderung, in der sein Buch gipfeln wird; gedient wäre uns besser, wenn er dargestellt hätte, warum er sich ehemals abgetrennt hat, wohin und wie weit, und was den Blitz der Reue auf ihn hat niederfahren lassen.

Trotz diesem in mancherlei Verwandlung wiederkehrenden Vorbehalt darf und kann man die echte Leidenschaft des Verfassers nicht unerwidert lassen; seine Klagen und Anklagen, seine Hoffnungen und Rüttelungen sind von der Art, die doch nicht ins Leere hallt. Und derselbe Leser, der in einer Hinsicht die mißtrauische Regung spürte, wird in andrer entschädigt: das schriftstellerische Handwerk, offenbar auch einem Bußprediger unentbehrlich, hat der Schrift zu einer ebenso einfachen wie mächtigen Komposition verholfen.

Eine Kritik der Zeit macht den Beginn. Zwei teuflische Ströme haben das Jahrhundert überschwollen: der Rationalismus und der Materialismus. Sie haben die Fruchterde versandet und die Menschen mit einer schauderhaften Lebensentfremdung geschlagen. Diese tut ihre von jeher dem Teufel nachgesagte Kälte und Sterilität auf drei Gebieten kund: als Kapitalismus, Sexualismus und Nationalismus. Wir haben also im ganzen fünf teils allgemeinere, teils speziellere Mächte, die Cohn zum Verderben unsrer Welt geschäftig sieht, die er glühenden Herzens bekämpft und zu deren jeder er eine Reserve dahin macht, daß sie nicht eigentlich an sich, sondern in ihrer Übertreibung und frechen konsequenten Ausschließlichkeit getroffen werden soll.

Immer aber erscheint der böse Rationalismus als Urquell von alledem. Und nun tritt, von ihm selbst aus dem Ghetto erlöst, der Jude in seinen Herrschbereich, als ein von vornherein zur schlimmsten Gefährdung zubereiteter Mensch. Denn ihm ist ein uralter edlerer, tieferer Rationalismus zu eigen, der in den gemeinen des Tages sich mit Schnelligkeit zu zersetzen unmöglich von sich abwehren kann. Der Rationalismus ist der Feind der Form; Form aber, dieser »Wurf Gottes ins Menschliche«, ist das Geheimnis der Existenz Israels. Der Rationalismus ist auch der Feind des Schicksalgefühls. Der

Jude, zur Vernunft prädestiniert; ins Streben nach Geld gebannt, doch immer mit einem unanfechtbaren gewahrten Herzensrückhalt; dann aber zum Götzendiener der Vernunft und des Geldes erschlafft – er hatte noch immer als eine heilige Zuflucht sein Schicksal. Nun wurde ihm von der Vernunft auch dieses mit seinem ganzen Geflechte ausgerissen, und an der leeren Stätte wuchs Unkraut, wuchs: der Groll. Schade, daß hier dem Verfasser seine Bildung hineinredet und den Namen Nietzsches und das Wort Ressentiment in die Feder diktiert. Als ob nicht, beiläufig, auch das Ressentiment ein Mittel sein könnte, Wahrheiten zu entdecken, so gut wie die Liebe und der Haß. Doch weiter!

Die schwere Krankheit des Abendlands, an der die Juden mitleiden, wird für sie noch dadurch giftiger, daß sie des einen, letzten Heilschutzes entbehren: des Volkes; statt seiner haben sie zum schäbigen Ersatz einen Philanthropismus, der nichts gestaltet. Und erst und grade aus der dunkelsten Nacht bricht das Licht auf; Volk wird wieder: Herzl erscheint, und der Zionismus macht dem Ressentiment ein Ende. Endlich sind die Juden noch einmal eine Realität, etwas Positives, das nicht, durch Anpassung oder Abwehr, von der Umwelt eine Scheinexistenz empfängt.

Keineswegs geht es von hier schon gradaus vorwärts; der Zionismus fällt vom Geiste seines Gründers ab und entartet in Partei und Tat. Und so gilt es, noch einmal – in letzter Stunde – alle Kräfte zusammenzureißen, um das wahre, gültige Selbst zu finden und zu sichern. Inmitten aller Zersplitterung, aller Zerstörung und des schnöden Verrats gibt es doch noch ein Selbst, ein Judentum – treu bewahrt in der Orthodoxie. Zwar ist auch sie nicht ganz von der Ankränkelung verschont geblieben, sie ist mechanisch, hart und unfroh geworden. Dennoch – o unverwüstliches Dennoch, du höchste Ehre des Menschengeistes – dennoch ist sie die Hüterin des Schatzes und hat allein den Winden und Wettern der Jahrhunderte getrotzt.

Und nun erhebt sich Cohns Rede in immer höherm Schwung. Drei Pforten sieht er, durch die der Jude zu gehen hat, wenn er nach seiner Wesenheit Verlangen trägt. Die erste ist die Sprache, das alte geweihete Hebräisch. Die zweite der Glaube, mehr noch die Gläubigkeit als »innere Melodie des Glaubens«. Und die dritte, das ist die enge Pforte wie die des Evangeliums: die streng gehaltene religiöse Übung, der erfüllte und gefühlte Ritus, ja dieser selbe, gênante Ritus als freudige, verklärende, alles durchsüßende Segnung der Stunde, des Tages, des Jahres, der Geburt und des Todes. Wer durch die drei Pforten, von ihrer Schönheit angezogen, vertrauensvoll hindurchgeht, der – und nur er – wird sich als Heimgekommener nach düsterer Irrnis wiederfinden.

Dieses ist, im kürzesten Abriß, der Gedankengang des Buches. Es mündet in einer Forderung, und also sind seine Gründe durch Zwecke bestimmt, durch Zwecke verbogen. Man fühlt sich nicht gezwungen, sie zu widerlegen, sondern tut sich genug, wenn man ihnen widerspricht. Cohn macht es sich öfters auf eine wahrhaft poetische Weise zu leicht. In seinem Hymnus auf das Hebräische zitiert er: *El mole rachamim*, übersetzt es: Gott voll Erbarmen – und glaubt, etwas bewiesen zu haben, weil neben dem »Feuerbrausen der toten Sprache« die lebende »wie Zunder in Asche hinabsinkt«. »Fliederduft«, im Hannele, heißt auf Französisch *»Parfum des lilas«*! Jede Übersetzung parodiert; wer dürfte wagen, sie darum entbehren zu wollen! Ich erinnere mich sehr wohl aus meiner Jugendzeit an die tiefe Erschütterung, die von dem gemurmelten *»El mole rachamim«* über mich kam; aber in der Andacht zum Gedächtnis der Toten sprach der übrigens orthodoxe Rabbiner auch ein deutsches Gebet, das mit den Worten anfing: »Herr der Geister alles Fleisches« – und noch heute durchschauert mich das, ich weiß nicht warum.

Zuweilen scheint mir, als ob Cohn ein sehr »neuer« Jude sei, ohne Tradition einer orthodoxen Familie. Ich könnte mir sonst nicht erklären, daß Herzl ihm als Messias gilt. Ich verstehe seine Rührung darüber nicht, daß Herzl die alten Segensprüche wieder lernte, seinen Kindern die Menorah anzündete und dergleichen; ein neueingesetzter albanischer Mbret, der im Nationalkostüm paradiert, tut dasselbe. Der Zionismus kann nicht das geringste Wurzelfäserchen von selber in Cohns unmündigem Jugendherzen getrieben haben, sondern muß ihm von Herzl funkelnagelneu geschenkt

gewesen sein, wenn er nicht merkt, daß die spätere Verderbnis des Gedankens eben in Herzls Konzeption, in dieser »Gründung«, Diplomatie und Politik, in diesem augenfälligen Ressentiment, ihre Keime gehabt hat. Das heutige Chaos im Zionismus, wohin es auch damit gehe, ist gegenüber Herzls sauberm, nettem Gebilde ein Zustand voll lebendiger Kräfte. Ja, vielleicht muß der Zionismus erst alles Herzlsche aus sich herausschwärmen, ehe er wirklich in den Tiegel der Geschichte taugt.
Das sind ein paar willkürlich herausgegriffene Stellen, und ihre Schwäche sei nicht überschätzt. Wie aber steht es denn mit Cohns Ur- und Kardinalargument, mit dem *peccatum originale* des Rationalismus, gegen den wir hier, weiß Gott nicht zum erstenmal, den Gram mit Emphase tönen hören? Ich gestehe, daß ich des Grams und der Emphase recht überdrüssig bin. Schon der leider vergessene Garborg hat darüber geklagt, daß immer, wenn die Menschen daran sind, es sich wohnlicher auf der Erde einzurichten, der Vorwitz schnell erst über die Unsterblichkeit der Seele beruhigt werden möchte; meist ist da nicht der tiefere Mensch, der seine Unruhe nicht zum Schweigen bringen kann, sondern der Literat, der sich scheut, die Walze zu wechseln und zu lernen; gleich einem Schüler, der seine Gleichung rechnen soll und treuherzig fragt: »Ist es nicht ein schönes Gedicht: Füllet wieder Busch und Tal?« Der Rationalismus ist eine sehr junge Religion, und da er eine Universalreligion ist, so kann man ihn füglich mit dem Christentum vergleichen: wem wird einfallen, dieses mit den unzähligen irren und halbirren, scheußlichen, perversen Sekten seiner ersten Jahrhunderte zu identifizieren?! oder mit seinem Pharisäismus und seinem Pfaffenhochmut?! oder mit seiner geplapperten Phrase?! Alles dieses hat auch der Rationalismus, wir wissen es; aber es macht ihn nicht aus. Cohn schlägt einmal, wiewohl ganz nebenbei, die bekannte, unleidlich plumpe Volte: wenn doch die Juden an ihre eigenste Sache nur einen Teil von dem Glauben wendeten, den sie für den »Materialismus« bereit hielten! Um noch einmal die Mathematikstunde zu zitieren, so erinnert sich wohl mancher gewisser spaßhafter Beweise, in denen scheinbar unanfechtbare

Operationen zu dezidiertem Unsinn führen. In ihnen allen wird mehr oder minder geschickt der nämliche Betrug eingeschwärzt, die Null wie eine Zahl zu behandeln: Einmal Null gleich Null, und zweimal Null gleich Null; also ist Eins gleich Zwei. Das Atom ist ein Mythos? Es gibt Grade des Mythos. Das Atom ist unbegreiflich? Es gibt Grade des Unbegreiflichen. Weil ich etwa an das Atom nur »glaube«, soll ich auch an die unbefleckte Empfängnis und an Gott *factorem coeli et terrae* zu glauben demütig genug sein? *Non credo*. Wenn ich aber auslegen darf, so geht das Pferd im Galopp davon und hält nicht eher stille, als bis es müde zusammenbricht. Ich habe nichts andres zu beklagen, als daß mein Gehirn zu alt und mürbe und zerstreut und meine Sinne zu ungeübt und träge sind, zu lernen, diese sichtbare Welt sei unendlich. Mir würde der Rationalismus schon genügen; nur leider ich ihm nicht.

Das Beste, was Cohn zu sagen hat, sinkt mir indessen mit seinem Grund und Hintergrund nicht dahin. Kernschuß ist es, wenn er Judentum und Judenreligion aus den Schmucktüchern – es sind aber Leichenlinnen – der gebildeten, höchst gebildeten, höchst edlen Worte wickelt; wenn er Leben nur dort statuiert, wo Form ist, verbindliche Form. Man liebt es heut allzusehr, von den Religionen die Sahne abzuschöpfen und mit der Magermilch und Waddike die Schweine zu füttern.

Aber was ist Form? Das Überlieferte, wie es ist? Doch auch ein Gewordenes, und hat einmal angefangen; wo setz' ich seinen Anfang und wo seinen Abschluß? Ein Abschluß ist ein Ende. Cohn nimmt sich öfters einen gefährlichen Kirchenvater zum Zeugen: Goethe. Geprägte Form, die lebend sich entwickelt? So beginnt der Streit aufs neue, ja so beginnt er überhaupt erst; es wird wenig mit dem Heilmittel anzufangen sein, das Cohn uns in das Glas schüttet: den Ritus – zu poetisieren, denn darauf läuft es hinaus. Ein Dichter spricht, zu sehr ein Dichter, und zu wenig ein Dichter. Vielleicht, ich muß es doch wiederholen, hat er in seinen Kinderjahren die Orthodoxie nicht genug zu spüren bekommen, um vom Recht, von der grimmigen Notwendigkeit der Revolte gegen sie vom Leibe aus zu wissen.

Als der grandiose, entscheidende Mann, der Hirte Amos aus Thekoa, unter die Opferer trat, die dionysisch in ihrem Gespei lagen, wäre er gewiß nicht vor dem Zuruf verstummt: »Halte dein Maul! Hier ist Alt-Israel.« Auch diese Opfer waren eine Form. Ich sah und hörte einmal in einer Reformsynagoge das neue Ding, die Einsegnung junger Mädchen. Damals dachte ich, daß es etwas Öderes nicht geben könne, daß es also den Juden vorbehalten sei, Religion auf den niedrigsten Stand zu bringen, alles war Zeitungspapier, und obenein fiel mir Wagners höhnisches Wort von der »frechen Zerstreutheit« der Synagogen ein. Da las ich, zufälligerweise nur ein paar Tage später, in einem Epyll von Thomas Mann die Schilderung einer protestantischen Taufe »im gutgeschnittenen Gehrock«, ein Meisterwerk der Ironie, und war beruhigt: hier wie dort, abwärtser konnte es nicht gehen. Und was die freche Zerstreutheit anbetrifft, so schien mir nun, daß der profunde Schlaf der sonntäglichen evangelischen Pflicht- und Gewohnheitsstunde ihr das Gleichgewicht hielte. Und Wagner? der sich einen betenden Heine, »daß Gott dich erhalte...« nicht aufreden läßt? Wer könnte sich einen betenden Wagner vorstellen?! nur ein Priester.
Schließlich aber bleibt auch derlei Milde gegen die Reformsynagogen das Wort eines tadelnswerten Hochmuts. Es steht noch anders damit, als der Geschmack möchte gelten lassen. Lächerlich, phantasie- und kraftlos, geist- und sternverlassen, ist diese Reformsynagoge immerhin ein Versuch, ja sogar der einzige Versuch, jüdische Religionsgemeinschaft zu erwecken. Cohns poetisch galvanisierte Orthodoxie, so bestrickend ihr Anblick ist, wird ihre Versuche nicht ersetzen dürfen. Er poliert die Lava, doch davon fließt sie nicht. Nur indem er, mit höchstem Ernst, das Gesetz der Form aufstellt, hat er, wie schon lange keiner, dazu beigetragen, seinen Gegenstand dem Leben zuzuführen, das ist: dem Kampf; und den wird endlich wieder die bürgerliche jüdische Gemeinde aufnehmen müssen, als die einzige jüdische Realität.
Eine Antwort aber auf die sogenannte Judenfrage gibt es nicht; erstens, weil es die Frage nicht gibt, und zweitens, weil es der Antworten viele gibt.

[1923]

Christen und Juden

Daß ich als Jude jüdisch will, ist wahrscheinlich, ich untersuche es nicht und bezweifle es nicht; daß ich Jüdisches will, käme mir ganz absurd vor. Ist ein Volk aus dem Gröbsten heraus, so kann es in dieser Form von Nationalismus nicht befangen bleiben. Raffael wollte eine Madonna malen, Dürer desgleichen, nicht jener eine italienische, dieser eine deutsche. Siegt die letztere Tendenz, so kommt gewiß keine Madonna mehr zustande, sondern eine Karikatur oder ein Schatten.

*

Die Griechen glaubten an ihre Götter, aber nicht an ihren Mythos, das ist der Hauptunterschied ihres und des Christenglaubens; denn dieser hält auch den Mythos als Tatsache.

*

Im Christentum wird der Mythos als Dogma hingestellt, entgegen allen andern Religionen. So mußte die grauenhafte Unduldsamkeit aufkeimen. Alle Götter sagen: So bist du, Mensch! Nur Jehova: So sollst du sein!

*

Ich möchte glauben, daß das Verbot, Bilder zu machen, von dem was im Himmel und auf Erden ist, das Urgebot des Judentums war. Damit war der in den Bildern doch immer wieder erstarrte Gottes- und Weltglaube erlöst.

*

Es gab nicht nur das Christentum vor Christus, sondern auch die protestantische Gesinnung ist vor uns außer ihrer historischen Erscheinung eine Grundtatsache des menschlichen Denkens.

*

Die Juden als Volk sind keineswegs ein begabtes Volk zu nennen. Sieht man von dem Wundervolk der Griechen ab, was haben die Inder mit ihren religiösen Schriften nicht alles gemacht; sie wurden an ihnen Grammatiker, Rhythmiker. Sie arbeiteten das Tiefe und Dunkle ins Helle; die Juden ins Absurde.

*

Die Intoleranz des Christentums und des Islam – sind sie direktes Erbteil vom Judentum her oder haben sie (noch) einen Grund in der Tatsache, daß beide synkretistische Religionen sind, also eine Beimischung von Wille, Plan, Tendenz haben und darum eifersüchtig sind, kurz, weil sie nicht reine Religion sind? Reine Religion ist agnostizistisch; synkretistische – eben wegen des Zusatzes von Verstand und Absicht – glaubt zu wissen. Darum ist jene tolerant, diese intolerant.

*

Gewisse Juden haben einen Sinn für das reale Lebendige und für das ideale Tote, aber nicht für das ideale Lebendige.

*

Der Judenstolz, bloß weil man Jude ist, der davor rettet, daß man sich bewährt, etwas aus sich herausgestaltet, dieses alberne Pochen darauf, daß man einmal der Welt etwas Wichtiges gegeben hat, ist von allen Sorten von Nationalstolz die lächerlichste.

*

Christentum lehren heißt schon: es nicht mehr haben.

[1929, aus dem Nachlaß]

6 Moralia

Was ist das: ein Gedanke?

Ich wachte einmal mitten in der Nacht auf und hörte noch von der Straße das Gelächter einer Dirne, das mich aus dem Schlafe gerissen hatte; es klang wie das verzweifelte Schreien eines Menschen, der unter die Mörder gefallen ist. Ich wußte nicht, ob ich die Wand zur rechten oder zur linken Hand hätte, und mußte mich erst darein finden, wo das Bett stand im Zimmer, ja, in welchem Hause und in welcher Stadt ich sei. Über dieser Orientierung wurde ich, so schien mir, ganz lebendig, und ich begann, wie ich glaubte, zu denken. Das Herz aber schlug mir ganz ungestüm und hart in der Brust, wie wenn ein rauher, plötzlicher Griff mich aus dem tiefen Schlafe gerissen hätte. Woher mochte dieses ganz verstörte, ganz feindliche Schlagen des Blutes kommen? Müßte man nicht glauben, daß der Schlaf Verbindungen zwischen sonst unverbundenen Nervengruppen herstellt, deren zähe Zerreißung als ein Schmerz ganz besonderer Art empfunden wird? Ich fühlte mich dem Geheimnis des Schlafes in einer eigentümlich ergreifenden Weise nah, es war mir aber dabei, als ob ich es durch meine Fragen schon verscheuchte – und da glaubte ich zu erkennen, wie der innere Lärm der Wachheit und der Betrachtung, einem Rudel von Hunden gleich, das jeden Gast abwehrt, mich hinderte, zu erkennen und zu fühlen, was in den Gestaltungen und Verwandlungen des Lebens einzig wert ist, erkannt und gefühlt zu werden. Seit wie vielen Jahren hatte ich nicht mehr eine Stunde lang unverwandt in das Licht einer Kerze geschaut? Wann hatte ich zum letztenmal auf einer Wiese gelegen, in keinem andern Begehren, als das weißlich schwankende Blau des Himmels über mir zu haben! Und bei dieser

Vorstellung merkte ich, daß das Herz sich beruhigt hatte, *aber der Körper fühlte sich zu leicht*, ohne davon, wie sonst wohl, eine Lust zu haben, und ich drückte den Hinterkopf tief in die Kissen. Mit einem Schlage wurde der Gefühlsinhalt nüchterner. Ich versuchte mir künstlich das Verlangen nach der blauen Himmelsdecke zu erregen; es gelang nicht; und eine ganz prosaische, von einer unmotivierten Ungeduld bestimmte Gedankenkette aus allzuoft geprüften Gliedern begann sich abzuhaspeln. Nicht lange, so verwirrte sie sich. Es fing an damit, daß ich der Wissenschaft Verdrießliches sagte, die nun einmal über das Lebendige nichts mitzuteilen wüßte; aber gegen dieses Mißtrauen nahm ich wieder Partei, und nachdem ich eine Weile in einer mehr gefühlten als gedachten und mehr geschauten als gefühlten Art den Kampf gegen und für die Wissenschaft sich hatte auskämpfen lassen, kam ich, in dem Wunsche, mich wieder zum Schlaf zu legen, zu einem Ergebnis: »Die Wahrheit liegt in der Tat zwischen zwei Extremen, aber nicht in der Mitte.« Mit diesem Satz war ich höchlichst zufrieden, legte mich auf die Seite und fand den Schlaf.
Am nächsten Morgen fiel mir gleich beim Aufwachen ein, daß ich in der Nacht einen sehr guten Gedanken gehabt hätte, einen ganz vortrefflichen, unwidersprechlichen, einen wahren Lämmergeier von einem Gedanken. Aber ich wußte nicht, wie er geheißen hatte. Soviel Mühe ich mir auch gab, ich konnte mich auf keines seiner Elemente besinnen, und nur die Genugtuung über das wunderbare Ereignis, daß ich einen wirklich vortrefflichen Gedanken gehabt hatte, stellte sich in der Erinnerung ein, quälend natürlicherweise, weil ich ihn doch verloren hatte, diesen Kapitalgedanken. Aufstehen, abwarten und Tee trinken, das hieß, wie ich wußte, den Keim der Erinnerung, wenn er überall noch in mir wäre, vollends vernichten. Aber obwohl mir das Dirnengekreisch wieder einfiel, wußte ich nicht von dort aus auch nur einen Schritt zu meinem verlorenen Gedanken zu tun. Ich wollte mich trösten: »Am Ende ist er gar nicht so gut gewesen!« aber dem widersprach eine andre Stimme ganz entschieden, welche sagte: »Er war gut, er war unbezweifelbar gut, – denn er hatte das Komma, das seine

beiden Teile trennte, an einer so wunderbar schönen Stelle, nicht genau in der Mitte, sondern nach rechts hinüber, aber auch nicht zu weit nach rechts hinüber, ungefähr im goldnen Schnitt. Denn die Gedanken, die ihr Komma genau in der Mitte haben –« die Wahrheit liegt in der Tat zwischen zwei Extremen, aber nicht in der Mitte. Da hatte ich ihn. Nun, es war zwar kein Kohlweißling, aber doch immerhin nur ein brauner Bär; und er interessierte mich entschieden weniger als die Art, wie ich ihn wieder gefangen hatte. Ich sah ihn mir genauer an: das Komma sitzt gar nicht an so glücklicher Stelle, es sitzt zu weit nach rechts. Dann sprach ich den Satz einmal laut; und da war es mir, als ob das Komma doch ganz vortrefflich darin säße; denn links von ihm stehen mehrere gleichgültige und Füllwörter, rechts von ihm aber unter fünf Wörtern drei mit kräftigstem Sinn betonte. Also ein gutes Gleichgewicht; diese Erinnerung wenigstens hatte mich nicht getäuscht. Da aber Erinnerung sich vermittelt und weiterpflanzt nach dem Grade der Lebendigkeit der Vorstellungen, so kann nur jenes Gleichgewicht des Satzes den starken Eindruck, die Überzeugung, das Entzücken in mir bewirkt haben, nicht sein Inhalt. In diesem Gleichgewicht der Teile, in dieser Bizentralität des Ganzen und in der nahezu physischen Wirkung davon muß etwas von einer Wahrheit über jedem Inhalt gewesen sein. Ich hatte also recht, entzückt zu sein, aber ich kann von diesem Recht keinen überzeugen. Ich kann meinen ganzen Gedanken mitteilen; nur das eine, das Tiefste in ihm, das Bezaubernde, das kann ich nicht mitteilen. Was ist das also: ein Gedanke?

[1909, unter dem Pseudonym Tobias Fischer]

Der Bürger

Früher sagte man »Bourgeois«, wenn man den Zeitgenossen bezeichnen wollte, der in seinem satten Behagen gegen die Unruhe des Geistes, gegen die Leidenschaft des Gedankens und gegen die Wahrheit des Gefühls siegreich bleibt, – und auch dann noch siegreich bleibt, wenn er scheinbar unterlegen ist und klein beigegeben hat. Als aber der Bourgeois von der Sozialdemokratie einer Standesgesinnung bezichtigt wurde, hatte er also doch wieder eine Gesinnung immerhin; und die Verachtung, die in dem Worte liegen sollte, schwächte sich ab; um sie wieder aufzufrischen, bedurfte es eines neuen Wortes, und man übersetzte den Bourgeois in den Bürger. Zugleich erweiterte man damit den Begriff, und während der Bourgeois ein Mensch war, dessen Beziehungen zu seinen Mitmenschen einer moralisch-geistigen Kritik nicht standhielten, versteht man unter dem Bürger einen solchen, dessen Leben, dessen Seele von seinen Beziehungen zum Mitmenschen *ausgemacht* wird. Auch wo man diesen Beziehungen Kleinlichkeit, Verlogenheit, Schlappheit und Feigheit gar nicht erst vorwirft, und sie also nicht aus Gründen verachtungswert findet, spricht man mit Geringschätzung von dem »Bürger« als einer in der Gesellschaft und nicht in den Urmächten des Daseins wurzelnden, als einer Oberflächenerscheinung.

Es gehört viel Hochmut dazu, zwischen den Menschen große Unterscheidungen zu machen, und Hochmut betrügt sich fast immer selbst. Aber in der Tat gibt es einen Typ, an dem der Geist seine Ohnmacht und Vergeblichkeit zu spüren bekommt, und gerade in dem Augenblick, wo er es am tiefsten und ernstesten meint; gegen ihn haben auch die

Nach- und Vorsichtigsten, die Gütigsten von jeher ihre Geduld verloren. Ob man ihn heute den Bürger nennt oder gestern den Bourgeois, es ist der alte, wohlbekannte, unveränderliche Philister, der niemals ein Gegner und immer ein Feind war.

Wenn ich wissen will, was ein Philister ist, rufe ich mir ein Erlebnis ins Gedächtnis zurück, das ich vor mehr als zehn Jahren hatte und das, ein Nichts an Ereignis, doch nicht abgeblaßt ist; einen Sommernachmittag im Zoologischen Garten. Der Himmel leuchtete, die Frauen waren hell und locker gekleidet, die Militärkapelle spielte die Tannhäuserouvertüre mit Pikkoloflöten an Stelle der Violinen, alle Stühle vor den Bier-, Wein- und Kaffeetischen waren besetzt, und an den Käfigen drängten sich Kinder und Erwachsene. Vor dem Königstiger, im unbewegten Strahl seines Auges bemerkte ich einen Husarenleutnant, eine schmale, straffe Gestalt in der schwarzen, beschnürten Uniform. Er stand, ohne sich zu rühren, es wäre nichts an ihm aufgefallen, aber da *sah ich ihn sehen*. Seine Augen begegneten denen des Tigers mit einer völlig ebenbürtigen Kraft, sein Gesicht schien von der verzehrenden Lust der Energie magerer geworden. Er stand lange in demselben stummen Kampf, in demselben Forschen und Messen; wie lange, weiß ich nicht. Als ich weiterging, fühlte ich einen Zwang, in den Mienen der Besucher zu lesen, und trieb mich stundenlang von Käfig zu Käfig. Die Ausbeute war kümmerlich. Ein zarter, etwa siebenjähriger Knabe erschrak jedesmal bis zum Zittern, wenn der Löwe unerwartet dicht an den Stäben vorbeistrich; eine große starke Frau mit schwarzen Haaren und tiefem Schatten auf der Oberlippe ließ sich von einer Giraffe die Hand bis zum Armansatz lecken, – wie der Wärter mir erzählte, kam sie fast täglich, und sobald das Tier sie gewahrte, liefe es zum Gitter und suchte mit der Zunge die Hand des Weibes.

Das war alles; in weiter keinem Gesicht fand ich einen Zug des Erstaunens vor dem Tier, des inneren Begegnens, welcher Art es auch gewesen wäre. Es waren lauter Philister; sie sahen auf Löwen und Panther, auf Bären und Wölfe wie auf Hämmel und Kälber, – doch das Gleichnis ist falsch, sie wis-

sen auch ein Schaf nicht richtig anzusehen. »In dein Auge schaute ich jüngst, o Leben«, – wer diesen Nietzschischen Vers nicht irgendwie, in irgendeiner Form von Seelengrauen, aus dem Auge des Tieres holt, ist ein Philister.
Ja; der Philister hat das Grauen verlernt. Er ist der wahre Übermensch; er ist die vollkommenste Überraschung der Welt, ihn allein hat Gott nicht vorausgesehen, als er die Schöpfung besann. Alle Mächte legen sich in ihm zur Ruhe; sie kommen in ihm »zur Erlösung«, es gibt kein tieferes Nirwana. »Die Seele ist eine Art Krankheit des Leibes, von der sich die Philister gegenseitig kurieren«, und sie gelingt erstaunlich gut, diese Kur. Ein Indianer starrt so tief in das blutglühende Auge eines Büffels, bis er Götter erfindet; ein Philister weiß, daß es keine gibt. Aber Zeitungen gibt es, worin alles steht, und Illustrationen von allem, was kreucht und fleucht. Wie kommt man zu einer eigenen Meinung? Indem man vergißt, wo man sie gelesen hat.
Wir kennen also den Philister, den »Bürger«; – kennen wir ihn wirklich? Und wenn wir dieses Kind mit dem Bade ausschütten, machen wir da nicht vielleicht denselben Fehler, den wir ihm vorwerfen? Ist nicht auch er ein Tier, trotz seiner Übermenschlichkeit, und haben wir ihm recht ins kreatürliche Auge gesehen? Der »Geist« wählt seiner Natur nach die exzeptionellen, und wenn er kritisch ist, sogar die negativen Seiten des Menschenlebens zur Betrachtung aus; *die positiven können gar nicht dargestellt werden.* Jedes Urteil, die Sprache selbst fälscht, unterschlägt das eigentliche, strömende, ungeteilte Leben, und noch der tiefste Dichter urteilt und spricht. Wer urteilt und spricht, verleumdet auch, immer. Diese Wahrheit soll uns den Mund nicht verbieten, aber wohl könnten wir sie, zum Vorteil jedes Gedankens, durch jeden Gedanken hindurchschwingen lassen, und mir scheint, Goethe hat es getan. In Leonhard Franks ›Räuberbande‹ gibt es einen Lehrer, namens Mager, den Schrecken und Vitzliputzli ganzer Generationen von Kindern; er prügelt teuflisch, er mordet die Seelen durch die ausgesuchten Demütigungen seiner Strafen. Wir sehen ihn nur, wenn er prügelt; nur weil er prügelte, ist er zum Thema des Dichters geworden. Aber hat er nichts weiter getan als geprügelt? Er

hat doch zum Beispiel Jahre und Jahrzehnte hindurch unterrichtet. Das Abc, der Katechismus, das kleine und das große Einmaleins; – zwischen zwei Fingern davonzutragen; aber jeden Tag viele Stunden, jedes Jahr viele Tage, und Jahr um Jahr, bis die Haare grau werden, immer wieder denselben Lehrstoff in widerstrebende Gehirne pressen, das ist etwas, das ist kein Kleines, und es kostet im langsamen Opfer so gut einen Menschen, wie im schnellen ein heroischer Entschluß. Aber man kann es nur nennen und sagen; es darzustellen vermag keine Kunst. Ich weiß außer Jeremias Gotthelf keinen Dichter, der imstande gewesen wäre, von der letzten, tiefsten und wahrsten Wirklichkeit des Lebens, vom täglichen Verlauf in Arbeit und Mühsal, wenigstens eine Ahnung zu geben, und auch er nur für seine Hauptgestalten, die andern kann auch er nur in der Verkürzung zeigen.
Wenn schon der Dichter summieren, auswählen und urteilen muß; wenn er Geist geben muß, auch wo er Leben geben möchte, um wieviel mehr der »Geist« selbst! Wann immer er den Bürger betrachtet, er nimmt ihn im Augenblick der Muße. Der Kaufmann, wenn er liebt, der Postassistent, wenn er im Kränzchen ein Couplet vorträgt – das ist nicht der Kaufmann, das ist nicht der Postassistent. Auch wenn der Postassistent mir Marken verkaufen soll und mich unverständlich lange vor dem geschlossenen Fensterchen warten läßt, ist er's noch nicht. Erst darin hab' ich ihn, daß er vierzig Jahre lang Marken verkauft und Briefe einschreibt und Telegramme nachzählt. Jeden Tag seine Pflicht tun, das ist eine große Sache, und die »vielen Jahre« sind das Wesen der Pflicht, nicht die einzelne Handlung.
Die Wahrheit ist, daß gerade der »Geist« den »Bürger« gar nicht kennt. Um ihn zu verstehen, müßte man sich gleichnisweise der Hypothese bedienen, die Gustav Theodor Fechner über das Wachstum der Pflanzen aufgestellt hat; ich führe sie hier nicht zum erstenmal an, und sie kommt mir öfter in den Sinn, als ich sie anführe. Die Tiere, so deutet Fechner an, wachsen, ohne dessen als einer wesentlichen Äußerung ihres Lebens innezuwerden; ihre Form ist von der Geburt an fertig, und daß sie sich festigt und ausbildet, gehört nicht zum Bewußtsein ihrer Seele; es wird als ein

Nebenbei erlitten, doch nicht als das Wesentliche erlebt. Die Pflanzen aber, daß sie wachsen, das ist vielleicht ihre Seele und Begierde selbst, ihr Bewußtsein und ihre Lust. Eine Hypothese immerhin, aber ein Gedanke, der, jenseits seiner naturwissenschaftlichen Gültigkeit oder Ungültigkeit, wahr ist; ja, in einer Hinsicht der tiefste ist, der in einem europäischen Gehirn aufglimmen kann: denn er durchbricht die Haft des anthropozentrischen europäischen Denkens, worin wir gefangen liegen.

Verstehen wir, von ihm bedeutet, uns auch dem moralischen Anthropozentrischen zu entziehen, so kommen wir vielleicht dazu, vom ungeheuern Lebensstrom und seinen mächtigen, unendlich pochenden Pulsen einiges zu ahnen, wovor der »Geist« sich blind macht. Es leben anderthalb Milliarden Menschen auf der Erde. Wenn wir auch aus dem Meer nur so viel schöpfen können, wie der Eimer faßt, vergessen dürfen wir doch nicht, daß das Meer nicht im Eimer ist. Ein Leben, wenn es hoch kommt, sind es siebzig Jahre, und sie wollen gelebt sein. Wir sehen den »Bürger« nur –, wenn wir ihn sehen; das ist wenig, das ist nichts.

Zwischen anderthalb Milliarden Menschen gehen Fäden, von jedem einzelnen viele zu jedem einzelnen hin; ein göttliches Gewebe auch dieses. Wenn einem Dämon erlaubt würde, aus dem Weltraum herüberzugreifen und einen beliebigen Menschen von uns wegzuziehen, mit der Bedingung, daß an seinem Opfer alle die Mitmenschen hangen bleiben, mit denen es irgendwie verknüpft ist, und an jedem wieder die mit ihm verknüpften und so fort, so würde der Dämon die ganze Menschheit als Raub davontragen. Nehme ich mir von den Fäden des Gewebes nur ein paar heraus, so ist es nicht schwer, sie dünn und schlecht gedreht und zerreißlich zu finden. Dann spreche ich vom nur sozialen Menschen und schätze ihn gering; denn ich, ich weiß um die »Mächte«; ich ankere in einem Gott, auch wenn dieser Gott nur Ich heißt.

Aber, wer weiß, ob nicht dieser oder jener sich in einen Überbürger verkleidet, der nur ein Unterbürger ist! Der nicht Drüse genug hat, Fäden zu schlagen, zu binden und zu gittern! Wie der Dichter sagt:

Die Wasserfläche spiegelt auch von innen,
und mancher glaubte schon, als luft'ges Wesen
zu schweben über ihr, der unten tief
im Dunkel und gemein als tauber Fisch
sich tummelte.

[1916]

Über Kritik

In einem Mordprozeß, der vor einigen Jahren verhandelt wurde, mußte trotz des Ernstes, der über jedem Kapitalverbrechen liegt, ein fast groteskes Element auffallen. Und zwar war dieses nicht in den Motiven zur Tat selbst zu bemerken, wie sie sich mit vorläufiger Wahrscheinlichkeit herausgestellt haben, sondern in den *vorgeschützten* Motiven. Daß ein Bruder für seine Schwester einen Menschen tötet, um diese Schwester vor bösem Schaden zu retten, der sie direkt oder in ihrem Geliebten zu treffen droht, ist nicht gewöhnlich; aber ob aus eignem Willen oder mehr oder weniger aus fremdem Antrieb begangen, die Tat bleibt in dem Bezirk der verzweifelt kurzschlüssigen Verbrechergedanken, einem Bezirk, worin das Urteil des Gerichts von jedermann als feierliche Sühne mit Scheu und ohne eignes Rachegelüst verehrt wird. Anders der Roman, den der Angeklagte gesponnen hatte, um seine Tat zu verleugnen und zu verbergen. Seine vorgebliche Tat, seine vorgeblichen Motive, die vielen Menschen, die wie von selbst in den Zug dieser künstlichen Flammen gerieten, alles das ergab eine sehr bekannte und sehr unwahrscheinliche Welt, eine Welt von phantastischer Trivialität. Überall, wo die Leidenschaften einer mittleren, mittelmäßigen Bildungsschicht erregt werden, finden wir diese Welt, die gleiche Flucht vor sich selbst, die gleichen Ausreden und Erklärungen, das gleiche System einer lächerlich banalen und anspruchsvollen Psychologie. Man beobachtet, daß Motive, die gar nicht *wirklich* sind, als *möglich* in ein Gehirn eindringen und dadurch wirklich, wirksam *werden*. Aber woher sie stammen, da sicherlich nicht aus den Beziehungen lebendiger Menschen, das ist die

Frage; auf die es nur die eine Antwort von Wahrscheinlichkeit gibt: daß sie aus der schlechten Literatur, aus den schlechten Romanen stammen. Aller Geist wird einmal Fleisch, auch der elendeste.

Kriminalpsychologisch angesehen, ist der Schleier aus Lüge und Phrase, aus Ziererei und Selbstbespiegelung, aus vermeintlichen und vorgetäuschten Gefühlen, worin der Verbrecher das Gesicht seiner Tat zu hüllen sucht, von großer Bedeutung. Die wirklichen Motive, und noch mehr die Überlegungen der Chance des Gelingens, die aber auch zu den Motiven gehören, haben irgendwo einen irrationalen Knacks, eine Stelle, wo sie besonders verführerisch und am meisten zerbrechlich sind, und die nicht zu sehen, nicht oder zu flüchtig in die Rechnung zu setzen, mit zur Wollust des Verbrechens gehört. Der Komplex der vorgeblichen Motive aber ist ganz schlüssig und rational. Dieser Komplex ist eine geflissentlich wiederhergestellte Sozialität, er ist zudem ein Querschnitt durch den Bildungsstand des Verbrechers. Und als solcher, als Ausdruck seiner Bildung, bedeutet er für die Tat des Verbrechers mehr, als ein nachträglich zusammengerafftes Bündel von Ausreden, sondern ist schon vorher da und wird sogar motivisch für ihn. Die Möglichkeit, ein Motiv zur Schau tragen zu können, das wahre Motiv durch »Veredelung« zu fälschen und zu stärken, hilft mit, die Tat selbst zu ermöglichen. Manch eine Tat würde nicht begangen, wenn die Umdeutbarkeit ihrer Gemeinheit ins Edlere, zumindest Interessante nicht von vornherein vorschwebte.

Dieser Zusammenhang gilt nicht nur für das in die allgemeine Sichtbarkeit ausschlagende Verbrechen, sondern auch für unzählige Vorgänge in der Heimlichkeit der Familien, in dem Verkehr der Nachbarlichkeit und des Erwerbs und in der Entwicklung öffentlich auftretender, sich den Schutz der Ideen anmaßender Männer. Immer ist es der, wenn auch unbewußt oder gar mit Spott und Abneigung empfangene Eindruck der Literatur, der ihnen Motive schafft, wo die nackten wahren Motive sich nicht eingestehen würden.

Bei einer so verhängnisvollen Rolle der Literatur wäre es

erstaunlich, wenn die öffentliche Meinung nicht dann und wann ihre Besorgnis um die Moral des Volkes gegen die Literatur bekundete. Sie tut es – dann und wann. Schon daß sie es dann und wann, also ohne unaufhörliche Wachsamkeit und nur anfallsweise tut, muß ihre Bemühungen ins Gegenteil des Förderlichen verkehren; »dann und wann« ist immer eine Ungerechtigkeit gegen das nur durch einen Zufall betroffene Opfer. Dasselbe Dann und Wann ist schuld, daß sie ihre Opfer falsch sucht und falsches Verfahren gegen sie anwendet. So hatten wir, nicht nur von militärischer Kommandostelle, sondern auch in gewissen bürgerlichen Kreisen, den katholischen in Schlesien, einen Kampf gegen Schönherrs »Weibsteufel«. Ich spreche hier nicht über Verordnungen, sondern ausschließlich über allgemeine, öffentlich bürgerliche Regungen. Das Stück selbst kenne ich nicht und unterstelle, daß es so gut sei, wie die einen, und so wenig gut, wie die andern versicherten. Gut oder nicht gut, das Recht eines Publikums, sich aus moralischen oder vermeintlich moralischen Gründen gegen ein Theaterstück zu wenden, bestreite ich nicht; im Gegenteil. Das Drama selbst führt einen moralischen Kampf, und es weiß, daß es sich vor dem Gegner nicht drücken darf; es sucht ja den Gegner – die Öffentlichkeit – mit größerer Hitzigkeit als jede andre Kunstform. Es war ein Zeichen für die Lebendigkeit und schöpferische Rückwirkung des Dramas, wenn in Zeiten der Griechen oder der französischen Klassiker schon eine sittlich schiefe Sentenz den Anlaß zum Widerstand gab oder eine sittlich schöne den zum sofortigen Beifall. Den Schauplatz für solche Auseinandersetzungen aber darf einzig und allein das Theater selbst hergeben. Merkt ihr, daß das Theater wichtig ist, so geht hinein! Aber andern dieses ganze Interesse überlassen und nachher bei einer abgepaßten Gelegenheit eine Jurisdiktion, die vom Publikum etwa versäumt wäre und die jedenfalls einzig dem Publikum zusteht, durch die Polizei nachholen wollen, das kann nichts Sittliches, sondern nur was Scheinheiliges wirken, weil es selbst bis zur Unsittlichkeit verkehrt ist.

Sprechen wir von moralischen *Wirkungen* der Kunst, so heißt das nicht, von der Kunst moralische *Absichten* verlangen. Der Grundirrtum des spießbürgerlichen Urteils ist immer der, daß er die schlechte Kunst mit der sogenannten »unsittlichen« verwechselt. Die schlechten Romane, nicht die unsittlichen, geben das Gerümpel für den seelischen Hausstand des kleinbürgerlichen Verbrechers her, dieselben schlechten Romane, die auf jeder Bahnfahrt unschuldig in den unschuldigen Händen der Verkäuferinnen liegen. Sie fälschen das Gefühl, sie spiegeln ihm etwas vor, das zu erwerben nichts kostet, und damit verführen sie. Wenn es ein zugleich wahrhaft gutes und wahrhaft unsittliches Buch gäbe, so könnte es wohl in einem starken Menschen die Kraft zum Bösen steigern, nie aber einen schwachen verführen; denn es würde sein Gefühl nicht fälschen, sondern zur äußersten Wahrheit herausfordern, es würde ihm nichts vorspiegeln, sondern ihn jede Tat mit vollem Preis zu bezahlen zwingen. Das aber wäre keine andre als eine sittliche Wirkung; so sehr, daß in einer vollkommen moralischen Gesellschaft die Kunst sogar dafür zu sorgen hätte, daß die Kultur nicht an der Moral zugrunde gehe. Moral, gemessen an der Kunst, gehört schon dem materiellen Gebiete des Lebens an; ihrer Unterscheidung die Kunst zu unterwerfen, ist Eintagsunterfangen und unter Umständen Eintagsrecht. Die höhere Unterscheidung, die nach gut und schlecht, die schließlich in der Wirkung auch die höhere moralische ist, die ist einer andern Macht als der bürgerlichen vorbehalten, der Kritik.

Es wurde früher und wird wohl auch jetzt noch zuweilen darüber gestritten, ob Kritik Kunst sei oder Wissenschaft, – ein müßiger Streit, weil eine falsch gestellte Frage gleich mancher andern Alternative. Sie ist weder das eine noch das andre, obgleich sie zu Eigenschaften von beiden verpflichtet ist; sie ist ein Ding für sich, aus eignem Quell mit eigner Macht. Wir haben sie durchaus als eine Geistestätigkeit zu betrachten, die keine größere Relativität hat als jede andre. Zwar finden wir Kritik im Schaffensvorgang des Künstlers als ein Urelement, und nicht nur sobald sich dieser Vorgang aus dem orphischen Taumel gelöst hat, sondern von Anfang an, schon in der ersten Liebeswahl, im ersten rhythmischen Vorgefühl. Dennoch ist sie nicht bloß Begleiterin und Ordnerin, sie nimmt ihren eignen Flug, sie folgt ihrer besonderen Genialität. Wäre es anders, so dürfte man in der Tat, wie der Fürwitz manchmal will, vom Kritiker fordern, daß er bessere Kunst machen könne als jeder von ihm getadelte Künstler. Niemand stellt diese Forderung im Ernst, ihre Unsinnigkeit wird unmittelbar gefühlt. Wenn wir der Kritik nicht eine volle Souveränität zugeständen, so würde ein Mensch, der es wagte, Giotto *und* Rembrandt, Bach *und* Beethoven, Goethe *und* Kleist urteilend zu erfühlen, uns als ein Ausbund von Größenwahn lächerlich oder verächtlich sein. Wiederum wenn ein Kritiker darangeht, selbst Kunst zu machen, so hilft ihm die Kritik nur insofern, als sie dem Schaffensprozeß überhaupt sich mittätig beimischt; die souveräne Kritik läßt ihn sogleich im Stich, und er dichtet, malt und musiziert gerade so gut oder so schlecht, wie er kann und wie er muß, – nicht, wie er will.

Indem die Kritik als geistige Gesamterscheinung von eignen Gnaden ist, und nicht etwa weil sie diesem und jenem einzelnen hilft, ist sie schöpferisch. Sie schafft ein Weltbild, wenn auch auf die Weise, die man in der Kunst des Zeichnens Aussparen nennt; wobei noch zu fragen ist, ob die Kunst selbst es anders macht. Und so ist alle ächte Kritik durch und durch idealistisch; ja, scheinbar paradoxerweise, ist der ächte Kritiker, genau hingesehen, nicht unduldsam. Er will nichts vernichten, auch das Schlechte nicht; – er tut es als Nebenwirkung, eine Hauptsache daraus zu machen, verbleibt den Subalternen; – er ist nicht negativ. Kritik ist nur darauf aus, daß das Gute geschaffen werde; selbst das macht nicht ihre Lust aus, daß Gutes geschaffen ist; sie darf nicht mit Kennerschaft und Genießertum verwechselt werden. Goethe hat einen Aufsatz, ›Rembrandt der Denker‹, über ein Blatt geschrieben, das heute von jedem Privatdozenten der Kunstgeschichte als unächt nachgewiesen werden kann; dennoch ist Goethe ein wahrer und großer Kritiker. Es ist überhaupt nicht schwer, den besten, den unbedingten Geschmack zu lernen; schon schwerer, den vorbesten, bedingten.

Die größten Kunstwerke, wie sie aus der Zeit auftauchen, sind zuerst immer nur empirische Erscheinungen; und die Kritik ist es, die sie zu mythischen und platonischen macht.

Das ist ihre schöpferische, gestaltende Kraft, und sie gilt für die Politik nicht minder als für die Kunst.
Kritik ist nicht Theorie. Die Theorie gerät fast immer in die Versuchung, den Thron zu usurpieren, der einzig der lebenden Kunst selbst gebührt, und einmal droben, wird sie vor Eifer aschgrau. Es gehört zum Takt des Kritikers, daß er von der Theorie nicht eingefangen wird, sondern nur Magddienste von ihr annimmt. Er versteht es, wenn er die gläserne Kugel aus der Hand fallen läßt, sie wieder aufzufangen, bevor sie den Boden berührt; der Theoretiker, hochmütig und ungeschickt, ließe sie zerschellen. Wie Goethe in der ›Farbenlehre‹ das unvermeidliche, jede Regung des Geistes durchdringende Theoretisieren wünscht: daß es »mit Bewußtsein, mit Selbstkenntnis, mit Freiheit und, um uns eines gewagten Wortes zu bedienen, mit Ironie« geschehe, so leistet es gemeinhin gerade der Theoretiker nicht; wohl aber der Kritiker, »und eine solche Gewandtheit ist nötig, wenn die Abstraktion, vor der wir uns fürchten, unschädlich und das Erfahrungsresultat, das wir hoffen, recht lebendig und nützlich werden soll«.
Daß er immer praktisch bleibt, das ist's, was den Kritiker vor dem Selbstbetrug der Theorie bewahrt. Das Praktische ist für ihn das, was für den Künstler die Realität ist; es ist als methodisches Rückgrat noch in der ausgelassensten Laune zu erkennen, und es zwingt ihn immer wieder aus seiner Freiheit zurück.
Denn in seiner Freiheit steckt seine Gefahr. Der Künstler ist von der Form, die er sucht, umfangen; an seinem Beginn liegt die Freiheit, doch mit jedem Schritt, den er weiter tut, wachsen Bann und Zwang. Er mauert über sich sein eignes Gefängnis. Der Kritiker hingegen beginnt bei der Form, die er findet, und hat seine Wege in alle Richtungen der Himmelsrose. So kann er arielhaft ausschweifen, und der Witz ist einer seiner Flügel. Börne hielt sich darüber auf, daß in dem Briefwechsel zwischen Schiller und Goethe so wenig Witzworte, ganzer drei, zu finden wären. Aber die beiden Wahren fühlten sich auch beim Briefeschreiben nicht als Privatleute, und die Kunst ist nicht witzig. In einem antiken Märchen wird das Ehelager für eine Neuvermählte gerich-

tet; die Genien des Scherzes, der Laune und des Mutwillens schmücken es mit Girlanden und Bändern; dann kommt Eros herein, und vor seinem Gesicht fliehen sie alle davon.

Doch kennt nicht auch der Kritiker diesen Blick des Eros? Wer kennte ihn nicht, der ernstlich etwas wollen muß! Und gleichwohl stehen der Kritik Mutwille und Übermut gut an. Es ist nicht so um sie bestellt, daß sie da wäre, der Kunst zu dienen; sie steht gleichfalls »in des höheren Herrn Pflicht«. Ebenso falsch, nach der andern Seite, wäre es, wenn sie sich einredete, die Kunstwerke seien ihr Material; sie sind nur ihre Bedingung, wie die Realität die Bedingung, nicht das Material für die Kunst ist.

In dieser Bedingtheit steckt ihre heilsame Fessel, – die durchzuschneiden kein ächter Kritiker versucht; er weiß, daß es ihm sonst wie dem Kinderdrachen bei André Gide ergehen würde, der sich vermaß, noch höher zu steigen, wenn man ihm nur den Bindfaden zerschnitte, an den er gebunden war. Immer ist beides unter einem Blick zu halten: der Kritiker entscheidet am liebsten und natürlichsten von Fall zu Fall, doch diese Entscheidungen sind nicht das Letzte und Tiefste, nicht das Eigentliche seiner Wirkung.

Wer also, da wir den Kritiker glücklich in eine Sphäre versetzt haben, wo schlechte Romane ein geringfügiges Ding sind, wer schützt uns vor den schlechten Romanen, die, wie behauptet, zu ihrem sonstigen Übel noch den Verbrechern einheizen? Die Kritik tue es ja bestenfalls nur nebenbei! So tut sie es doch.

Aber die großen Wege der Menschen können nur nach Sternen, nicht nach Laternen gerichtet werden. Lebte alles dem Guten zu, so brauchte es, sich vom Schlechten abzuwenden, keines besonderen, dazu gefaßten Willens.

[1916]

Gespräch über das Besserwissen

DER ANDRE: Es wundert mich nicht, daß Sie diesen freien, tapfern Schriftsteller lieben, wie ich und Viele mit mir. Ich hätte mir auch nicht denken können, daß Sie Ihre anfängliche Sprödigkeit gegen ihn vor Ihrem eignen Gewissen hätten bewahren dürfen. Wo finden wir denn noch oft einen Mann, der so wie er, keinem zu Liebe und keinem zu Leide, jede Sache ins Klare denkt, ins Klare schreibt, der den Weg von grundsätzlicher, ja beinahe philosophischer Urordnung bis zum unmittelbar bedrängenden Problem des Tages so sicher, redlich und dabei schnell durchmißt! Und so werden Sie es begreiflich finden, daß ich Ihren Zweifel an ihm nicht recht verstehe.

DER EINE: Sie irren sich; einen Zweifel an dem Schriftsteller habe ich nicht im Geringsten ausgesprochen; und wenn ich das sage, so wissen Sie natürlich, ohne daß ich es erst zu versichern brauchte, daß ich mit meiner Anerkennung des Schriftstellers doch noch mehr meine als dieses sein unverkennbares Talent, aus erster Hand, gut, kräftig, umsichtig und hell zu schreiben. Auch den Ernst seines Herzens, das Recht und die Gabe, als ein Lehrer zu sprechen, die hohe Tugend, nicht einseitig zu sein und dabei doch die Zersplitterung des Willens zu vermeiden, erkenne ich mit unbedingtem Respekt an. Ich habe also nichts gegen den Schriftsteller gesagt.

DER ANDRE: Wie denn? Sie haben mir doch in dem Brief, der, wie ich nicht länger verschweigen will, eigentlich der Grund meines Besuches ist, einen großen und, wie mir schien, entscheidenden Einwurf gegen ihn bekannt. Sie fragen mich, was er denn schließlich wohl ausrichten würde, wenn er Minister oder gar Diktator würde? Und Sie antworten statt meiner, daß er nach acht Tagen Verwirrung davongejagt sein oder freiwillig weglaufen würde.

DER EINE: In der Tat, das ist mein Einwand gegen ihn; zwar der einzige, aber doch einer, der mir zu schaffen macht. Und Sie, sind Sie denn nicht derselben Meinung wie ich?

DER ANDRE: Ganz und gar, nur daß ich aus ihr keinen Einwand folgere. Erlauben Sie mir, Sie an einen ähnlichen Fall zu erinnern. Es ist mir bekannt, daß Sie Herrn X. für einen außerordentlichen literarischen Kritiker halten und sogar bei großer Gegensätzigkeit, sowohl im Prinzipiellen wie im Einzelnen, nicht aufgehört haben, sich mit ihm herumzutragen und herumzuschlagen und seine Stimme mitzuvernehmen, wo immer es um literarische Dinge geht. Ist Ihnen jemals der Gedanke gekommen, an ihm zu zweifeln, weil er etwa nicht selbst Romane, Dramen und lyrische Gedichte vom höchsten Rang zu schreiben vermag?

DER EINE: Sie verblüffen mich, Sie lassen mich einen Augenblick verstummen. Für diesen einen Augenblick hat Ihr Beweis etwas Schlagendes. Aber triumphieren Sie nicht zu früh; ich sagte: nur für diesen Augenblick. Ihr Beweis ist eine argumentatio ad hominem, und das ist eine Art, die immer verblüfft, aber fast immer eine Schwäche in sich trägt. Es wäre ja möglich, daß ich in dem einen Fall wirklich einen andern Anspruch stellte als in dem zweiten. Aber könnte das nicht auf einer Inkonsequenz von mir beruhen oder sogar, wenn Sie mich hart anfassen wollen, auf einer Unfähigkeit zur Konsequenz, auf einer intellektuellen Unfähigkeit und, wenn Sie noch härter greifen, auf einer moralischen?

DER ANDRE: Ich müßte eine sonderbare Auffassung von Höflichkeit haben, wenn ich Sie besucht hätte, um so rücksichtslos die Sonde einzuführen. Und Sie selbst –? mir scheint, daß Sie die Möglichkeit einer derartigen Inkonsequenz nur ein Weilchen zwischen uns aufspannen, um hinter diesem Schutz Ihrer Sicherheit wieder sicher zu werden.

DER EINE: So ist es, und so ist es nicht ganz. Ich fühle nämlich deutlich, daß ich denn doch der Inkonsequenz schuldig bin, zugleich aber, daß sie, wenigstens in diesem Falle, im Grunde nicht mir persönlich zur Last liegt. Sehr produktive Naturen haben nämlich die von mir nicht geleistete Konsequenz ohne weiteres zuwege gebracht; ja sogar Männer, die nur ein sehr lebhaftes Gefühl von einer solchen Produktivität und nicht einmal sie selbst in sich trugen. Ich erinnere mich, daß in ›Rembrandt als Erzieher‹ – einem Buche, aus welchem alles Voreilige und Törichte eine heftige, wenn auch kurze Wirkung gehabt hat und alles Vortreffliche vergessen ist – daß darin der Satz steht: Wenn Jemand die Wahl habe, Alles, was über Raphael geschrieben ist, zu besitzen oder ein eigenhändiges Bild von Raphael selbst, er sich doch nur für dieses, für das Bild entscheiden würde.

DER ANDRE: Das ist eine schiefe Analogie.

DER EINE: Ja, schief, und doch nur ein wenig schief, und nicht ganz und gar außerhalb unsers Falles. Goethe aber hat es mehr als einmal ausgesprochen und immer mit Nachdruck, daß die Fähigkeit, ein Ding überhaupt nur zu machen, über der Fähigkeit stehe, es zu beurteilen, und hat darum sogar seinen gründlich gehaßten Kotzebue nicht demolieren lassen. Und wissen Sie, was ich vermute? Daß alle Künstler so denken.

DER ANDRE: Auch heute?

DER EINE: Da treffen Sie den Punkt. Zwar denkt wohl im innersten Herzen der Künstler auch heute so. Die Kritik ist ihm auch heute eine oft mit Erbitterung gefühlte Notwendigkeit, die auf seine bürgerliche oder private Existenz Einfluß hat. Zugleich aber hat er doch gesehen, daß sie in den Rang der Philosophie und sogar der Kunst aufzusteigen vermag; und da er selbst seine Stellung dialektisch durchzufechten gelernt hat, begegnet er sich mit ihr. Mehr noch, die Kritik an sich hat nach dem Niedergang der künstlerischen Gesamthaltung, des sozialen, geschichtlich einheitlichen Stils eine unmittelbare Bedeutung gewonnen, die er billigt; immer, beiläufig, billigt mit einer Art Verzweiflung über die verlorene Zeit. Sie wissen, daß ich leider keine von diesen »unbedingt produktiven Naturen« bin und also meinen Platz nicht kennen würde, wenn ich sie zu spielen versuchte. Ich darf deshalb den Kritiker der Literatur nicht daran messen, ob er selbst literarische Werke von Wert zu schaffen befähigt ist.

DER ANDRE: Einen Augenblick! War dieses nicht ein zu kühner Sprung?

DER EINE: Ich glaube nicht. Mir scheint, ich habe nichts weiter getan, als meine, wie wir sie nennen wollen, inkonsequente Stellung zu dem Verhältnis zwischen Besserwissen und Bessermachen auf literarischem Gebiet zwar zuzugeben, aber nicht auf meine private Kappe zu nehmen. Ich sage: Wenn es richtig mit uns stünde, würde man auch den literarischen Kritiker nicht grade beurteilen, aber, wie gesagt, messen dürfen an der Gabe, zu dichten. Ich jedoch tue es nicht, ich darf es nicht, weil wir Alle es nicht tun und nicht dürfen.

DER ANDRE: Nun denn, warum sollte das nicht auch für den politischen Kritiker gelten? Sollten wir ihm nicht auch seinen Wert zuerkennen müssen, selbst wenn er zur Tat und Leistung, zu denen er anfeuert, auf die er mahnend und treibend hinweist, deren Gedankenrichtung er vorbereitet, selber nicht fähig wäre?

DER EINE: Einen Wert? Das habe ich Ihnen von vorn herein zugegeben; und einen großen, ich wiederhole es.

DER ANDRE: Kann danach Ihr Einwand gegen unsern Freund noch bestehen?

DER EINE: Ganz gewiß. Und nun will ich Ihnen, wie Sie vorhin mir, einen Vergleichsfall neben den unsern stellen. Denken Sie sich einen Mann, der die Leistungen auf einem Sportplatz zu beurteilen hat, aus welchem Antrieb, sei gleichgültig. Nehmen wir an, er sehe dem Stabhochsprung zu und habe Kenntnis davon, daß der Rekord hierin etwas über vier Meter beträgt. Wenn er nun selbst sich niemals in dieser Uebung versucht hat und zusieht, wie etwa der beste der eifrigen jungen Leute es mit Not auf drei Meter sechzig bringt, wird er nicht versucht sein, das für eine geringe Leistung zu erklären?

DER ANDRE: Ist es denn keine?

DER EINE: Oh nein, sie ist aller Ehren wert.

DER ANDRE: Sie selbst, soviel ich weiß, sind auch kein Meister mit dem Sprungstab, nur kennen Sie zufällig außer dem Rekord auch den Wert geringerer Erfolge. Das scheint also doch zum Urteil zu genügen. Aber auch sonst überzeugt mich Ihr Beispiel nicht, denn warum sollte ein Zuschauer nicht wenigstens immer das Eine wissen: ob schön gesprungen wurde?! Davon kann er doch einen Eindruck haben, auch wenn er der zufälligen Kenntnis, wie hoch es die Besten bringen, sich nicht erfreut.

DER EINE: Ich merke, daß mein Beispiel schlecht gewählt ist; doch das macht nichts, wenn Sie nur festhalten, daß ich es nicht vom Zirkus, sondern vom Sportplatz hergeholt habe. Im Zirkus sitzen wir und lassen uns etwas vormachen; wir klatschen oder wir verziehen die Lippen, ohne jeden Gedanken daran, ob wir auch nur das Verunglückte, was dort unten geschieht, erreichen könnten. Der Sport aber setzt uns als mindestens ideelle Mitbeteiligte voraus. Der Zirkus lebt gradezu davon, daß er den Zuschauer in der Distanz der Ueberraschung, des Staunens, der Angst und der Grausamkeit hält, davon, daß er ein unnützes und gefährliches und durch die Gefahr geadeltes Spiel bietet; der Sport will uns nur als Solche, die mittun können und wollen. Lassen wir den Stabhochsprung und nehmen dafür etwa den Fußball: wer nie mitgespielt hat, weiß überhaupt nicht, was vor seinen Augen geschieht.

DER ANDRE: Zirkus und Sport – ich gebe zu, daß von dieser Gegenüberstellung unser Problem ein Licht zu empfangen scheint, von weitem.

DER EINE: Es freut mich, daß Sie das sagen. Gespräch ist, nach Goethes Märchen, herrlicher als das Gold, erquicklicher als das Licht; kommt es nicht vom Gedanken, so kommt es unversehens zum Gedanken. Nämlich – wir können und wir sollen doch nicht etwa allesamt dichten! Das Kunstwerk anzuschauen sind wir da, es zu erkennen, zu erfühlen und zu empfangen. Für dieses unser Grundverhältnis ist der Kritiker der Repräsentant. Er vor allem ist befähigt und lehrt auch uns, anzuschauen, zu erkennen, zu erfühlen und zu empfangen. Und, sehen Sie, seine Mission, unser Repräsentant zu sein, gilt für alle Gebiete. Lassen Sie uns noch einmal vom Zirkus auf den Sportplatz gehen. Genügt es in der Politik, zuzuschauen? Wir sollen ja handeln – und also kann unser Repräsentant, der politische Kritiker, nur Einer sein, der zu handeln weiß. Mit Genießen und Urteilen ist es für uns nicht getan, und darum hundert Mal nicht für ihn. Der Kritiker ist das ideale Publikum, das heißt, er ist in der Kunst der ideale Zuschauer, in der Politik der ideale Handelnde.

DER ANDRE: Glauben Sie, daß Plato hätte sein Land regieren können?

DER EINE: Vielleicht nicht, aber das müßte gegen Plato sprechen. Doch sogar abgesehen davon, ich werfe unserm Freunde nicht vor, daß er vermutlich an der überkomplizierten Realität scheitern würde; das würde Größern als ihm begegnen können und ist im Verlauf der Geschichte Größern begegnet, ihre Arbeit war darum nicht vergeblich. Ein aegyptischer Amenophis, ein Agis von Sparta, ein römischer Gracchus, sie sind alle gescheitert, was will das sagen? sie waren ja da. Was nach ihnen kam, ist alles gleichfalls gescheitert, wenn auch um Jahrhunderte langsamer als sie. Aber er, von dem wir sprechen, würde die Realität überhaupt nicht zu fassen bekommen. Man merkt es seinen, an sich so schönen Gedanken an; sie bewegen sich zu leicht, es fehlt ihnen an Ballast; es fehlt ihnen das Wissen darum, daß die Tat außer ihrem rationellen Inhalt noch ein eignes, besonderes Gesetz hat. Er fühlt ihre Dämonie nicht, ihre Grenze nicht. Ich glaube kaum, daß er sich jemals auch nur einen einzigen praktischen Vorschlag ausgedacht hat. Er schreibt doch nur, wenn auch sehr gut; und das hat zur Folge, daß er nur zu Lesern spricht; und das wiederum, daß er nur spricht.

DER ANDRE: Zugegeben; vielleicht allerdings nicht länger, als bis ich wieder zu Hause bin. Ich weiß, daß es auf allen Gebieten nicht viel lohnt, zu predigen, meinen Sie aber nicht auch, daß darum doch gepredigt werden muß?

DER EINE: Welch eine ungeheure Resignation spricht aus Ihren Worten, welch ein Zynismus! und die Menschen verdienen ihn in der Tat.

DER ANDRE: Am Ende kommt das bloße Wort einmal an Einen, der es glaubt, und dann wird es zum Samenkorn.

DER EINE: Dazu bedürfte es unsers Freundes nicht. Die Bücher der Jahrhunderte sind überall voll von den guten Worten, die zu Samenkörnern werden könnten.

DER ANDRE: Man kann sie nicht oft genug wiederholen.

DER EINE: Das gebe ich Ihnen zu – und Sie sind es nun, der unsern Freund viel gleichgültiger einherziehen läßt, als ich es je gewollt hätte.

[1922]

Sieger

Ein gänzlich erschöpfter, ein besiegter Kämpfer sinkt zu Boden.
Sein Erbfeind steht mit gespreizten Beinen über ihm, und unbeschadet, daß nicht die eigne Kraft, sondern Bundesgenossen und die gesamte Lage der Zeit ihm den Sieg verschafft haben, lodert er in Haß, lodert vom Triumph und holt aus, dem Hingestreckten seinen Hacken ins Auge zu treten – welch ein Bild!
Von wem spreche ich? von Poincaré und Deutschland? Auch von Poincaré und Deutschland; nur auch. Ich spreche von jedem Sieger. Jeder Sieger räkelt sich mit Schmutz und Sporen an den Stiefeln auf dem seidenen Bett; gleich jenem oesterreichischen General eines Menzelschen Holzschnitts: demütig naht ihm der edle Bürger Gotzkowsky, der Hab und Gut, Stolz und Klugheit für seine Landsleute aufgewendet hat und nachmals in Undank und Armut gestorben ist; womit ihm nur das Recht dieser Welt geschah, denn er hatte ja nicht zerstört, sondern gerettet.
So als Besiegter liegt nun der deutsche Arbeiter am Boden, und der Sieger diktiert ihm den Frieden – Frieden von Brest-Litowsk, von Bukarest und von Versailles, völlig berauscht und sogar gegen die Klugheit verhärtet, daß er mit seiner Methode den verhaßten »Marxismus« nachträglich rechtfertigt und zur Geltung für die Zukunft aufs neue anbläst. Es ist ein Anblick, der einem wohl das Herz abdrücken kann. So wie man dem Franzosen das Wort »Europa« zuruft und vergeblich ruft, so vergeblich ruft man dem Sieger, von dem hier die Rede ist, das Wort »Deutschland« entgegen. Der Großbürger antwortet: »Ja, Deutschland; gewiß

Deutschland ... Ich bin Deutschland.« Er ist es ebenso viel, wie Poincaré Europa ist.
Aber auch der jetzt Besiegte glaubte sich einmal Sieger, was tat er damals? So hart die Frage in dieser Stunde erscheint, so notwendig ist sie. Auch er war ein Sieger nach dem Bilde; auch er lag auf dem seidenen Sofa mit Schmutz und Sporen an den Stiefeln. Als der Achtstundentag auf sieben, auf sechs Stunden zusammengedrückt wurde, war die Macht verschleudert an den Moment; als Arbeiter und Handwerker heimliche Extraschichten am Abend machten, war der Achtstundentag zum Spott geworden; und als die Betriebsräte sich während bezahlter Arbeitszeit versammelten, war nicht nur wiederum der Sinn des Achtstundentages preisgegeben, sondern der Gedanke des Betriebsrates selbst vergiftet, der gehaltvollste, lebenträchtigste von allen, die aus der Revolution niederschlugen. Was danach kam, war die Phrase, die grob geglaubte Panacee, die Sozialisierung als Debattenthema, das sich zersetzende Nichts. Wohl, sie hatten es schwer; es ist eine alte Schifferweisheit, daß Schiffe vom Sturm auf offener See weniger schwer leiden als im Hafen; aber je schwerer sie es hatten, umso größer ist ihre Schuld.
Wehe den Siegern! Salz oder nicht, sie werden dumm. Der Freiherr vom Stein war seinen Zeitgenossen eine verwirrend uneindeutige Erscheinung; den einen ein Revolutionär, den andern ein Konservativer ganz und gar, also auf viererlei Art gepriesen und verdächtig. Eine kluge Frau, die ihn noch persönlich kannte, die Gattin des Ministers von Rochow, erkannte die Einheit seiner Politik und formulierte sie als »das Bestreben, Leben und Tätigkeit zu erwecken«. Weiter nichts, aber es ist Alles.
Bleiben die Sieger Sieger, so werden die gegensätzigen Teile des Volks sich bis zur Undurchdringlichkeit dicht gegen einander abkapseln, und damit hört alles nationale Leben auf. Bleiben die Sieger Sieger, so wird der Brand nach innen schwälen, und selbst an der wieder vollern Schüssel satt zu werden wird auf die Dauer nicht sättigen. Der befriedigte Magen vergißt seine Dankbarkeit; nach der Mahlzeit ist das Essen, das vorher eine Sehnsucht war, sogleich wieder eine Bagatelle.

Daß jene Abkapselung nicht geschehe, daß ein pulskräftiges Hin- und Wiederströmen des Blutes das gesamte Volk zu einer neuen, fruchtbaren Einheit aufglühen lasse, das allein war die Hoffnung, die der Aufstieg des Arbeiters in die Zukunft warf. Und an dieser Zukunft halten wir fest; um ihretwillen halten wir an dem Arbeiter, möge er an sich selbst festhalten.

[1923]

Über das Authentische; ein Feuilleton

Das bekannte Buch von Ossendowski, das eine Zeitlang berühmt war und jetzt beinahe berüchtigt geworden ist, wurde mir von einem Freunde mit betonter Empfehlung gegeben; Eloesser hat es in diesen Blättern kritisch betrachtet und scharf angefaßt; mir soll es hier nur als Beispiel zu einer Betrachtung dienen. Vorauszuschicken bleibt mir aber doch, daß ich es mit großem Vergnügen gelesen habe. Der später darum entbrannte Streit überraschte mich vornehmlich deshalb, weil ich das Buch nicht als ein wissenschaftliches, trotzdem aber nicht etwa als einen Roman gelesen hatte; sondern eben als – ein Buch. Es braucht ja nicht alles gleich Wissenschaft zu sein, was kein Roman ist. Ich liebe dieses Genre, das ich hier schlechthin ein Buch nenne und in keine der üblichen Kategorien einreihe. Dennoch darf ich mich rühmen, ohne eine Ahnung von dem etwa schon begonnenen oder drohenden Für und Wider dem begierig mich nach meinem Urteil ausforschenden Freunde von vornherein als erstes gestanden zu haben, das Buch scheine mir der Authentizität zu ermangeln. Was ich damit meinte, liegt nicht auf der Hand; denn, wie bemerkt, ich hatte ja gar nicht ein wissenschaftliches, ethnographisches, geographisches oder ähnliches Werk geglaubt in Händen zu haben. Und auch heute noch, ob wissenschaftlich gemeint oder als modern sachlicher Roman und bei großen, mir keineswegs vergällten Vorzügen, würde ich diesen leisen Einwand, der übrigens im Verlaufe von ein paar hundert Seiten zuweilen recht fatal schmeckte, wiederholen: daß das schöne, die Phantasie anregende und öfter erfüllende Werk eine strenge Forderung von Authentizität nicht erfülle. Da

ist so ein kriegerischer Lama, für den es nicht Raum noch Zeit und jedenfalls keine Beschränkung seiner persönlichen Machtwirkung zu geben scheint; da ist jener antibolschewistische Kondottiere Ungern-Sternberg, der ein gläubiger Buddhaist und auch sonst mit geheimnisvollen Widersprüchen ausgestattet ist – woher ist mir der Zauber solcher Figuren, ein angenehmer Zauber, wiewohl unzweifelhaft nur gemalt, woher ist er mir so vertraut? Welchen unzerstörbaren, entzückenden und dabei aus der Mode gekommenen Charme fühle ich an ihnen? Und schließlich finde ich: das ist ja Walter Scott, und es sind Scotts Nachfahren, vor allen Coopers Lederstrumpf, ja, noch die Chouans von Balzac, die alle ein ähnliches Aroma, gemischt aus Romantik des Gemüts und Realistik des Auges, aushauchen. Aber zu meiner Blamage gestanden, ich lese ja noch heute Scott und liebe ihn, auch ist noch kein Jahr verflossen, daß ich den Lederstrumpf, alle fünf Bände, zum xten Male durchflogen habe – eine Ähnlichkeit mit ihnen würde mir gegen das Buch von Ossendowski gewiß nicht den Vorwurf aufdrängen, daß es nicht authentisch sei, unbeschadet der hundert Jahre, die zwischen Scott und unsrer Zeit, unsrer Art des Sehens liegen: also muß der etwas peinigende Geschmack, der von vornherein aus dem Ossendowski aufstieg, von woanders herstammen.
Und so ist es in der Tat. Sven Hedin möge es verzeihen; ich habe aus den Büchern von ihm, die ich kenne, kein inneres Wahrbild von Zentralasien gewonnen. Dabei zweifle ich nicht von ferne, daß er ganz gewiß jede Zahl und jede Beobachtung, die er mitteilt, belegen kann. Wenn mir jemand einen Berg beschreibt und mir genau berichtet, daß er in einem Winkel von soundsoviel Grad aufsteigt, danach einen Knick macht von genau mathematisch festgestellter Biegung und so fort, so weiß ich von dem Berge allenfalls das, wonach ich in der Schule gefragt werden könnte. Das ist natürlich nicht ganz wörtlich zu nehmen, es können die genauen Beschreibungen seiner Färbung, die Angaben des Baumwuchses in den einzelnen Regionen und selbst begegnende Menschen, zerstreute Gebäude, kurz: alles Zubehör dazukommen, das Resultat ändert sich nicht. Aber, zum

Beispiel, der Dichter Stehr gibt in einer seiner Novellen – der »Krähe« – in wenigen Zeilen ein Bild des Riesengebirges in lauter gleichnishaften, durchaus nicht exakten Angaben, und es steht wie neugeschaffen oder wie seit Urzeiten bekannt gleich einem fixierten Luftgebilde vor unserm neugeweckten, fortan nicht mehr vergeßlichen Bewußtsein.

Und so mögen denn in Ossendowskis Buch Dutzende von Fehlern nachzuweisen sein, Stellen, bei denen der Sachkundige keinen Zweifel zu haben brauchte, daß sie nicht auf eigener Anschauung, sondern auf Hörensagen oder gar auf dem verdächtigsten Grunde, der Phantasie, beruhen – Asien ist darin, Geruch, Geschmack, Geheimnis und Drohung des unbekanntesten Asien. Daß ich aber diesem schönen Eindruck nicht ganz vertraute, das erst war das Unauthentische. Wir wissen, daß in planmäßig zäher Arbeit die Chinesen den Schutz ihrer Großen gegen die Mongolen errichteten Mauer hinter sich gelassen haben und mit den Mitteln kleiner märkischer Siedler die Mongolen zurückdrängen; wissen, daß die Mongolen an Zahl abnehmen – was freilich nicht viel zu bedeuten brauchte, da nach neuen Zählungen sogar die Indianer Nordamerikas an Köpfen, ohne die Blutmischung mitzurechnen, zugenommen haben –: jedenfalls sind auch in jene Märchenfernen überall das Automobil, die drahtlose Telegraphie und alle die technischen Erfindungen eingedrungen, vor denen die Dämonen nicht standhalten. Auch Asien wird den großen geistigen Kampf auszukämpfen haben, wie es seine Dämonen ersetzt, nachdem es gezwungen war, sie zu verjagen. Hierin scheint es mir Ossendowski versehen zu haben; er ist im Gewande und in allen Formen eines Realisten doch ein Romantiker, und darum wirkt er, von allem Walter Scottschen und Cooperschen, sogar von der ungeschickten Einführung abgesehen, etwas zweifelhaft. Der Vergleich mit Karl May ist gemacht worden, er scheint mir nicht zu stimmen. Ein Buch von Karl May wird, nach gar nicht vielen Seiten, langweilig, weil es ein unorganisches Hintereinander bietet; ob er dort überall war, wo er gewesen zu sein behauptet, meinetwegen flunkert, ist ganz gleichgültig. Dahingegen spürt man bei Ossendowski die starke, zum Kreise strebende Rundung,

und deshalb ist sein Werk ein wahres, der ernsten Kritik würdiges Buch.
Es gibt ein Unauthentisches von minderm Rang, das aber, weil es zum Quellenmaterial der Geschichtsforschung gehört, hier auch gestreift sein möge. Fontane hat darüber geklagt, wie viele falsche Angaben man gerade dort finde, wo man das absolut Sichere zu erwarten berechtigt sei, in Kirchenbüchern, auf Grab- und Ehrenmälern. In meiner Heimat ist ein Denkstein für die im Kriege Gefallenen errichtet worden, nur wenige Jahre nach dem Friedensschluß also, und es steht eine falsche Zahl darauf. In Mittel- und Kleinstädten lohnt es sich, die Friedhöfe zu besuchen, denn, um gar nicht davon zu reden, daß es sich immer lohnt, zu sehen, wo am Ende alles Sterbliche bleibt, so findet man, falls man sich dafür interessiert, gerade dort einen aufschlußreichen Querschnitt durch den Lebensstand und die Familiengeschichten des Ortes. Mir begegnete es einmal, daß ich auf so einem Friedhof das sehr üppig ausgestattete Grabmal eines verhältnismäßig jung verstorbenen Bürgers betrachtete, der sichtlich kein Mann von gewöhnlichem Durchschnitt gewesen sein konnte. Er wurde auf dem Stein zu Häupten seines Grabhügels mit ausführlichen und spürbar herzlichen Worten gerühmt, er war in Neapel gestorben und seine Leiche nach Mitteldeutschland übergeführt worden, und vor der so schon reichen Stätte erhob sich obenein seine lebensgroße Statue, die nicht übel gearbeitete Gestalt eines auffallend schönen Mannes, frei bewegt und ein überzeugendes Porträt. Nur das Sterbedatum an der Statue und das des Grabmals wiesen einen Unterschied von einem Jahre auf. Man kann sich also auch in Stein und Erz verschreiben.
Weniger verwunderlich, aber in den Folgen bedenklicher ist es, wenn man sich vom lebendigen Munde her verhört; wofür ich ein Beispiel, ohne die mindeste Rankünе, aus der jüngsten Zeit anführen möchte. Der Schriftsteller Chapiro hat es bekanntlich unternommen, Gespräche mit Gerhart Hauptmann aufzuschreiben. (Bei dieser Gelegenheit sei erwähnt, daß ein jüngerer deutscher Schriftsteller, wie mir zufällig bekannt geworden ist, sich mit demselben Plane trägt.) Ich halte ein solches Unternehmen durchaus für

wichtig, großen Dankes wert, aber für schwieriger, als die kühnen, jungen Adepten und ihre Leser vermuten. Meinungen hat jeder und so ziemlich über jedes Ding. Und diese Meinungen auszufragen, scheint mir nicht viel zu bedeuten, wenn auch ohne Zweifel schon etwas dazu gehört, lange Auseinandersetzungen im Gedächtnis zu behalten, ohne Fälschung zu ordnen und ungefähr niederzuschreiben. Nun ist es aber um Hauptmanns Gespräch eine eigne Sache, wovon ich selbst immerhin ein Lied singen kann, denn ich habe, im Laufe meiner Bekanntschaft mit ihm, auch einige Gespräche mit ihm gehabt, und wenn ich ihre Zahl auf achthundert schätze, so runde ich sicherlich nicht nach oben ab. Doch hiervon später. Chapiro faßte, wie man zu sagen pflegt, den Stier bei den Hörnern und fragte den Dichter, wie Gretchen den Faust: wie er es mit der Religion halte. Das geschah auf der Insel Hiddensee, und mit der Schilderung dieser Insel beginnt der Ausfrager. Er ist kein glücklicher Schilderer. Hiddensee ist so leicht zu beschreiben, daß ich, etwa als Lehrer in einer Dichterausbildungsschule, die Aufgabe in Quarta stellen und Herrn Chapiro eine schlechte Note geben würde. Dann aber weiß er etwas zu erzählen: nämlich, daß sich dort, auf Hiddensee, der Maler Hugo Ernst Schmidt ertränkt habe, ein Freund des Dichters, und zwei Jahre später hätten Hauptmann und seine Frau die Gewohnheit angenommen, den Sommer auf der Insel zuzubringen; dieser Maler Schmidt sei das Urbild zum Gabriel Schilling gewesen. Ich habe Chapiros Text nicht vor mir, aber ich glaube nicht, von seiner Darstellung abgewichen zu sein. Nun ist indessen an dieser Darstellung kein wahres Wort. Und Chapiro, wo er sich auch erkundigt haben mag – oder vielleicht hat er in einer der jedem bekannten Anwandlungen von Zerstreutheit Hauptmann selbst falsch verstanden –, hat Kraut und Rüben so sehr durcheinandergemengt, daß er uns ebensogut hätte berichten können, Goethe habe sich nach der Abfassung des Werther erschossen; mit der Berufung darauf, daß ja alles in dem Buch stünde, sogar das Billett, durch welches er sich die Pistole borgte. Ich habe nicht die Ehre, mich Schmidts Freund nennen zu dürfen – denn es würde eine Ehre gewesen sein –, aber ich habe ihn gut gekannt und noch kurz vor seinem Tode mit ihm gesprochen. Ich sah ihm den Tod nicht an; er stellte, Schlesier von Geburt, einen erstaunlich nordischen, schwedischen Typus dar, und ob seine Wangen etwas blasser waren als sonst, brauchte nicht aufzufallen. Ich machte ihm ein Kompliment über sein gutes Aussehen – eine Gedankenlosigkeit, über die schon Goethe poltert und deren aufreizende Wirkung man ja zur Strafe in den eignen Nerven, so mit der Zeit, erfährt. Auch Schmidt lehnte mein Gutachten ab und klagte über seine Gesundheit, insbesondere darüber, daß ein nicht zu löschender Durst ihn ständig peinige – dieser Zug findet sich im »Schilling«; und nach drei Wochen war er tot, gestorben in seinem Bett, an einem akuten Anfall der sonst schleichenden oder nur symptomatischen Zuckerkrankheit. Nichts von Selbstmord, nichts von Hiddensee; er liegt begraben auf dem kleinen Friedhof am Bahnhof Halensee. Er war, um es auf dieses vergessene Grab hinzurufen, ein wundervoller, schöner Mensch; mit Augen, die jenseits des Horizonts das Ihre zu suchen schienen, mit einer Krankheit im Leibe, die man ihm nicht ansah, und mit einer wesentlichen, wiewohl edlen Schwäche in der Seele, die ihn unter anderm verhinderte, in seiner Kunst Großes zu erreichen. Seine Ausbildung wurzelte in der gefährlichen Zeit, wo zwar die Kunde von der neuen großen französischen Malerei schon nach Deutschland gedrungen war, ihre Hochbeispiele aber noch unbekannt, ihre Absichten und Gesetze noch unverstanden blieben, so daß mehr Verwirrung als Befruchtung entstand. Die künstlerische Muskulosität, die Ursprünglichkeit des Talents, sich aus dem Dilemma der Zeit herauszuhauen, auf jede Gefahr hin, die besaß Schmidt nicht.

Zuviel von Schmidt nach meinem Thema; niemals zuviel von ihm an sich. Oder bin ich auch mit ihm beim Thema? Ist es anzunehmen, daß ein Mann, der sich im Tatsächlichen so schlecht unterrichtet hat, fähig sein könnte, von dem Gespräch mit einem Dichter die genaue, das Einzige und Einmalige wahrende Auskunft zu geben? Nun, es könnte sein, aber wahrscheinlich ist es nicht. Wahrscheinlich ist, daß er uns bestenfalls die Meinungen, nicht die Erleuchtungen überliefern wird. Und hier muß ich schließlich auf mein eignes Erlebnis zurückkommen. Ich habe, wie sich von selbst versteht, mehr als ein Wort aufzuschreiben und zu erhalten versucht, das ich von Hauptmann hörte; immer mußte ich mir gestehen, daß ich das unaustauschbare, nicht zu ersetzende Einmal-und-nicht-wieder verfehlte. Was gescheite, geistreiche Leute sprechen, ist ja wohl im Gedächtnis zu konservieren, und man kann es bei zufälliger oder planmäßiger Erinnerung mit ausreichender Sicherheit wiederfinden. Aber mitten im Gespräch der natürlichen Gleichberechtigung fällt plötzlich aus Hauptmanns Mund ein Wort, von dem man sogleich fühlt: das ist das Eigentliche, hier eben sprach ein Mensch etwas aus, das zu formen ihm von Ewigkeit vorbehalten war; doch es ist nichts Mysteriöses daran, ist vollkommen verständlich, ist überzeugend und einfach wie jedes Ding der Natur, und wenn ich nach Hause komme, werde ich es in meinem Notizbuch fixieren. Niemals ist mir das bis zur Authentizität gelungen. Was da fehlte, war nicht etwa Rednergebärde und Sprechergewicht, es war eher jenes geheimnisvolle »bißchen Zimt«, von dem Kierkegaard einmal spricht und ohne das ein Aphorismus wie viele, von großen und kleinen Meistern, zurückbleibt.

Die Frage wäre nun, ob dieses ein Fall ohnegleichen sei. Das ist er gewiß nicht, ist sogar ein Jedermannsfall, aber von einer so gesteigerten, so durchdringenden Übermacht, daß, wer ihn erlebt, daraus den Zweifel an allem Überlieferten gewinnen kann, den unentbehrlichen Zweifel. Außerhalb des Gebiets der Worte ist ein Vorgang von einiger Analogie bekannt genug. Von Bruckner wird bezeugt, daß beim Phantasieren auf der Orgel die höchsten Erleuchtungen und hellsten Blitze aus ihm gewettert hätten, himmlischer als die unbeschreiblich hohen Werke; und von Beethoven ist das gleiche überliefert und von mehr als einem Musiker noch. Ja, vielleicht gehört es in dieselbe Analogie, daß man heutzutage die Zeichnungen, die Entwürfe, die schnellen, fast ohne Hinsehen gemachten Notizen großer Maler mehr als die ausgeführten, die ausgeglichenen Bilder für Offenbarungen, sowohl der Persönlichkeit als der Kunst selbst, zu halten geneigt ist.

Aber, so fühle ich mich gemahnt, bleiben wir beim Wort. Wir haben Goethes Gespräche und verehren sie als einen Schatz der Schätze; könnten wir das, wenn wir ihnen nicht zum größern Teil Authentizität zuschrieben? Gleichwohl verwechseln wir hier etwas oder stellen unsern Anspruch von vornherein resigniert. Weil sie einen unermeßlichen Wert haben, brauchten sie doch nicht den Dämon, die Plötzlichkeit des Dämons, der in Goethe, aus ihm und durch ihn sprach, zu enthüllen. Ohnehin sind sie ja in verschiedenem Grade authentisch – also nicht authentisch. Es gibt apokryphe darunter, gefärbte, zugespitzte, ins Breite verflossene, mit fremden Absichten durchsetzte – und den ganzen Eckermann. Jedoch, Eckermanns Gespräche mit Goethe sind keine Gespräche mit Goethe, sondern ein Werk von Goethe, so gut wie »Dichtung und Wahrheit«. Bei Riemer glaubt man verräterisch oft einen Ton, nicht nur des Widerspruchs, sondern des Ärgers über den ewigen Wahrsager mitschwingen zu hören. Am unmittelbarsten trifft uns der Kanzler Müller, den seine hohe amtliche und gesellschaftliche Stellung vor jeder Art von Befangenheit sicherte und der uns darum auch mit den herrlichen zynischen Ausbrüchen Goethes beschenkt. Es sind recht viele Goethes in den fünf Bänden – also nicht Goethe. Und so ist in allen den überlieferten Gesprächen, obwohl sie keine Interviews von heute sind, obwohl die Zahl der Partner übergroß ist und einige von ihnen das Leben von Jahren und Jahrzehnten hingaben und übten, um zu hören und möglichst richtig zu hören, nicht so viel Goethe wie in einem Gedicht, »An den Mond« oder »Schwager Kronos« oder »Harzreise im Winter«. Denn das Wort ist nicht das Werk. Das Wort ist nicht das Werk – und das Werk ist nicht die Persönlichkeit. Diesem Manne Goethe wurden zweiundachtzig und ein halbes Jahr gegönnt und zugewiesen und aufgetragen. Wer er war, ist durch eine Summe nicht auszudrücken, und summierte man auch alles, was er getan, gesagt, ja gedacht hat: immer haben wir ein Einzelnes in der Hand.

Aber wenn der Mensch stirbt, gibt es kein Einzelnes mehr und also auch keine Summe. Welche Rechnungsart, auch von der höhern und höchsten irdischen Mathematik nicht einmal zu ahnen, auf ihre Weise doch die »Summe« zieht, wissen wir nicht; aber sie wird gezogen, sie ist die Seele und das Gericht.

Wiederum gilt das für jedermann. Nur in einigen ausgezeichneten, gezeichneten Menschen sehen wir manchmal, so zufällig, wie wir die tiefe, oft schaurige Weisheit der Kinder ertappen, durch die Kluft eines Augenblicks die ganze, über ein ganzes Dasein hingebreitete Seele heraufflammen, und dann vergessen wir »das Beste«, wie der Märchenmann in der Höhle. Alles andre ist »Geist«, will sagen: das vielen oder wenigen Menschen Gemeinsame.

Und auch das Werk ist »Geist«, und nur herzuträumen ist aus ihm die Persönlichkeit, als das Gewisseste, doch Unfaßbare. Wer glaubt, daß er es fassen könne, betrügt sich um seinen schönsten Gewinn. In diesem allem ist kein Geheimnis, sondern das »geheimnisvoll Offenbare«. Jeder weiß es jeden Tag, doch er glaubt seinem Wissen nicht. Nur eines bleibt als Geheimnis zurück: daß der authentische Teil des Menschen, die Persönlichkeit, dieses Kaum-noch-etwas und Beinahe-nichts, dieser Augenblick im Strom – der ganze Strom, die ganze Welt ist.

[1925]

Die Spindel

Unter den Schülern des Konfuzius war einer, den sie den Tugendhaften zubenannten, weil er, obwohl noch in jungen Jahren, fast zum Verdruß der übrigen sich von Mutwillen frei hielt und allen himmlischen und irdischen Erscheinungen Ehrfurcht zu erweisen aufmerksam bemüht war. Aber eines Tages sah ihn der Meister mit dem Kopf den Fußspitzen zugeneigt einhergehen, oftmals seufzen und bei Ansprache der Genossen sich nur zerstreut und unwillig aus seiner Haltung aufrichten. Da ließ ihn der Meister rufen, und indem er für einen Augenblick seine Hand auf den Unterarm des Jüngers legte, fragte er ihn:

»Du bist in Unruhe, der du doch sonst in ziemlicher Ruhe bist. Weißt du, was dich bedrückt? Und kannst du sagen, was dich bedrückt? Deine Gefährten nennen dich öfters den Tugendhaften; aber wenn sie es auch nicht ohne einigen Spott tun, so wissen sie doch, daß du ein Recht auf diesen ehrenden Namen hast.«

Der Schüler seufzte, doch antwortete er mit lebhaftem Ausdruck:

»O Meister, wie wenig Recht hat er darauf, der Tugendhafte! Gestern abend geriet er in die Küche eines Fischers, deren großer Raum nur von einer einzigen Lampe erhellt war. Eine Jungfrau war dort, und der Tugendhafte dachte: Ich möchte dich gern ohne Kleider sehen. Eine Frau war dort, deren Mann im Nordreich schon seit einem Jahr Soldatendienste tat, und der Tugendhafte dachte: Nur zu winken brauchst du, und ich begehe den Ehebruch mit dir. Ein Jüngling war dort, und der Tugendhafte dachte: Wenn ich dir deine Kunst des Segelns stehlen könnte, deine gewaltige

List, auch vom schwachen Winde noch Kraft zu nehmen und den starken nicht übermächtig werden zu lassen, so würde ich wie ein Räuber zur Nacht bei dir eindringen. Letztlich war ein Greis dort, der auf einem Stuhl zusammengesunken saß und mit dem Kopf wackelte, seine Augen aber waren rot und triefend, und vor diesem war der Tugendhafte ohne Gedanken und Wunsch. Muß ich nicht seufzen, geliebter Meister, und mich anklagen, daß ich voll Unrat und Bosheit bin?«

Konfuzius hielt die Augen seitwärts und dachte nach, dann richtete er sie treuherzig in den Blick des Jünglings und gab ihm Trost:

»Du hast dem Mädchen nichts zuleide tun, sondern es nur in seiner Schönheit sehen wollen. Nicht du wolltest die Frau verführen; sondern wenn sie dich verführte, so wolltest du ihr willfahren, weil du merktest, daß sie schwer von der Entbehrung der Witwen war. Den Jüngling, an dem die teilnahmlosen Menschen vorübergehen, erkanntest du in seiner Kunst und Jugendstärke. Denn alle drei liebtest du mit einer liebenden, erkennenden Seele und fühltest ihr Wesen und ihr Schicksal, und deine Güte gegen sie verwandelte sich in Wünsche. Daß du aber vor dem greisen Manne schwiegst in deinen Gedanken, das geschah, weil du inne wurdest, daß keine Gedanken sich ziemen vor einem, der selbst in das Schweigen der Elemente hineingewachsen ist. Mitleid hätte sich nicht geziemt, denn es wäre Überhebung gewesen, und Lust nicht, denn sie wäre eine Torheit.«

Und während er so beschwichtigend sprach, merkte der Meister, daß der Jünger ihm glaubte, – und er lächelte.

Dann sah er ihm nach, als er davonging. Wie aber ging er? Aufrecht und leicht. Ein Bettler begegnete ihm, und er gab ihm sein Kleid. Ein Kind begegnete ihm, und er hob es hoch zu sich hinauf und küßte es. Dieses alles bemerkte Konfuzius, lächelte und freute sich.

Am Abend aber versammelte er die Schüler um sich und gab ihnen folgende Lehre: Nicht darauf kommt es an, ob ein Mensch von sich selbst Gutes erfährt, sondern ob andre Gutes von ihm erfahren; nicht darauf kommt es an, ob ein

Mensch von sich selbst Schlechtes erfährt, sondern ob andre Schlechtes von ihm erfahren.

Diese Lehre erschien den Jüngern sehr einfach; aber als er die Bezeichnung dafür wählte: die Spindel oder die Schraube, verstanden sie ihn nicht. Er allein wußte, daß er zweimal hatte drehen müssen, bis der Gedanke fest und richtig saß.

[1925]

Moritz Heimann

Ein Portrait

Von Gert Mattenklott

Moritz Heimann gehört zu den Autoren, die häufiger gerühmt als mit Gründen empfohlen werden. Was er gedacht, geschrieben und bewirkt hat, ist selbst unter seinesgleichen wenig geläufig. Dennoch ist er nie vergessen gewesen, selten verkannt. Zahlreich sind statt dessen die Zeugnisse des Respekts, oft von Verehrung. Immer gelten sie einer außerordentlichen Gesinnung.
Als einen »kathartischen Denker« mit »Ehrfurcht vor dem Einzelnen« hat Martin Buber ihn gepriesen, Oskar Loerke lobt seinen Sinn für Gerechtigkeit, und von Thomas Mann stammt das Zeugnis, daß der Jude Heimann »die Geistigkeit seiner Rasse« besonders schön und männlich vertrete, »in einer Geistigkeit, die sonst oft als zersetzende Schärfe, unselige Spitzfindigkeit, oft auch als eine gewisse weichliche Verschwommenheit und Mystik erscheint, in seinem Fall aber zu jener humanen, gütigen Klugheit wird, die man Weisheit nennen darf, und die den kühnsten und besten jüdischen Typus macht«. Ein neuer weiser Nathan als Kontrastfigur für das Judenbild des alten Antisemitismus? Gewiß ein Lob aus Ressentiment und gefährlich für das Ansehen des Gelobten. Es fällt aber hier auf einen, den der Vorwurf von Leisetreterei und Opportunismus, Meinungsscheu oder fromm getarnter Urteilsschwäche nicht treffen kann. Fast dreißig Jahre lang – von 1895 bis zwei Jahre vor seinem Tod 1923 – war Heimann der maßgebliche Lektor des S. Fischer Verlags; kein Ort und keine Position für einen Säulenheiligen, vielmehr rasch ein erstrangiges intellektuelles Machtzentrum mit weitreichendem Einfluß auf zumindest das kulturelle Leben der Zeit. Thomas Mann hatte das

selbst zu spüren bekommen, als er seine »Buddenbrooks« nach einem ersten, höchst kritischen Gutachten Heimanns zur Umarbeitung zurückerhielt. (Übrigens war Heimann frei genug gewesen, sich nach erneuter Lektüre in einer zweiten Stellungnahme selbst zu korrigieren, als der Autor festblieb.)

Als einen Regisseur der literarischen Moderne, einen der wichtigsten deutschen im ersten Viertel des Jahrhunderts, hat man den ersten großen Lektor im S. Fischer Verlag häufiger zu Recht beschrieben. Das ist nun freilich eine Rolle, die mit Gerechtigkeit, Güte und Geist allein nicht auszufüllen gewesen wäre. Ein solches Übermaß des Positiven pflegt nicht bloß farblos und langweilig zu sein – tödlich für ein Verlagsprogramm, vernichtend für einen Autor –, es macht auch selbstgerecht und sektiererisch. Tatsächlich waren denn hier auch die geistigen Impulse – von geistlichen könnte man auch sprechen, denn Heimann war ein religiöser Mensch – mit durchaus weltlichen legiert. Ohne diese Übereinstimmung und Mischung mit gewissen aufs Praktische gerichteten Tendenzen des Zeitalters hätte dieser Mann das intellektuelle, hätte er vor allem auch das moralische Gewicht nicht gewinnen können, das die Zeitgenossen mit Gespür für die Bedrohung durch doktrinären Rigorismus Pedanten der Reinheit zu versagen pflegen.

Heimann war wie seine Generation insgesamt durch den Gedanken gebannt, Geist und Macht zu verbünden. Die von Kerr und Heinrich Mann schon vor dem Ersten Weltkrieg ausgegebene Parole – von Kurt Hiller und den Beiträgern seiner aktivistischen »Ziel«-Jahrbücher während der Kriegszeit vielfach verstärkt, nach 1918 Losungswort der Revolutionäre und noch ihrer bescheideneren Erben – echot auch durch sein gesamtes publizistisches Werk. In einer weiteren Beziehung ist es das deutsche Echo auf die Wiedergeburt der französischen Aufklärung aus den Turbulenzen der Affäre Dreyfus. Im Kampf gegen Staatsterrorismus und klerikale Bevormundung, militaristische Sozialmoral und antisemitisches Vorurteil war der größere Teil der französischen Intelligenz zur Avantgarde der republikanischen und sozialistischen Linken geworden. In den Jahrbüchern, Zeitschriften und Almanachen, unter den Manifesten und Aufrufen, in denen sich deutsche Autoren mit einiger Verspätung erstmals in ihrer Geschichte als größere Kollektive von Intellektuellen mit politischem Wirkungsanspruch zu Wort meldeten, fehlt dennoch der Name Moritz Heimanns. Peter de Mendelssohn hat gezeigt, daß sich Fischer und sein Verlag weniger über diesen als durch die Vermittlung Gerhart Hauptmanns und Walther Rathenaus republikanisch banden.

Heimanns Name stand unter Solidaritätsadressen so wenig wie in Mitgliederlisten. Sein Verständnis des Politischen und des Spirituellen, von Geist und Macht unterschied sich von dem der engagierten Zeitgenossen und machte ihn zum Parteigänger ungeschickt. Seine Stellungnahmen noch zu den aktuellsten literarischen, kulturpublizistischen oder politischen Anlässen schreibt er ohne jede forcierte Originalität. Sie liegen trotzdem immer daneben, meist wohl eher absichtslos, denn für ein Kokettieren mit Eigensinn und die Eitelkeiten des Nonkonformismus war er zu ernsthaft. Ein Abweichler, gar ein Abwegiger war er weniger aus noblen Überzeugungen als aus dem Grunde einer Charaktereigenschaft, deren allgemeiner Sinn leidenschaftliche Nüchternheit ist. Er war aus intellektuellem Temperament prosaisch und Prosaist aus Gründen der moralischen Hygiene. Die Prosa ist hier kein bloßes Instrument des Intellektuellen und Ethikers, sie ist deren buchstäbliche Verleiblichung. In Heimanns Essays und Artikeln erhalten die Gedanken ihren physischen Auftritt. Mit ihren Wortkörpern müssen sie Macht gewinnen oder gar nicht. In die ästhetische Bildung der Prosa: Wortwahl, Satzbau, Intonation, gehen deshalb die Grundsätze und Ansichten ein wie das Leben in Knochen, Muskeln und Nerven. Einen Machtgewinn des Geistes hat er sich nicht von den intellektuellen Überläufern zur Politik versprochen, sondern von der Selbsterziehung des Prosaisten zum Zeitgenossen. Der Intellektuelle bekennt seine Farbe in der Schreibweise. Hier sah er das Terrain für geistigen Machtzuwachs. Seine stilistische Anstrengung zielt regelmäßig darauf, Begriffsverhärtungen, wie sie in der

Sprache der Programmatiker und Parteistrategen gang und gäbe sind, aufzulösen und sie gedanklich zu mobilisieren. In diesem Sinne war sein Habitus liberal, nicht ideologisch-politisch. Daß Heimann mit Überzeugungen, Stellungnahmen und Thesen so wenig zitierbar ist, hat auch hierin einen Grund. Der gedankliche Gehalt ist mehr als gewöhnlich der Schreibweise inwendig geworden und oft von dieser schwer ablösbar. Wenn die Ideen aus Ideologien zurückgeholt werden, verlieren sie meist auch ihre schlagkräftigen Namen, unter denen sie im Arsenal der geistigen Kriegsführung verfügbar waren.

Der frühe Theodor Heuss, bald zwei Jahrzehnte jünger als Heimann und anders als dieser auch früh schon dem politischen Liberalismus Naumanns verbunden, hat seine Abneigung gegen das Opfer der Sprache – jener ursprünglichen Denk- und Handlungsform des Intellektuellen – auf dem Altar des politischen Aktionismus ähnlich wie Heimann empfunden, wenn er 1916 gegen Hillers erstes »Ziel«-Jahrbuch schreibt: »gegen den Bürger wie gegen den ›Künstler‹, den Theologen wie den beamteten Gelehrten werden mit Witz und Ingrimm jene Bosheiten gesagt, die etwas Landläufiges bekommen haben und nur dem, der sie sagt, in diesem Augenblick als etwas Unerhörtes erscheinen. Wer wollte leugnen, daß manches davon nicht nur nett oder töricht, sondern auch richtig sei. Das, was ein wenig mißtrauisch macht, liegt ja nun an dem Jargon dieser Literaten: sie können keine Pointe, kein Wortspiel, kein bescheidenes Witzchen unterdrücken und verplempern dadurch das Ethos leicht in Geschwätz«; und gegen das Ausmünzen von Hillers politischen Zielen in griffigen Schlagworten: »Es bleibt jedermann anheimgestellt, sich nunmehr für ›geistig‹ und für aktiv zu halten oder in seiner angeborenen Minderwertigkeit zu verharren. Mir scheint diese Versammlung von ›unheiligen Zielen‹, wie der kokette Vermerk lautet, fast wie eine Parodie auf das Geistige, das in dürftige Rationalismen ›vinkuliert‹ wird, und ich spüre nie so deutlich, wie unheimlich dieser Kämpfer des Geistes dem lieben Bourgeois verwandt wird: in der Selbstgerechtigkeit, die sich auf Worten zur Ruhe setzt.«

Auch eines von Heimanns ungeschriebenen Gesetzen verbietet das Heimischwerden auf Gemeinplätzen des Denkens. Daß über Lebendiges nur lebendige Worte mitteilungsfähig sind, diesen Vorbehalt Goethes gegen überhandnehmende Terminologie in den Wissenschaftssprachen, hat er gelegentlich wiederholt und zu einer der Maximen seines Schreibens gemacht; am aufschlußreichsten für sein Selbstverständnis in dem kleinen Essay »Was ist das: ein Gedanke?« den er zuerst 1909 publiziert hat. Charakteristisch, wie er die selbstgestellte Frage beantwortet. Er beschreibt weniger, wie ein Gedanke entsteht, sondern wie einer, der verlorengegangen war, wiedergefunden werden konnte: über ein Komma. Es geht um den Satz: »die Wahrheit liegt in der Tat zwischen zwei Extremen, aber nicht in der Mitte.« Er kam dem Denkenden zuerst epiphanisch, die jähe Eingebung während einer nächtlichen Wachphase, am Morgen scheinbar spurlos aus dem Bewußtsein verschwunden wie der Inhalt eines Traumes. Erinnerungsarbeit fördert ihn dennoch zutage: auf den Spuren eines ästhetisch Unbewußten. Die Zäsur, die das Komma markiert, zwischen zwei Satzteilen, »aber nicht in der Mitte«, war das anamnetische Merkzeichen. Heimann nennt sie eine Markierung wie nach dem goldenen Schnitt, in den Proportionen nicht des numerischen Gleichgewichts der Worte, sondern in der Balance ihres Sinns. Der anmutige Schluß, so leicht vorgetragen wie das Stück insgesamt, hat seinen verschwiegenen Zielpunkt in der Ideenlehre Platos: »Da aber Erinnerung sich vermittelt und weiterpflanzt nach dem Grade der Lebendigkeit der Vorstellungen, so kann nur jenes Gleichgewicht des Satzes den starken Eindruck, die Überzeugung, das Entzücken in mir bewirkt haben, nicht sein Inhalt. In diesem Gleichgewicht der Teile, in dieser Bizentralität des Ganzen und in der nahezu physischen Wirkung davon muß etwas von einer Wahrheit über jedem Inhalt gewesen sein. Ich hatte also recht, entzückt zu sein, aber ich kann von diesem Recht keinen überzeugen. Ich kann meinen ganzen Gedanken mitteilen; nur das eine, das Tiefste in ihm, das Bezaubernde, das kann ich nicht mitteilen. Was ist das also: ein Gedanke?«

Daß der Essay mit seinem Schlußsatz die Frage wiederholt, die er mit seinem Titel stellt, statt sie zu beantworten, ist mehr als bloße Pointe. Heimanns Platonismus nimmt die essayistische Lizenz für ein versuchendes Annähern an eine mögliche Antwort voll in Anspruch. Wahrheit und Schönheit sind in einer inneren Beziehung aufeinander verwiesen. Jedes Schöne ist ein Hinweis auf Wahrheit, diese immer auch schön. Es muß aber gelernt werden, daß empirisch stets nur ein Abglanz des höchsten Schönen erscheint, das selbst Idee ist. – Indem Heimann auf dem ästhetischen Anteil an der Gedankengestalt besteht, ja in diesem Anteil sogar ein besonderes Faszinosum sieht, unterstreicht er – neben dem Wahrheitsmoment des Schönen – die Teilhabe auch des Denkens am Schein. Nie ist der einzelne Gedanke selbst schon wahr, immer statt dessen Widerschein. Eben dieses Scheinhafte am Gedanken ist aber der Ansporn zu weiterer, höherer Erkenntnis: wie im »Phaidros« die Schönheit geliebter Menschen eine Fiktion im Hinblick auf die Wahrheit, zugleich aber doch deren Vorschein und Versprechen ist. Heimanns Platonisieren soll Erkenntnis nicht verflüchtigen, sondern sie zu weiterer Bewegung beunruhigen.
Daß Wahrheit in ihrem Inbegriff keine Kategorie des empirischen Lebens ist, diese Voraussetzung, die als erhabene Resignation auch am Anfang und Ende der Lebens- und Kunstphilosophie Goethes stand, der für Heimann der einflußreichste Mittler und Interpret des Platonismus gewesen ist, läßt der Vielfalt empirischer Einzelheiten besonders hohe Bedeutung. Die gelassene Geduld des Literaturkritikers und Lektors mit jedem einzelnen Werk, die Bescheidenheit des Essayisten, dem kein Anlaß zu gering für eine Würdigung ist, rühren aus diesem allerersten Verzicht auf die totale Gegenwärtigkeit von Wahrheit und Sinn in irgendeinem Erscheinendem. So hat er einmal notiert: »Was ich liebe und was mir am meisten zu wünschen scheint, sind: kleine Anwendungen eines großen Zentralgedankens, welcher als solcher nie erscheint, nie ausgesprochen wird und womöglich nicht einmal gedacht und doch vorhanden ist. In der moralischen Welt kenne ich keine angenehmere Erscheinung. (...) Also Epiphanie eines Gottes, der doch

als Gott nicht eher erkannt wird, ehe er wieder verschwunden ist, wie Christus in Emmaus.« – Das ästhetische Unbewußte jedes guten Gedankens ist in letzter Instanz also ein Nicht-Wißbares.

Der argumentative Gehalt solcher Ideen richtet sich gegen die Banalisierung der Aufklärung durch Versuche, sie wissenschaftlich, philosophisch oder auch kulturpolitisch zum Abschluß zu bringen. So spürt die Erinnerungsarbeit beim Wiederfinden des guten Gedankens seinen ästhetischen Spuren, nicht seinen psychischen nach: ins Bodenlose zwar, wie sich am Ende zeigt, aber ohne der Versuchung des Psychologismus zur verendlichenden Stillstellung des Denkens durch Reduktionen zu erliegen.

Einiges mehr als die Wiederholung der Frage hat also doch das Nachdenken darüber, was denn ein Gedanke sei, erbracht. Eine weitere, neben dem ästhetischen Platonismus zentrale Vorstellung Heimanns schließlich auch noch, die von der »Bizentralität«, auf die er im Gleichgewicht der Satzteile stößt, und in der er »Wahrheit über jeden Inhalt« spürt. Mit ihr, die er in den verschiedensten Zusammenhängen variiert und bekräftigt hat, tritt er in ein gespanntes Verhältnis zu sich selbst: des Modernisten zum homo religiosus platonischer Prägung. »Monozentral« ist nämlich das Weltbild Platos, für das er im kosmischen Kreis und in der radial zentrierten Harmonie der Sphären eine natürliche Anschauung zu haben glaubte. Die Ordnung des Kreises mit ihrer Beziehung auf einen sei's offenbaren, sei's sich verbergenden zentralen Bezugspunkt ist danach zur symbolischen Form geschlossener Weltanschauung geworden, in welcher der jüdisch-christliche Monotheismus ein aussagestarkes Denkbild fand. Es ist eine monarchische Ordnung mit einer klaren Hierarchie und einer konkurrenzlosen Geltung der höchsten Idee, der einen Wahrheit, der letzten Instanz von Gericht und Urteil. »Bizentral« wurde dagegen die Kosmologie mit Keplers Beschreibung der elliptischen Bahn der Himmelskörper, Ellipse von griechisch ἐλλείκειν = fehlen. Was fehlt, ist die sichtbare Orientierung des Planeten in der Umlaufbahn auf einen Mittelpunkt. Das Weltbild der Moderne ist formuliert als Erfahrung eines Mangels. An die Stelle des organischen Kreises der alten Welt tritt mit der Ellipse eine Ordnung, deren Gesetze nur mehr durch synthetisierende Berechnung nachweisbar ist: statt durch Anschauung durch Erkenntnis.

In sich birgt der bizentrale Raum der Ellipse eine unendliche Mannigfaltigkeit von Konstellationen und Gestalten. Zur Welt außerhalb seiner bestehen keine Beziehungen. Aus den Variationen der Bipolarität ergibt sich für die Moderne eine Gestaltenvielfalt des Lebendigen, ohne daß es dazu eines Urbildes oder einer letzten zentralen Kraft bedürfte. Ein weiteres Mal könnte Heimanns Gewährsmann Goethe gewesen sein, dessen aus der Morphologie gewonnenes Prinzip von Polarität und Steigerung die Zweipoligkeit als innerweltliche Bedingung des Lebens formuliert. Wie wahrscheinlich ein solches Anlehnen des Goethe-Lesers Heimann ist, so wäre es doch verfehlt, hierin nur Erbschaft zu sehen. Es bedarf der Lektüren gar nicht, wo doch die charakteristischen Erfahrungen der Moderne zu jedem Zeitpunkt das Material liefern, an dem die monistischen Weltbilder zerbrechen müssen. Heimanns bizentrales Denken trägt solchen Erfahrungen Rechnung, nicht den Voraussetzungen einer klassischen Bildung. In diesem Erfahrungsbezug aber, mit dem er das schöpferische Potential der dezentralen Welt anerkennt statt es lediglich unter dem Gesichtspunkt des Verlusts und Mangels zu beklagen, stellt er sich außerhalb der ideologischen Gegensätze, von denen die Intelligenz der Zeitgenossen sich so zahlreich bannen ließ. Darum ist seinem Denken auch mit den gewohnten Klischees von konservativ oder fortschrittlich, rechts oder links nicht beizukommen. In den Atempausen, die seine Essays zwischen diesen Fronten einrichten, wird nicht der Sieg der einen oder anderen Seite vorbereitet, sondern der produktive Sinn festgehaltener Differenz begründet. Heimanns Gerechtigkeitssinn, seine Sachlichkeit, sein Tolerierungsvermögen, sämtlich Eigenschaften, die sich seine Bewunderer meist nur deuten können, indem sie zum Verklärungsvokabular greifen, in welches das Bildungsbürgertum des 19. Jahrhunderts den klassischen Humanismus einwickelte, haben den nüchternsten Gehalt in ihrer Angemessenheit an die nicht mal nur zwei-, nein n-poligen Lebensbedingungen der Moderne.

Es versteht sich von selbst, daß sich unter solchen Bedingungen auch die Frage nach dem Verhältnis von Geist und Macht anders stellen mußte als für die, die an die Führungsrolle der Intelligenz dachten, wenn sie sie aufwarfen. Die gedanklichen Konstellationen, die Heimann in seinen Essays entwirft, haben über ihre Anlässe hinweg eines gemeinsam: sie meiden den Sieg. »Wehe den Siegern! Salz oder nicht, sie werden dumm«, hat er 1923, zwei Monate vor der Ruhrbesetzung durch Poincaré in einer Glosse in der »Weltbühne« geschrieben. Die Gründe, die er anführt, sind von allgemeinster Art und reichen über militärisch-politische Verhältnisse weit hinaus. Sieger kapseln sich ab, sie entziehen sich dem Hin und Wider lebendiger Verhältnisse; schließlich, die Sieger von heute sind morgen vielleicht schon Besiegte. – Aus Erfahrungen solcher Art mag auch Heimanns in Lessingischer Diktion gegebene Empfehlung gespeist sein, »daß alle unsre großen moralischen Wahrheiten den Sanduhren gleichen, die, wenn sie abgelaufen sind, müssen umgekehrt werden«; könnte auch die von Wilhelm Lehmann berichtete Lebensmaxime bewegt sein: »Ich werde nicht eher urteilen, als bis in meinem Urteil keine Rache mehr sein wird.«

Heimann war kein Autor von Spontaneität, auch nicht als Kritiker – ein Erbteil aus dem traditionellen Denkhabitus des Juden? ein Element im preußischen Naturell des in der Mark Brandenburg auf dem Dorf Geborenen? Mit mehr Sicherheit ist es eine Folge der Selbstkontrolle eines Mannes, der noch im Alltagsgeschäft der literarischen Kritik ein Urteil am liebsten erst wie jene Sanduhr noch einmal gewendet hätte, ehe er es aussprach. Beispielhaft eine Reflexion am Schluß einer sehr distanziert kritischen Besprechung von Hofmannsthals »Elektra«: »Darf ein Rezensent verraten, daß er nicht unfehlbar ist? Es gibt während des Schreibens (und jeder weiß, auch während des Denkens und Fühlens) eine Abtrift, die von der vorgeschauten Linie sacht wegdrängt. Man wollte, auf Umwegen, zu der weißen Klippe; und siehe da, man landet bei der grauen. Da springt man ins

Wasser zurück und eilt zum ersten Ziele. Ich bewundere Hofmannsthal; ich weiß, er ist ein Mund, der noch Großes verkünden wird.« (1903) So erhält denn auch diese Kritik noch ihren zweiten Brennpunkt.

Die Tendenz von Heimanns Kunsturteil ist klassizistisch, Goethes Œuvre sein Horizont. In weitere Räume der Literaturgeschichte hat er nicht blicken mögen, ausgespart die romantische Tradition. Die Aktualität seines literarischen Maßstabs sah er in seinem Einverständnis mit dem Lebenswerk des befreundeten Gerhart Hauptmann gewährt, von dem kein Werk erschien, das er nicht aufs sorgfältigste lektoriert hätte. Dazu paßt die Verhaltenheit, die er Hofmannsthal, wie überhaupt den Wiener Dichtern gegenüber wahrte, die doch bei S. Fischer erst groß wurden. Das elliptische Denken behält aber auch in dieser klassisch gerichteten Optik seine eigentümliche Form: in einer Beidäugigkeit des Sehens, die für die Wahrnehmung der Kunstwerke in der räumlichen Tiefenschärfe ihrer literarhistorischen und seelengeschichtlichen Bedingungen Voraussetzung ist. Die Kunst war ihm ein Wächter der Träume, nicht deren Richter. Daß in Hofmannsthals »Elektra« Orgien von Blut, Haß und Rache begangen werden, ist nicht der Grund seines Tadels – er müßte denn auch Sophokles rügen; wohl aber, daß der Dichter dies alles gibt, ohne ihm Wert und Würde von Seelen gegenüberzustellen, die sich menschlicher fassen als Elektra und Klytemnestra in ihrer Mordlust. Die Kunst, so lautet sein Argument, erschöpft sich in Virtuosität, wenn sie bloß sinnlich wird und die Sehnsucht in sich tötet, die artistische Sphäre zu überschreiten: »Irgendwie will alle große Kunst weg von der Kunst«, d. h. will sie das Schöne als auch das Gute verwirklichen, an dem sinnliche Exaltation und der Schein kein Recht mehr hätten. (So hat er den literarischen Naturalismus wahrgenommen.) Diese Intention der Kunst auf das Andere ihrer selbst, die elegische Wahrheit alles bloß Inszenierten und Gemachten, müsse die Werke über sich hinausweisen lassen.

Heimanns Klassizismus ist aus der aktuellen Erfahrung der Barbarei unter der dünnen Decke der Kultur formuliert, nicht aus Geschmack an Gips und Blässe, wie er Hofmanns-

thal gegenüber deutlich macht: »Und ich wenigstens sehe unsere Zeit nicht so am Ende aller Pflichten, daß eine fortschreitende Humanisierung ihr nicht nötig und also auch nicht möglich sein sollte und daß sie darum, um überhaupt nur leben zu können, sich bestialisieren und chaotisieren müßte.« Das Fortschreiten der Aufklärung bedeutet hier nicht ihre Perfektionierung. »Wenn Fortschritt der Sinn des Menschenlebens wäre, wer könnte, schlimmer noch: wer möchte dann noch leben?« hat er gelegentlich provozierend geschrieben. Wohl aber soll Humanisierung als ein Prozeß aufgefaßt werden, der unabschließbar fortdauert, weil seine Gegenkräfte wirksam bleiben.
In der Wahrnehmung des chaotischen Untergrunds der Kultur ist er nicht prüde gewesen. Vielmehr erhält seine klassische Option überhaupt erst ihr Volumen durch die hohe Empfindlichkeit für Wahrnehmungen von Unbegreifbarem und Dunklem, von Chaos und Bestialität. Sprachlich geht er vorsichtig mit diesen Mächten um, als wolle er sie nicht herausfordern. Sie gelangen in seinen Essays dennoch zu deutlicher Präsenz. Neben die archaischen Kräfte der Natur treten die neuen zivilisatorischen Zudringlichkeiten gleich bedrohlich. Die moderne Großstadt hat er so erlebt: nicht aus der ratio ihrer funktionalen und instrumentellen Beziehungen, wie etwa gleichzeitig Simmel, sondern mythologisch. In ihren allzu schnellen sinnenfeindlichen Rhythmen und in ihrem quälenden Lärm sieht er Dämonen am Werk, die er sich vom Leibe halten muß, sollen sie ihn nicht zerschlagen. Die größere Zeit seines Lebens hat er in Kagel bei Strausberg, einem Dorf, östlich von Berlin, verbracht, in dem er bereits aufgewachsen war. Wichtig ist aber, er hat die Stadt nicht gemieden, als könnte er in Natur zurück. Auch in ihr muß er fürchten, sich selbst verlorenzugehen, wenn auch anders: der Weite des Himmels, der Gleichgültigkeit seiner unbeseelten Fernen und der Größe der Elemente nicht gewachsen, nicht gleichen Wesens wie Wälder und Getier. Nur mit menschlichen Maßen, zählend, rhythmisierend, sei dem allen eine faßliche Ordnung abzugewinnen. In seinem Hermann Stehr gewidmeten Essay »Das Haus« hat er die Erfahrung derartig menschenferner

Eindrücke wachgerufen, um aus ihrer Abwehr den Sinn klassischer Formen und Funktionen neu zu begründen. Der Säulengang um die Berliner Nationalgalerie mit seinem Gebälk wird zum Sinnbild des humanen Gegensatzes zur Wildnis der Natur, an der die unbelebte draußen und die wimmelnde des städtischen Lebens gleichen Anteil haben; die rechten Winkel des dörflichen Hauses bieten ihm Halt gegen den Zugriff der umgebenden Natur, die das geistige Wesen des Menschen zugunsten des kreatürlichen zu absorbieren droht. Wasserwaage und Pendel, Rechteckigkeit und Schachtelform, architekturbildende Grundfunktionen bringen Rettung in der Arche erneuerter Sachlichkeit.

Deren Grundsätze hat Heimann bereits um 1900 emphatisch formuliert. Warum klingen sie bei ihm so viel weniger ideologisch als Jahre später, in denen Sachlichkeit zum Epochenstichwort wurde? Weil deren Gegner bei Heimann nicht nur polemisch geringschätzig fixiert, sondern in ihrem eigenen Recht ernstgenommen werden. Als Adolf Loos das Programm der Neuen Sachlichkeit zusammenstellte, glaubte er einen Vernichtungsfeldzug gegen vernunftfeindliche Barbaren führen zu müssen, die sich im Labyrinth der Ornamentik verschanzt hätten. In ideologiekritischer Haltung erstarrend, nahm er den Gegner nur als einen Heuchler und Lügner wahr, mystifizierte er zugleich den eigenen logos. In dieser Welt sollte die Unkultur des Ornaments kein Recht behalten. Anders Heimann, der die Orte der Angst und Bedrohung in der eigenen Welt findet, wenn auch als fremd und feindlich. Ein neuer Noah, Schutz suchend gegen das Wüten der Elemente; polis-Architekt, der die Städtekultur gegen den dionysischen Orient befestigt; Renaissance-Wissenschaftler, der die Naturkräfte berechnend in Dienst stellt, statt sich ihrer Magie zu ergeben; klassischer Künstler wie Goethe, bestehend auf dem Maß der lebendigen Sinne statt zu verdumpfen im verselbständigten Milieu der Apparate und Maschinen; in solchen Verkörperungen findet die Aufklärung ihren Gegner jeweils unvermindert gegenwärtig. Ihn zu besiegen kann die Hoffnung nicht sein, wohl sich zu hüten. Das Lob der Rechtwinkligkeit klingt bei Heimann mit dem vollen Pathos der Aufklärung, weil es

gegen den Sog des Anderen gesprochen ist, nicht um darüber zu herrschen, sondern standzuhalten.
Die besondere Eigenart dieser klassischen Orientierung könnte ein Vergleich mit der ungefähr gleichzeitig sich abzeichnenden des jungen Lukács verdeutlichen. Wenn dieser in seiner »Geschichte des modernen Dramas« von 1910/11 mit Sympathie von der Möglichkeit einer neuen »dogmatischen« Kunstauffassung mit der Bevorzugung »strenger Formen« spricht, deren Beispiele »Kunst der großen Ordnung, der Monumentalität« wären, so soll die partikularistisch zerfaserte Individualität der Moderne gezüchtigt und überwunden werden. Die neue Klassik kann dann als Ausdruck eines epochalen Umsturzes triumphieren, aus dem der Sozialismus als »erbarmungsloseste und strengste Synthese – vielleicht seit dem mittelalterlichen Katholizismus« hervorgehe. – Eine derartig agonale, ja militante Dimension geht dem ausbalancierenden Denken Heimanns ab. Mit dem Klassischen hat er das Heroisch-Kämpferische nicht assoziiert. Wie hätte er sonst mit solcher Wärme von der Kunst Tschuang-Tse's bei der Vergegenwärtigung der Lehren Lao-Tse's sprechen können, in deren Zentrum die taoistischen Umschreibungen des Weltenschlafs und der Energien der Ruhe und Verhaltenheit stehen. Der Mensch des Westens erhalte aus ihnen die überzeugendste Ahnung vom »Unmenschlichen«, von der Gleichgültigkeit gegen das Individuum im asiatischen Mythos und von seiner Mystik des Nichts. Eine Wertschätzung, die neben dem Klassizismus bestehen kann, weil dieser hier nicht eine ästhetische Norm aufrichtet, sondern ein Verhältnis zwischen Form und Chaos bezeichnet.
Wenn auch für Heimann in der Kunst die anarchische Unruhe des selbstherrlichen Individuums zur Ruhe kommt, so doch zu einer gespannt vibrierenden; Vollendung und Ende ineins, indem die Fliehkraft des vogelfreien Individualismus an der selbstergriffenen Ordnung zugleich scheitert und doch gerettet ist: durch die Kunst, die den Zwiespalt nicht harmonisiert, sondern darstellt:

So klammert sich der Schiffer endlich noch
Am Felsen fest, an dem er scheitern sollte.

Diese letzten Verse des »Tasso« in ihrer unaufgelösten Doppeldeutigkeit könnten das Muster sein, nach dem diese Vorstellung gebildet ist. – Wo Heimann Zeitgenössisches geliebt hat, hat er sie wiedergefunden, bei Loerke etwa, den er entdeckt und bis zu seinem Nachfolger bei S. Fischer gefördert hat. Einen Trauernden nennt er ihn, der nicht wollüstig in sich untergehe, sondern die Trauer zu einer Kraft »des Lebens gegen das Leben« forme.

Die Kunst als rettender Wächter der Träume – dieser Gedanke erhält für Heimann schließlich noch eine letzte Begründung im Verhältnis zur christlichen Religion. Wie der neuzeitliche Mensch Bürger zweier Welten, sei die Kunst doppelten Ursprungs und darin als symbolische Form der Moderne der Einsinnigkeit des Christentums überlegen; doppelt gebunden nämlich an die antike und die moderne Form von Subjektivität. Grundsätzlich unterschieden sei das jeweilige Verhältnis zwischen Wesen und Erscheinung. Daß der Mensch an seinen Taten kenntlich sei, ist die Überzeugung der alten Welt; daß diese womöglich über das wahre Wesen zu täuschen vermöchten, nie mehr erlöschender Argwohn der Nachantike. So sei in der Antike das Handeln ein reiner Ausdruck des Seins ohne den Rest eines Vorbehalts. In der Moderne dagegen öffne sich ein Graben zwischen den Handlungen und dem Wesen eines Menschen; ein Zwiespalt, durch den Körper und Seele, Sinnlichkeit und Sittlichkeit, Wesen und Erscheinung für die Wahrnehmung auseinander sind. Das Tun steht seitdem unter dem Verdacht von Eitelkeit oder Hybris, Wahn eines Willens, der dem innerlichen Sein gegenüber nichtig ist. Nur in der Kunst überlagern sich beide Vorstellungen, so führt Heimann diesen Gedanken in einem »Allerlei Christliches« überschriebenen Essay aus dem Nachlaß zu Ende. Sie sei ein wesentliches Handeln des Menschen in der Tradition vorchristlicher Selbstverwirklichung und insofern Gegenstand moralischer Beurteilung, deren Maßstab der Wert für das Leben sei. Aber dieses Handeln ist in seiner Form vom Leben abgetrennt, das Bild eines Anderen, einer sich verborgen haltenden Wesenheit – der christliche Ursprung – und insofern Schein und mögliches Vorbild. – Die Kunstkritik zeichnet dieses verborgene Spannungsverhältnis nach, wenn sie über den Künstler nach seinen Taten urteilt und zugleich die ästhetische Differenz respektiert, die diese Taten – die Werke – in eine Sphäre *sui generis* einweist.

Das Schreiben und die Schrift, Dichten als Lebensaktivität und die Spiegelform der Poesie sind in der neuzeitlichen Kunst ineinander verschränkt. Noch einmal wird für Heimann Goethe zum Paten, diesmal mit der irisierenden orientalisch-christlichen Spiegelung des »Divan«.

Heimanns Kunstauffassung ist so modern wie die »bizentrale« des späten Goethe, aus der sie ihre Sicherheit nimmt. Sie ist geräumig genug, um außer der klassischen deutschen Dichtung und ihrer unmittelbaren Folgetradition auch der russischen, skandinavischen und deutschen Literatur zwischen Naturalismus und Mystik breiten Raum zu geben, wie ihn Tolstoi, Ibsen und Gerhart Hauptmann, Hermann Stehr und Emil Strauß erhielten; sie war offen für jüdische und asiatische Mystik; in ihr erhielt auch Büchner den ihm gebührenden Platz und Gotthelf – wer hat zu dieser Zeit den Rang dieser beiden schon wahrgenommen? Warum er andererseits an kompletten literarischen Provinzen kaum oder nur zufällig interessiert, mit etwas angestrengter Aufmerksamkeit oder achtlos vorüberging, mag weniger am einzelnen Fall erhellen als aus dem allgemeinen Habitus dieses Mannes, in dem sich ein wacher Sinn für geistige Autoritätsausübung, wie sein Beruf ihn verlangte, und eine Eingezogenheit von Temperament und kontemplativer Wahrnehmungsweise in einer ungewöhnlichen Konstellation die Waage hielten.

»Der Verkehr und die Seele«, es könnte ein Stoßseufzer sein, aus jenem Zwiespalt gepreßt. Tatsächlich ist es der Titel eines von mehreren Essays, die sich der technischen Lebensbedingungen der Moderne und ihrer Auswirkungen auf geistige Verhältnisse annehmen. Von ihnen her fällt auch Licht auf die zögernde, bewußt verlangsamte Aufnahme aktueller literarischer Bewegungen. – »Technik und l'art pour l'art«, »Der Kinematograph«, Reflexionen bei der Einführung des Telefons, angesichts von Transformatorenhäuschen und Hochleitungsmasten, schließlich allgemeine Bemerkungen über die Beschleunigung des Lebenstempos sind ihre Inhalte und Themen. Der Autor trägt sie – wie in seinen Essays regelmäßig – in jenem mittelbar einführenden, colloquialen Stil vor – den Leser mit Anschauung und Vergleich umwerbend –, den er bei Fontane einmal mit einer schönen Wendung »spazierendschreibend« genannt hat. Diese Diktion ist bereits der beredte Ausdruck des Arguments, das er in Variationen, die den Anlässen entsprechen, häufig vorbringt: Die Tempi der modernen Verkehrs- und Medienwelt sind mit denen der Seele nicht synchron: »Jede Erleichterung des Verkehrs bedeutet eine Erschwerung des Lebens.« Freilich bedeutet sie auch eine Chance, aber diese Überzeugung ist umständlicher zu gewinnen. Fast widerwillig und ohne besondere Emphase nähert er sich ihr. Den schlichten Weg des Konservatismus: Verweigerung, hat er verschmäht, den raffinierten: Forcierung zur Katastrophe, ebenfalls. Statt dessen die Mahnung: »Will man den Verkehr nicht bloß erleiden, so muß man ihn ausüben; dem neuen *Tempo* kann sich niemand entziehen; und sich nicht mürrisch entziehen, das heißt noch nicht: genug tun; es gilt dem Tempo gewachsen zu sein, es zu beherrschen.«

Beherrschen heißt dann, eigene Bedingungen stellen, sich nicht kommandieren lassen. Die Seele wird an den neuen Medien nicht reicher, so war seine Überzeugung, sehe sie zu, daß sie durch sie nicht verarme. Die gesteigerte Möglichkeit zur Rezeption von Kulturwerten sei nicht gleichbedeutend mit der Steigerung von Kultur. Immer sei auch eigene Produktivität nötig, um den Kern des kulturellen Wissens und Verstehens zu erhalten. Eben dazu sei aber die Einstellung auf das neue Tempo, der Umgang mit den weitestentwickelten Medien des Verkehrs nötig. So plädiert er ohne Vorbehalt für den Verkehr »als neue Aufgabe, neue Pflicht, neue Arbeit«. Was dergestalt einen kleinen Aufsatz lang wie ein verzweifelt resignierendes Anpassen aussehen könnte, hat Heimann als den »Stolz« der Seele bei Tage bezeichnet und dem – nach der Zäsur diesmal nicht eines Kommas, sondern Absatzes – als zweiten Brennpunkt hinzugefügt: »Ihre Demut widerfährt ihr erst zwischen Abend und Morgen, wenn Gespenster, Träume und Götter die Stunde regieren.« – Die Spaltung hält exoterisch und esoterisch auseinander, aber nicht ohne Zusammenhang: das eine tun, um das andere nicht lassen zu müssen.

Den verschiedenen Varianten des Kulturkonservatismus ist Heimanns Aufnahme der technischen Welt darin überlegen, daß er sie weder verteufelt, noch widerstrebend unter pragmatischen Gesichtspunkten hinnimmt. Das Nützliche ist in der Regel kein Argument für die Entfaltung der technischen Welt, ja grundsätzlicher: »Nützlich oder schädlich, das ist kein Urteil, unter dem sie steht. An sich selbst ist sie etwas Achtungs- und Bewunderungswertes, etwas Geistreiches, Schönes, Triumphierendes.« – Eben hierin liegt allerdings auch eine Gefahr, die jener vergleichbar ist, die Heimann in Hofmannsthals »Elektra« drohen sah: Technik um ihrer selbst willen. Er hat sie ernster genommen als l'art pour l'art, weil er sie im Fall der industriellen Entwicklung seiner Jahre derart eng mit der Selbstverwertungsdynamik des Kapitals verbunden sah, daß ihr mit den Mitteln der intellektuellen Polemik nicht mehr beizukommen war.

Seine 1913 geschriebene Kritik des zeitgenössischen Umgangs mit dem Film – in einem Zusatz von 1918 nochmals bestätigt – bringt diese Verklammerung zur Sprache. Im Grundsatz freilich ist die Einstellung zum Kino erwartungsvoll. Anders als der junge Lukács in einem zwei Jahre früher veröffentlichten Essay faßt er das neue Medium mit der Perspektive ästhetischer Avantgarde ins Auge. Lukács hatte eine Apologie des Films mit dem Argument formuliert, daß er die Kunst von den ihr fremden und zerstörerischen Erwartungen trivialer Bedürfnisse entlaste. Ein weiteres Mal zeigt sich Heimanns Klassizismus von einer anderen Seite. Er sieht die Chance des Films in der Nutzung der nur ihm eigenen technischen Möglichkeiten, und er verwirft die filmische Produktion seiner Jahre, weil sie mit untauglichen Mitteln die Konkurrenz zum Drama suche, dem sie – der Sprachlosigkeit des Stummfilms wegen – hoffnungslos unterlegen sei, ohne die Vergeistigung durch das Wort in rohem Stoff ertrinkend. Statt dessen die Überlegung, daß »das Filmschauspiel nur dann eine ächte Existenz gewinnen [würde], wenn es sich vom Wort so weit wie möglich entfernte; es müßte zur Pantomime werden, und seine Handlung dürfte nie an die Wirklichkeit rühren, sondern sich bis zur Abstraktion, bis zum Symbol verflüchtigen. Auch dieses wäre eine Aufhebung des Stoffes durch die Form.«

Das nimmt Trends vorweg, die sich während der zwanziger Jahre – zum Teil unter dem Eindruck der Bauhaus-Ästhetik – von Experimentalkünstlern wie Léger, René Clair und Germaine Dulac, Hans Richter und Deslav als Alternative zum »realistischen« Film herausbilden. Aus der »blöden, maulaufsperrenden Tatsächlichkeit«, die Heimann an den filmischen Bagatellen der zeitgenössischen Vergnügungsindustrie verstimmt, haben sie ihn zweifellos herausgeführt, ob aber der Kritiker von 1913 mit diesen Produktionen der zwanziger Jahre glücklicher hätte sein können? Am Vorrang der filmischen Form lassen sie keinen Zweifel, dafür droht ihnen wiederum die Beziehung aufs Leben verlorenzugehen, in der Heimann den antiken Impuls der Kunst in der Moderne hatte fortleben sehen: das Werk als eine realitätsbezogene Handlung. So haben bei einer grundsätzlichen Angemessenheit von Heimanns ästhetischen Maßstäben noch gegenüber den Künsten im Zeitalter ihrer technischen Produktion auch seine Vorbehalte ungemindert ihren Gegenstand behalten.

Aufs Ganze seiner kritischen und essayistischen Arbeiten gerechnet, sind Beiträge zu jenen Tendenzen der Kunstentwicklung seiner Zeit, die sich im Verlaufe der zwanziger Jahre durchsetzen, selten geblieben, nicht in jedem Fall sicherlich aus Indifferenz oder Abneigung. Vielmehr mußte es auch dem komplexen Begriff entsprechen, den er von der elliptischen Konstitution moderner Kultur hatte, daß er das eigene Gewicht dort zur Geltung brachte, wo es ihm für die Ausbalancierung der intellektuellen Energien am nötigsten schien. Keiner hat er monarchische Rechte einräumen wollen. In seinem Drama »Armand Carrel« stehen die Sätze: »Wer sicher ist, und wenn er Gottes sicher wäre, ist ein Verderber.« Das sollte nicht nur politisch oder moralisch im engeren Sinne gelten. In der Verunsicherung der mächtigsten Tendenzen, wenn nötig durch skeptisches Abwarten, sah Heimann seine Aufgabe. – Daß er sich den neuen Medien gegenüber distanziert zeigte, daß er überhaupt Zurückhaltung gegenüber der Demokratisierung der Kunstrezeption wahrte, hat nicht mit einem Vorbehalt gegen politische Demokratie zu tun, sondern mit seiner Abneigung, ohnehin starke Kräfte auf Kosten schutzbedürftiger schwächerer zu verdoppeln. Diesen Vorbehalt hat er mit einem weiteren verbunden: gegen jeden derb instrumentellen Umgang mit Kunst auf Kosten ihres allgemeinen Wahrheitsgehalts. –

In seiner Geschichte des S. Fischer Verlags zitiert Peter de Mendelssohn einen Brief Heimanns, mit dem dieser auf Fischers Absicht reagierte, anläßlich des 25jährigen Verlagsjubiläums 1911 die politischen Aufgaben des Verlegers programmatisch herauszustellen, angeregt womöglich durch Gespräche mit Rathenau. Da heißt es: »Ein rein oder vorwiegend belletristischer Verlag kann nicht für seine Aufgabe halten, am Aufbau einer demokratischen Kultur mitzuarbeiten. Die Künste, die Poesie insbesondere, wohnen weit über diese Sphäre hinaus.« Eine Auffassung, die ihn nicht gehindert hat, wie in der »Neuen Rundschau« seines Verlags und in Efraim Frischs »Neuem Merkur« auch in der notorisch links-demokratischen Publizistik zu schreiben: in der »Weltbühne«, der »Frankfurter Zeitung«, in der »Literarischen Welt«.

Als Mitläufer hat er sich aber nirgendwo verstanden. Er hätte es nicht werden können, weil eine Eigenart ihn daran hinderte, die in der bildungsgesättigt urbanen Kultur der Verlage und Redaktionen selten mit solcher Intelligenz zu Wort kommt: er trug in sich Gemüt und Wahrnehmungsweise eines Dörflers. Je vielfältiger seine Aufgaben im publizistischen Betrieb Berlins wurden, desto bewußter und differenzierter hat sich dieses Potential in ihm ausgebildet als ein innerer Gegensatz zum äußeren Tun. »Den Gegensatz zur bourgeoisen Lebensanschauung bildet nicht die proletarische, sondern die agrarische«, so hat er einmal dieses Widerspiel zu definieren versucht – durchaus nicht nur polemisch gegen den Konservatismus sozialdemokratischer

Kunstpolitik –, und auf die selbstgestellte Frage, ob es erlaubt sei, Politisches und Poetisches zu verbinden, die Antwort gegeben: »Ich glaube, einzig durch diese Verquickung kommt Wirkliches zustande.« Verquickung hieß für ihn nicht Überlaufen der Poesie zur Politik, sondern das Nebeneinander zweier Seelen in einer Brust. Das Poetische ist bei ihm aber aus der Bindung ans Agrarische hervorgegangen; dieses nicht als ein fertiges Ressentiment, sondern als eine besondere Bereitschaft für Bildung und Form. – Für eine aus dem nachfaschistischen Rückblick eher dubiose Anthologie von Dichtungen mit stark landschaftlicher Prägung, in der ihr Herausgeber Max Tau Prosa u. a. von H. Stehr, W. Lehmann und A. Silbergleit, Kolbenheyer, Schäfer und I. Seidel unter dem Titel »Die Stillen« versammelt hatte, hat Heimann neben einer Erzählung ein paar Seiten autobiographischer Betrachtungen beigesteuert. Darin schildert er seine Dorfschuljugend zwischen Sand, See und Kiefern, die mit Viehhüten und Krebsfang verbrachte Zeit, erwähnt er die Überlagerung der Rhythmen des dörflichen Alltags durch die der frommen Rituale, die seine Familie, die einzige jüdische im Dorf, in strenger Pflichterfüllung vollzog. Die Aufzeichnung schließt mit den Sätzen:

»Daß ich teil habe an dem erhabenen Wissen, nicht zu wissen, was ich bin, das zieht sich von meiner frühesten Jugend her; und ich verdanke es zu allerletzt der Armut, äußerer und innerer. Die äußere grenzte nie an Dürftigkeit, hatte keine Demütigung zu erleiden, und da sie nicht verglich, war sie auch vom Neide frei. Die innere aber kannte sich selbst noch weniger. Kein Gemälde und kein Maler, keine Musik und kein Musiker, kein eigenes Talent zu einer dieser Künste, nichts von alledem belebte meine Existenz. Ganz rätselhaft ist mir noch heute, daß an meinem zehnten Geburtstage zwischen meiner älteren Schwester und mir ausgemacht wurde, ich sollte ein Dichter werden, ich hatte nie von einem solchen gehört; die Gedichte, die ich kannte, standen im Lesebuch und waren nicht verfaßt. Es fehlte an jeder sogenannten Anregung, an jeder Aufreizung und jeder Verführung; und vielleicht könnte ich aus jener Zeit nicht einmal von Sehnsucht berichten. Aber es wurde auch nichts

abgenutzt. Jenes Namenlose, das nach dem chinesischen Weisen der Ursprung von Himmel und Erde ist, wurde nicht verletzt. Es gab keinen Besitz, aber es gab eine wunderbare Spannung. Ich war nicht, aber alles war.
Und dann wird man, und alles geht in Trümmer. So muß es sein, doch die Erinnerung an das selige Nichts und Alles hört nicht auf.«
Diese Erfahrung, daß Nichts da sein könnte – da war –, wo jetzt etwas ist, diese aber nicht als Drohung, sondern als Genugtuung empfunden, ist Heimann – mit den Jahren eher zunehmend – stets gegenwärtig geblieben. Die Genugtuung betrifft beides: das Nichts und die Formen, die sich davon abheben. Die frühesten waren die des religiösen Rituals, nicht solche der Kunst. Aber als dann später anstelle der rituellen Formenwelt die ästhetische trat, blieb die Bedeutung der frommen Übungen den Kunstgegenständen als Aura erhalten. Für das spätere Kunstverständnis mag überhaupt von hohem Wert sein, unter welchen Umständen und mit welchem Lebenssinn erstmals die Gewalt des Schönen erfahren wurde; für Heimann jedenfalls die epiphanische Erschütterung in einem Seelenleben, das durch die Stille, Einförmigkeit und Weite der Landschaft, den ruhigen Rhythmus jahreszeitlich gebundener Lebensformen und Verrichtungen, sowie die jüdisch-orthodoxe Ordnung der religiösen Bräuche in gespanntester Erwartung und Bereitschaft war. – In seiner Generation scheint sie als Bereitschaft zur Epiphanie verbreitet gewesen zu sein, vielfach aus der Metaphysik ins Pathologische verrenkt: Epilepsie als literarisches Thema ersten Ranges. (»Wir sind alle Epileptiker, sonst gäbe es keine Epilepsie« steht in Heimanns biographischen Erinnerungen neben der Mitteilung über Alpdruck, Schlafwandel und die Neigung des Jugendlichen zu Starrsucht.)
Heimann spricht über seine jugendlichen Exaltationen nicht, ohne die Gefahr ihrer romantisierenden Entstellung in exklusiven Lastern zu erwähnen. Neben der sozialen Selbstverpflichtung hat ihn davor eben jenes innere Ruhebedürfnis und Stilleverlangen bewahrt, das er in der taoistischen Philosophie der asiatischen Welt wiederzufinden geglaubt hat.

Dörflichkeit und Modernität sind bei ihm aneinander gebunden. Ohne das Nichts zu kennen, hätte er die Kunstformen der Moderne nicht mit so schmerzhafter Lust empfinden können, hätte er nicht wieder und wieder die Stadt gesucht mit dem erhabenen Schauder vor der Auflösung in animalisch-vegetabilische Dumpfheit. Und wiederum hätte er auch gegenüber dem Artistischen und bloß Gemachten, dem angestrengten Krampf rigoroser Naturunterwerfung aus Hybris nicht die ihm eigentümliche Zurückhaltung behalten, in der ihm dieses Nichts als Zuflucht erscheinen konnte; immer eine Form von Selbstdistanzierung.

Distanzfähigkeit gegenüber Entwicklungen im Selbstlauf ist für sein dörfliches Plädoyer entscheidend gewesen, nicht ein Bekenntnis zur Intimität mit bewußtloser Natur; Verlangsamung, Ruhe und Freiheit gegenüber eigenen und fremden Obsessionen erschienen ihm als lohnender Gewinn. Für die Armut auf dem Dorf leiht Meister Eckhart die Vorstellung: Weltschlaf, nicht Notdurft. Die Verklärung des dörflichen Mangels lag ihm schon darum so fern, weil er unter seiner Herrschaft so wenig stehen wollte wie unter der des städtischen Verkehrs. Innere Souveränität gewann er dazwischen, »wenn auch nicht in der Mitte«.

Die scheinbar exzentrischsten Formulierungen seiner politischen Aufsätze erhalten übrigens auch aus diesem Vorstellungskreis ihren Sinn: »Dorf, Betriebsrat und – Goethe, diese drei ziehen am selben Strang; vielleicht ziehen sie einmal die Glocken in Schwung«, oder »Solange wir die Räte-Republik nur auf russisch zu lesen wissen, werden wir uns mißverstehen. Wir sollten es einmal auf Goethisch versuchen.« – Goethe kommt in dieses Spiel mit seinem Weimarer Lebensideal von tätiger Resignation. Das Dorf gilt ihm als Rückzugsgebiet und Angriffsspitze. (Wo sonst als auf dem Dorf sollte die Schule sich erneuern können, schreibt der Sympathisant der Wickersdorfer Reformpädagogik mit ihren Landerziehungsheimen.) Das Rätemodell ist die Vision idealer Vergesellschaftung, sofern es den Bürgern die Souveränität beläßt, Gebrauch vom Staat zu machen, statt sich gebrauchen zu lassen. »Zwischen Journalismus und Chiliasmus« will er Politik begründen: den Staat weder bloß

als sozialtechnische Reparaturwerkstatt noch als tausendjähriges Reich.
Mit Widerwillen und als einer unreinlichen Mischung der Sphären ist er dem Durcheinander metaphysischer und politischer Begründungen staatlicher Einrichtungen entgegengetreten, erst recht den wechselseitigen Unterstützungsverträgen zwischen Kirche und Staat. Diese Haltung hat seine Stellungnahmen zum Zionismus mitbestimmt, die er seit der Jahrhundertwende – meist aus Anlaß von Besprechungen jungjüdischer Publikationen – abgegeben hat. Nationalismus wollte er höchstens als praktischen Gesichtspunkt gelten lassen, seine theoretischen Begründungen als Relikte des 19. Jahrhunderts. Entsprechend barsch seine Abfuhr an die politische Praxis zionistischer Organisationen, an denen er die Übernahme aller Techniken rügte, die den europäischen Nationalismus und seine politische Vertretung zugrundegerichtet hatten. Unmißverständlich schließlich seine Kritik an der Verkleidung egoistisch-ökonomischer Interessen durch Ideologien mit Patina, durch die er den geistigen Zionismus kompromittiert sah: »Neben denjenigen, die für ihn leben, stehen schon zu viele, die von ihm leben.« Loyal hat er zu dem Projekt eines jüdischen Staates in Palästina gestanden, wenn auch nicht in der Überzeugung, daß er das Judesein philosophisch würde definieren können. Auch für »die Lösung der Judenfrage« hat er sich von ihm nicht viel erhofft – eher im Gegenteil. Sich selbst nannte er einen Zionisten in partibus, und schärfer als von deren politischer Praxis hat er sich denn auch von den Bildungsvereinen »deutscher Staatsbürger jüdischen Glaubens« und vollends den christlich-assimilatorischen Illusionen getaufter Juden distanziert: »Die Taufe ist, wie die meisten anderen Selbstmorde, ein Irrtum über den zu erreichenden Zustand; den Selbstmord wollen fast alle Selbstmörder, aber nicht das Totsein.« Im Blick auf seine jüdisch-orthodoxe Jugend in einem christlichen Dorf der Mark Brandenburg findet er die Erinnerung, dort nicht entgegen dieser jüdischen Tradition eingelebt gewesen zu sein, sondern durch sie. Als Jude hat Heimann zu jener schmalen Schicht gehört, die zwischen politischen Zionisten und As-

similanten Fuß zu fassen suchten, die als Juden und zugleich als Deutsche sich begriffen. Die Diaspora, so seine Ansicht, die er mit Martin Buber, Franz Rosenzweig und einigen anderen, im übrigen mit den orthodoxen Juden teilte, ist eine spirituelle und deshalb auch durch das zionistisch-nationelle Projekt nicht zu beenden. Anders als für die jüdische Orthodoxie, zu der er – der Familie entwachsen – nicht mehr zählt, hatte der Galut für ihn aber nicht nur einen heilsgeschichtlich-religiösen, sondern vor allem auch historisch-traditionellen Sinn: Untilgbarkeit einer gemeinsamen Geschichte, zu der er sich zeit seines Lebens bekannte.
Wie wenig die elliptische Anlage seines Denkens und Empfindens Bildungsgut war, wie starke Energien ihr vielmehr immer erneut aus der lebendigen Geschichte des preußischen Juden in Deutschland zuströmten, offenbaren die Judaica unter seinen Schriften. Zentral stehen darin Sätze, in denen er die Erfahrungen der jüdisch-deutschen Doppelidentität grundsätzlich reflektiert: »Es ist nichts Unnatürliches darin, seine Bahn mit zwei Mittelpunkten zu laufen; einige Kometen tun es und die Planeten alle. Unvereinbar Scheinendes zu vereinen, darin besteht im Grunde das ganze geistige Geschäft; sind doch selbst das private, individuelle Leben und das der Gemeinschaft, auch der nationalen und auch sogar der religiösen, Gegensätze. Wie es keine Lage des Menschen gibt, die er sich nicht in Schande; keine, die er sich nicht in Ehre verwandeln könnte, so gibt es auch keine, die nicht Schwäche werden kann oder Kraft.«
Mit solchen Überzeugungen, besser noch: mit diesem intellektuellen Habitus zählte ein Intellektueller des ersten Jahrhundertdrittels zur Avantgarde. Denn sie waren die Voraussetzung jeder geistigen Produktivität, die der komplizierten Widersprüchlichkeit moderner Lebensverhältnisse – statt mit monotoner Proklamation einer Wahrheit – durch Respekt vor dem geschichtlichen Eigenleben des Besonderen angemessen bleiben wollte. Daß Fremdheit und Spannung, Entzweiung und Widerstreit, nicht nur erlitten oder aus Harmoniesucht emphatisch übersprungen werden, daß sie vielmehr auch mit Nüchternheit als Daseinsbedingungen der Gegenwart angenommen werden, die nur um den Preis

von Dummheit und Barbarei vereinfacht werden können, hat Heimann schon eingesehen, als das den meisten seiner Generation noch nicht einmal zum Problem geworden war. Die deutsch-jüdische Doppelbindung war hierbei ein besonders sinnfälliger und von aktuellen Ideologien unabhängiger Grund, der sich durch Meinungen und Überzeugungen nicht wegphilosophieren ließ.

Heimanns Denken war nicht jüdisch; aus dem selben Grund nicht, aus dem er bestritt, daß es eine jüdische Kunst geben könne, es sei denn im Sinne einer Bindung an ein Ensemble entsprechender sozialer Lebensformen. Die Wahrheit der Gedanken wie der Kunst liegt aber grundsätzlich jenseits ethnischer oder nationeller, geschlechtsspezifischer oder ideologischer Zugehörigkeiten. Hierin steht Heimann fest in der Tradition der europäischen Aufklärung. Heimann war mehrfach loyal: gegenüber seiner jüdischen und deutschen, christlich geprägten und aufklärerisch gebildeten Identität; endlich akzeptierte er auch die Erfahrung, daß noch dem gebildeten Menschen ein Anteil am kreatürlichen Stand seiner Gattung bleibt, der sich in den Visionen aus dem kulturellen Jenseits und in den Traumgesichten mit unvermindert gegenwärtiger Wirklichkeit bekundet. Unter diesen zentrifugalen Energien, die auf sein Leben wirkten, war seine jüdische Herkunft ein, wenn auch besonders nachhaltiges Reservoir. Er hat das Jüdische nicht, wie auch nichts anderes verraten, was auf sein Leben wirkte. Die Produktivität, die aus solcher prismatisch vielfältigen Identität folgt, ist eine andere als die zweckhaft zielbestimmte einsinnig gerichteter Überzeugungen; in Heimanns eigenen Worten, kurz vor seinem Tode:

Alles ist wahr

Wohl ist es spät, doch ist es nicht zu spät:
Denn einen Schritt vom schweigedunklen Sode,
Will sagen: eine Stunde vor dem Tode
Ist zeitig noch ein tiefes Wort gesät.

Ich habe teil am Geiste, der wie Wind
Die Samen wirbelt, die die Narben kitten,
Und habe drum von manchen mehr gelitten,
Als manche wissen, die mir über sind.

Das jagt und wirbelt, streut und spielt und weht
Und weiß von Same nichts und nichts von Narbe;
Und unversehens schwillt's in Korn und Garbe,
Bis übers Leere sich der Wind ergeht.

Der Unzweck war es, der den Zweck gebar –
Was suchst du lang und bang an dir das Himmelssiegel?
Des Teufels böseste Erfindung ist der Spiegel.
Vergleiche nicht und frage nicht! Alles ist wahr.

Lebensdaten

1868 geboren in dem märkischen Dorf Werden als Sohn eines jüdischen Kaufmanns; aufgewachsen in Kagel bei Strausberg in der Nähe Berlins
Dorfschule, Gymnasium

1878 Tod des Vaters

1886 Studium der Philosophie und Literatur in Berlin (bis 1890)

1895 Bekanntschaft mit Samuel und Hedwig Fischer (vermittelt durch O. Brahm und G. Hauptmann); sofortiges Engagement als Lektor
Mitarbeiter der *Neuen Rundschau* mit kritischen, novellistischen und essayistischen Beiträgen (rund 100 bis 1922)

1896 erstes Lustspiel (»Der Weiberschreck«); später weitere dramatische Arbeiten, die fast alle unaufgeführt blieben

1900 Bekanntschaft, später Freundschaft, mit Jakob Wassermann. Mitarbeiter an der Wiener *Zeit* und *Das Theater*

1902 Heirat mit Gertrud Marschalk, die dritte dreier auch von Dehmel, Halbe u. a. umworbener Schwestern; Margarete, die jüngste, war die Frau Gerhart Hauptmanns, dessen Werk Heimann als Lektor besonders intensiv betreute
Bewunderer von Gustav Wynekens reformpädagogischer »Freien Schulgemeinde Wickersdorf«
Aufnahme Wilhelm Lehmanns in seinen engsten Umgang
Teilnahme am »Donnerstags-Kreis«, einem Berliner Stammtisch, dem bis zum Ersten Weltkrieg zeitweise angehörten: E. Orlik, E. R. Weiß, T. E. Stucken, M. Buber, W. Rathenau, S. Fischer, E. Strauß, G. Haupt-

mann, H. Stehr, M. Dauthendey, A. Mombert, E. Frisch, M. Bin Gorion

1913 Beteiligung an dem Zionistischen »Sammelbuch Vom Judentum« des Vereins Jüdischer Hochschüler Bar Kochba in Prag

1917 Herzkrankheit

1918 Erscheinen der »Prosaischen Schriften in drei Bänden« bei S. Fischer

1920 Mitarbeit am *Tagebuch*, der *Frankfurter Zeitung*, der *Weltbühne*, dem *Berliner Börsen-Courier*, der *Literarischen Welt*, der *Vossischen Zeitung* u. a.

1922 Erscheinen von Bd. 4 der »Prosaischen Schriften«: Zehn Novellen

Porträt-Essay von Julius Bab über Heimann in »Juden in der deutschen Literatur«, hgg. v. Gustav Krojanker

Arterien- und Nierenerkrankung

1925 nach letzten Jahren der Zurückgezogenheit in Kagel Tod in Berlin; begraben in Weißensee, wo Loerke die Grabrede hielt

1926 Versteigerung von Heimanns Bibliothek in Berlin mit Widmungsexemplaren der bedeutendsten Autoren der Zeit

1928 die russisch-jüdische Theatergruppe »Habima« studiert Heimanns Drama »Das Weib des Akiba« ein

Würdigungen Heimanns nach seinem Tod in Artikeln und Lebenserinnerungen u. a. von Wilhelm Lehmann, Oskar Loerke, Jakob Wassermann, Max Tau, Hermann Stehr, Arthur Holitscher

Nachweis der Druckorte

Die meisten der hier nachgedruckten Texte sind enthalten in: Prosaische Schriften in drei Bänden von Moritz Heimann. Berlin: S. Fischer 1918, sowie in: Nachgelassene Schriften von Moritz Heimann. Berlin: S. Fischer 1926, mit einem Nachwort herausgegeben von Oskar Loerke (zugleich der Prosaischen Schriften 5. Band). Die übrigen Artikel sind entnommen:

Hofmannsthals »Elektra« aus: S. Fischer Almanach 87 (1973): Hugo von Hofmannsthal, S. 73–77
Jüdische Polemik aus: *Neue Rundschau* 13 (1902), S. 1331 f.
Christen und Juden aus: *Die Weltbühne* 25 (1929), S. 185 f. (aus dem Nachlaß)
Gespräch über das Besserwissen aus: *Die Weltbühne* 18 (1922), S. 570–574

Sämtliche Jahresangaben bei den Texten wurden vom Herausgeber nach den Erstdrucken ergänzt.

Auswahlbibliographie

Prosaische Schriften in drei Bänden.
Berlin: S. Fischer 1918

Bd. 1. 259 S. – Enthält: Vorwort; Zur Psychologie des Verbrechers; Beleidigungen; Politische Ängste eines unpolitischen Mannes; Ein Weg zur Politik für die Unpolitischen; Prozesse; Aphorismen über Politik; Essen; Die Partei; Judentaufen; Ein chinesischer Spiegel; Politische Vorschule; Der Krieg; Vorbereitung; Hoffnungen; Kunst und Nation; Nietzsche und sein Volk; Die Verschwendung des armen Mannes; Karl XII. und seine Krieger; Zionismus und Politik; Politische Voraussetzungen etcetera; Psychologie beginnt zu Hause; Neuer Nationalismus; Einstweilen Punkt.

Bd. 2. 374 S. – Enthält: Vorwort; Zum Thema: Goethe; Carlyles Goetheporträt; Ibsen – immer wieder; Tolstoi; Auferstehung (1900); Tolstois Nachlaß; Briefe von Tolstoi; Der Idiot (1905); Ein Dichter – ein Seher, Gerhart Hauptmann zu Ehren; Hanneles Himmelfahrt; Emil Strauß; Mara von Emil Strauß; Hermann Stehrs erstes Buch (1899); Meta Konegen; Oskar Loerkes Gedichte; Zum Tode Liliencrons; Emil Gött / Ein Blatt der Erinnerung; Heautontimorumenos; Reinhard Sorge; Das abendrote Haus, Rudolf Rittner; Schauspieler und Dichter; Über Kritik; Alfred Kerr; Erinnerung an ein Buch; Jüdische Kunst; Die Geschichten des Rabbi Nachman; Die Sagen der Juden; der Born Judas; Geschichtenerzählen; Ein Kollegienheft; Der Kinematograph; Eine moralisch-dramaturgische Frage; Georg Büchner; Christian Dietrich Grabbe; Gelegentlich einer neuen Gotthelf-Ausgabe; Der wahre Shakespeare.

Bd. 3. 236 S. – Enthält: Elegie am Gardasee; Das Haus; Die Heimat; Veränderte Landschaft; Die Kastanie; Dörfliches; »Pflaumen«; Der Bürger; Der Verkehr und die Seele; »Relativ«; Die

Spindel; Aphoristisch I; Tao; Hans Thoma; Walden; Über Tod und Sterben; Was ist das: ein Gedanke?; Aphoristisch II; Der Laie und das Museum; Briefe von Multatuli; Kathedralen; Die Solistin; Ein zufälliges Gespräch über historische Glaubwürdigkeit; Ein Brief; Fahrt über Land; Die Birken; Das dunkle Licht; Die Verwandlungen des Dionysos.

Wintergespinst. Zehn Novellen.
Berlin: S. Fischer 1921. 306 S. (Prosaische Schriften Bd. 4)

Enthält: Dr. Wislizenus; Die Erscheinung des Vaters; Die vergebliche Botschaft; Das Begräbnis im November; Die letzte Ohnmacht; Einer für Alle; Wintergespinst; Spaziergänge – in Form einer Novelle; Die Fylgja; Die Tobiasvase.

Nachgelassene Schriften (Hrsg. v. Oskar Loerke)
Berlin: S. Fischer (1926). 311 S. (Prosaische Schriften Bd. 5)

Enthält: Goethe und der Betriebsrat; Psychologie in der Politik; Sieger; Brief eines Monarchisten an einen andern; Burgfriede I; Pfaffen und Laien; Ja, warum sollte er denn nicht Minister werden?; Rapallo; Cannae; Agrarisches; Etwas über die Moral im Staat; Gerhart Hauptmann: Züge zu einem Porträt; Max Marschalk; Begegnungen mit Hermann Stehr; Eine Blume auf ein Grab; Micha Josef bin Gorion; Holitschers »Reise durch das jüdische Palästina«; Der Mensch Eduard Stucken; Die Opferung des Gefangenen; Wilhelm Lehmann; Emil Orliks »Beethoven«; Emil Orliks »95 Köpfe«; Oskar Loerkes »Oger«; Die heimliche Stadt; Eine Art Parabel mit Nutzanwendung; Aphorismen im Zusammenhang; Geistige Einheit; Bürgersinn; Über das Authentische, ein Feuilleton; Allerlei Christliches; Jüdische Form; Geschichtsabriß; Zahnschmerzen; Noch einmal Zahnschmerzen; Flaumfedern; Berufswahl; Bestätigung – Widerlegung; Technik – und l'art pour l'art; Biographisches; Eine Legende von einem Buddha. – Nachwort des Herausgebers.

Die Liebesschule. Eine dramatische Dichtung.
Berlin: S. Fischer 1905. 173 S.

Joachim von Brandt. Eine Komödie in fünf Akten.
Berlin: S. Fischer 1911. 166 S.

Der Feind und der Bruder. Eine Tragödie in vier Akten.
Berlin: S. Fischer 1913. 166 S.

Armand Carrel. Drama.
Berlin: S. Fischer 1920. 76 S.

Das Weib des Akiba. Ein Drama in fünf Akten.
Berlin: S. Fischer 1922. 173 S.

Spätere Auswahlausgaben:

Die Spindel. Eine Auswahl aus seinem Werk.
Wien: Bermann-Fischer Verlag 1937. 266 S. [enthält eine Auswahl auch der Gedichte]

Wintergespinst. Eine Auswahl aus seinem Werk. (Mit einem Nachwort von Willy Haas. Ausgewählt von Gerhard Maltz.)
Frankfurt am Main: S. Fischer 1958. 87 S. (S. Fischer Schulausgaben Moderner Autoren.)

Moritz Heimann. Eine Einführung in sein Werk und eine Auswahl von Wilhelm Lehmann.
Wiesbaden: Steiner 1960. 213 S. (Verschollene und Vergessene)

Die Wahrheit liegt nicht in der Mitte. Essays. Mit einem Nachwort von Wilhelm Lehmann.
Frankfurt am Main: S. Fischer 1966. 293 S.

Kritische Schriften. Ausgewählt, eingeleitet und erläutert von Helmut Prang.
Zürich, Stuttgart: Artemis-Verlag 1969. 299 S. (Klassiker der Kritik)

Bitte umblättern:

DEUTSCHES LESEBUCH

Eine Auswahl deutscher Prosa
aus dem Jahrhundert von 1750 bis 1850
Herausgegeben von Hugo von Hofmannsthal
Band 1930

Hugo von Hofmannsthals DEUTSCHES LESEBUCH erschien zum ersten Mal 1922 in zwei Bänden in dem kleinen, von Hofmannsthal mit mehreren Editionen geförderten Münchner Verlag der Bremer Presse. Eine zweite vermehrte Auflage kam im gleichen Verlag 1926 heraus, drei Jahre vor Hofmannsthals Tod. Dann legte sich Vergessen über diese Sammlung, deren geistige Konzeption bedeutende Zeitgenossen wie Wiegand, Brecht, Mell, Nadler, Schröder und Burckhardt zu mithelfenden Anregungen veranlaßte und die Ernst Robert Curtius, Hermann Hesse und Thomas Mann bei ihrem Erscheinen enthusiastisch begrüßt hatten. Nach dem Krieg, 1952, erschien im S. Fischer Verlag, dem ›Hausverlag‹ Hofmannsthals, der noch zu seinen Lebzeiten, 1922, die erste Gesamtausgabe seiner Werke wagte, eine Neuausgabe, die jedoch ohne lang anhaltende Wirkung blieb. Nun legt der Verlag eine preiswerte Taschenbuchausgabe vor, und zwar nicht nur aus verlegerischer Verpflichtung gegenüber einem großen Autor, sondern vor allem aus der Überzeugung, daß die Zeit für eine Rückbesinnung auf das »Jahrhundert deutschen Geistes« im Sinne Hofmannsthals gekommen ist.

Diese Taschenbuchausgabe enthält die zweibändige Originalausgabe in einem Band. Sie ist ein Nachdruck der im Verlag der Bremer Presse 1926 erschienenen zweiten vermehrten Auflage – ein Nachdruck deshalb, weil der Verlag dem Leser von heute, der im allgemeinen mit allzu schnell produzierten Büchern leben muß, die Schönheit der Schrift und des Druckbildes, die Eleganz der Initialen von damals nicht vorenthalten wollte.

FISCHER TASCHENBUCH VERLAG

fi 498/1